本书系2021年度无锡职业技术学院"财务管理教师
2019年度无锡职业技术学院"教授、博士启动资金
（编号：JS201901）的资助项目。

高职院校 **会计专业**
建设核心要素研究与实践

高凡修 著

GAOZHI YUANXIAO
KUAIJI ZHUANYE
JIANSHE HEXIN YAOSU
YANJIU YU SHIJIAN

贵州大学出版社
Guizhou University Press

图书在版编目（CIP）数据

高职院校会计专业建设核心要素研究与实践 / 高凡修著. -- 贵阳：贵州大学出版社，2023.6
ISBN 978-7-5691-0721-0

Ⅰ. ①高… Ⅱ. ①高… Ⅲ. ①会计学－教学研究－高等职业教育 Ⅳ. ①F230-4

中国国家版本馆CIP数据核字(2023)第112904号

高职院校会计专业建设核心要素研究与实践

著　　者：高凡修

....

出 版 人：闵　军

责任编辑：但明天

....

出版发行：贵州大学出版社有限责任公司
　　　　　地　址：贵阳市花溪区贵州大学东校区出版大楼
　　　　　邮　编：550025　电　话：0851-88291180
印　　刷：武汉鑫金星印务股份有限公司
开　　本：787毫米×1092毫米　1/16
印　　张：13.25
字　　数：325千字
版　　次：2023年6月第1版
印　　次：2023年6月第1次印刷

....

书　　号：ISBN 978-7-5691-0721-0
定　　价：68.00元

版权所有　违权必究
本书若出现印装质量问题，请与出版社联系调换
电话：0851-85987328

前　言

　　高等职业教育作为高等教育的一种类型，承担着为国家产业升级培养大批高素质技术技能人才、能工巧匠、大国工匠的重任。我国职业教育经历了改革开放以来40多年的发展，实现了从"重规模"到"重内涵"的阶段飞跃，取得了举世瞩目的成就。职业教育是一个巨大的、全球性的实验，存在着不同的发展模式。无论何种模式，专业建设都被视为高职院校生存与发展的核心任务，成为高职院校内涵建设的主要抓手。

　　近年来，作为多数高职院校传统优势专业的会计专业，在"双师型"队伍、课程体系、实践教学条件、质量评价体系、校企合作等方面均取得了可喜成绩，但由于受体制机制等诸多因素的影响，高职教育的专业建设并未取得令社会满意的效果，出现了不少新矛盾和新问题，遇到很多新困难和新挑战。特别是进入"后示范""后骨干"时期之后，高职院校出现了专业建设方向迷茫、硬件建设提升困难、软件建设效果欠佳等问题，导致专业建设质量提升难的困境，阻碍了高职教育的健康发展。

　　要解决好这些问题，需要实现职业教育从"大有可为"到"大有作为"的转变，坚持走以专业建设为抓手的内涵式发展之路，这是新时期高职教育发展的必由之路。任何事物务都由若干要素组成，各要素之间存在主次之分，专业建设也不例外。在专业建设对象上应坚持重点论，盯住核心要素，并遵循高职专业建设客观规律，才能取得事半功倍的效果。那么，高职院校会计专业建设的核心要素有哪些？各核心要素存在哪些发展困难和瓶颈？怎样才能突破各核心要素发展瓶颈，实现专业建设质量的整体提升？等等，这些都是现阶段高职教育面临的问题。以会计专业为例，厘清高职专业建设核心要素，找出攻坚重点，探究和解决核心要素存在的关键问题，对提升高职院校专业建设水平，不断提高高职教育教学质量具有重要的理论与现实意义。

　　本书在吸收和借鉴国内外相关研究成果的基础上，综合运用系统理论、委托代理理论、信息不对称理论等，以问卷调查、访谈为基本实证方法，采取宏观分析与微观分析相结合、定性分析与定量分析相结合等多种方式和团队教学实践，提出解决制约当前我国高职院校会计专业建设中存在的若干瓶颈问题的方案。

　　本书共分六章：第一章提出问题，主要包括研究背景、思路与方法、基本理论；第二章探讨会计专业人才培养方案的制定与修订，校企合作、1＋X证书制度试点、技能大赛等人才培养模式；第三章主要探讨"双师型"团队建设和教师实践技能培养；第四章主要探讨"岗课证赛"深度融合的专业核心课程体系构建、精品课程建设、课程实践教学方案设计；第五章主要探讨实践教学体系和运行机制建设；第六章主要探讨课程评价和教师教学质量评价。

  本书在撰写过程中，参考与借鉴了大量的在线信息与研究文献，引用了许多相关政策文件与学术成果，并列出了参考文献。

  由于作者水平有限，书中的遗漏在所难免，敬请各位读者批评指正。

目　录

第一章　绪　论 1
　　第一节　研究背景 1
　　第二节　理论基础、思路与方法 6

第二章　专业人才培养方案与模式 10
　　第一节　专业人才培养方案 10
　　第二节　人才培养模式——校企合作 36
　　第三节　人才培养模式——1＋X证书制度试点与探索 52
　　第四节　人才培养模式——学生技能大赛 65

第三章　师资队伍建设 83
　　第一节　高职院校会计专业教师技能培养现状 83
　　第二节　"123"双师团队建设模式 88
　　第三节　高职教师实践教学能力培养 91
　　第四节　高职教师实践技能现代学徒制培养模式 106
　　第五节　教师教学创新团队申报书举例 112

第四章　课程建设 122
　　第一节　课程建设的主要问题与对策 122
　　第二节　基于工作过程的高职课程改革 124
　　第三节　精品课程建设 129
　　第四节　财务管理课程实践教学方案设计 134
　　第五节　课程实训教学案例 143

第五章　实践教学条件建设 154
　　第一节　实践教学条件现状与成因分析 154
　　第二节　"项目化、跨平台、双轨分层递进"实践教学体系构建 157
　　第三节　建立健全实践教学管理体系 163

·I·

第四节　高职院校实践教学体系运行机制 166
　　第五节　实训室建设申报举例 174

第六章　教学质量评价 180
　　第一节　教学质量评价存在的主要问题 180
　　第二节　课程考评改革 181
　　第三节　教师教学质量评价 195

参考文献 200

第一章 绪 论

第一节 研究背景

一、研究意义

高等职业教育作为高等教育的一个类型和半壁江山，承担着为全面建设社会主义现代化国家提供有力人才和技能支撑的重任。随着以示范（骨干）校、优质校和双高校建设项目的推进，我国高职教育总体上实现了从规模扩张到内涵建设的跨越式发展，取得了举世瞩目的成就。专业作为高职院校人才培养的基本载体得到了快速、长足发展。这从《普通高等学校高等职业教育（专科）专业设置管理办法》和《普通高等学校高等职业教育（专科）专业目录（2015 年）》中"专业目录实行动态管理，每 5 年修订一次，每年增补一次专业"的要求可见一斑。

职业教育是一个巨大的、全球性的实验，存在着不同的发展模式。无论何种模式，专业建设均被视为高职院校生存与发展的核心任务，成为高职院校内涵建设的主要抓手。但由于受体制机制、校企合作等诸多因素的影响，位于高等教育末端的高职教育的专业建设并未取得令社会满意的效果，主要体现在高职院校培养的高素质技能人才不能很好地满足国家产业转型升级对复合型技术技能人才的需求。

近年来，作为多数高职院校传统优势专业的会计专业（2021 年职业教育专业目录将会计专业更名为大数据与会计专业，后文统称为会计专业），在"双师"队伍建设、课程与教材建设、实践教学体系运行、教学质量评价、校企合作等方面均取得了可喜成绩，但也出现了新矛盾和问题，遇到了新困难和挑战，甚至出现了发展瓶颈。特别是进入"后示范""后骨干"时期之后，高职院校出现了专业建设方向迷茫，硬件建设提升困难，软件建设效果欠佳等问题，导致专业建设质量提升难的困境，阻碍了高职教育的健康发展。要解决好这些问题，坚持走以专业建设为抓手的内涵式发展之路，是新时期高职教育发展的必由之路。

任何事物都由若干要素组成，各要素之间存在主次之分，专业建设也不例外。在专业建设对象上不能"胡子眉毛一把抓"，在资源分配上不能"撒胡椒面"，应坚持重点论，抓住重点，盯住核心要素，并遵循高职专业建设客观规律，才能取得事半功倍的效果。那么高职院校会计专业建设的核心要素有哪些？各核心要素存在哪些发展困难和瓶颈？怎样才能突破各核心要素发展瓶颈，实现专业建设质量的整体提升？这些都是现阶段高职教育面临的问题。

因此，厘清高职院校会计专业建设核心要素，找出攻坚重点，探究和解决核心要素存在的关键问题，对提升高职院校会计专业建设水平，实现职业教育"五个对接"，不断提高高职会计专业教学质量具有重要的理论与实践意义。

二、高职院校会计专业建设面临的突出问题

（一）宏观层面

1. 技术进步压力

随着"大智移云物"等现代信息技术的快速发展，将倒逼高职院校会计专业人才培养模式、双师队伍建设、教学内容、课程体系等方面进行改革，其基本特征是向管理会计转型和会计信息化教学内容比重提高。《职业教育专业目录（2021年）》将会计专业更名为大数据与会计专业，是会计专业升级和数字化改造的客观需要。

2. 生源数量压力

由于受家庭传统职业观念、学校追求投资少见效快的办学经济效益影响，作为高职传统专业的会计专业，目前仍是财经类专业中生源规模较大的优势专业，几乎所有的高职院校均开设有会计专业。多数学校会计专业师生比远高于2019年教育部专业教学标准中25:1的办学要求，部分学校专业专任教师生师比甚至接近100:1。充足的生源为专业发展提供生源基础，同时也带来了部分学校教学效果难以保障，人才培养质量下降的不良后果。

3. 生源质量压力

伴随着我国高等教育大众化的步伐，位于高等教育末端的高职教育经过20多年的快速发展，仍未能解决生源质量普遍下降的困境，会计专业也不例外。主要表现为学生文化素养普遍偏低，学习习惯较差，学习兴趣低，学习动力不足等。究其原因，一是高职教育自身培养的人才质量普遍不高，不能很好地满足用人单位的需要，高职教育尚未得到社会普遍认可，对优质生源的吸引力不足。二是"学而优则仕"的陈旧观念，造成社会普遍"重理论轻实践、重专家轻技师、重仕途轻工匠"，影响学生报考高职院校。三是低层次的生源影响高职教育教学质量的提高，从而形成"低质量—差生源—低质量"的恶性循环，严重影响了高职教育的声誉和社会地位。2019年开始实施的高职院校"双高"计划，通过集中力量建设50所左右高水平高职学校和150个左右高水平专业群，打造技术技能人才培养高地和技术技能创新服务平台，起到了良好的示范效应，成为解决这一问题的良方。

（二）微观层面

1. 专业建设内涵建设目标模糊

进入"后示范、后骨干"时期后，高职专业建设逐步进入教学改革深水区，建设难度增加，不少高职院校专业建设目标不够清晰。尽管教育部《高等职业教育创新发展行动计划（2015—2018年）》和部分省份的《高等职业教育创新发展行动计划（2019—2021年）》提出了优质校、骨干专业等明确的建设目标，但由于中央财政专项资金和地方财政资金支持不足，不少高职院校对该项目建设任务重视不够、投入不足，对专业建设内涵缺乏深入研究，造成专业建设目标不够清晰。

2. 双师队伍、课程与教材、实践教学体系建设提升困难

（1）教师实践技能提升效果不理想

虽然高职院校经过多年以国培、省培和校培（企业锻炼）等为主要形式的师资培养，但教师实践技能提升并未取得明显效果。主要原因有：一是由于体制机制等因素影响，参与培训的教师缺乏主动性和积极性。二是参与培训的企业出于技术保密等方面的考虑，不愿向参与培训的教师传授先进技术；三是培训内容理论多、实践少，且与企业新技术、新工艺、新规范差距较大。

（2）课程资源利用率低

经过国家级、省级和校级三个层次的三轮大规模的精品课程（精品课程、精品资源共享课程和精品在线开放课程）建设，高职院校专业课程建设取得较大进展，基本建成各个层次的专业核心课程、精品课程体系。通过精品课程建设，促进了高职院校会计专业课程建设水平，提高了师资队伍课程开发能力和课程改革。但由于精品课程建设普遍存在"重立项建设、轻实际利用"的不良倾向，再加上各高职院校专业建设基础（师资水平、生源质量、校园网络、实训条件等）存在较大差别，造成投入大量人、财、物，辛苦建成的部分精品课程并未得到充分有效应用。

（3）教材体系不健全，教材质量良莠不齐

尽管2011年由教育部主导，山西财政税务专科学校和山东商业职业技术学院牵头，建成会计专业国家级教学资源库，形成了由高等教育出版社出版的会计专业核心专业课程教材体系，但并未形成完善的会计专业教材体系，资源库专业核心课程教材也存在不少不尽如人意之处，并且教材升级更新不及时，不能很好地适应会计专业发展和教学需要。其他出版社出版的高职会计教材也是良莠不齐，特别是优秀的专业实训教材更是一书难求。

（4）实践教学体系运行效率低下

近年来，随着国家级和省级示范（骨干）校、优质校、双高校等建设项目的实施，会计专业实践教学条件普遍得到较大改善。但是，由于受体制机制、资金投入、会计职业特殊性等因素的影响，会计专业的实践教学体系建设并没有取得实质性突破，仍然不同程度地存在实践教

学与理论教学脱节、校内实训基地教学与校外实训基地教学脱节、实践课程之间脱节、实践教学内容与企业会计岗位实际工作内容脱节、实践教学内容与学生接受能力脱节、实践教学考评方法与学生实际脱节等"六脱节"现象，制约了高级会计技术技能人才培养质量的持续提高，影响了学生的就业质量。

3. 人才培养模式、质量评价、管理机制建设效果欠佳

（1）校企合作步履维艰

校企合作作为职业教育的一种理想育人模式，我国职业教育在校企合作方面经历过"订单联合培养、现代学徒制试点、职业教育集团、职业教育园区"等改革与探索，为产业转型升级提供了重要人才支撑，但"校热企冷"的现象并未从根本上改变。由于受我国人才市场人才总量供过于求、高职院校人才培养质量难以满足企业用人需求、用人单位"搭便车"、校企合作法规不健全等因素影响，导致企业参与校企合作的动力不足，深度校企合作难以维系。

（2）教学质量评价体系尚未健全

提高教学质量、培养合格人才是高职教育的根本目标，科学健全的教学质量评价体系是教学质量达成和持续提升的重要保障，也是调动师生教学积极性的重要机制。目前，无论是国家双高校还是普通高职院校，均不同程度地存在教学质量评价体系不健全，教学质量评价执行不到位的情况，特别是在实践教学环节、教学质量评价方面存在较多不尽如人意之处，影响了高职教育教学质量。

（3）课堂阵地不牢，课堂教学质量难保

课堂是开展教学活动的主要场所。目前，高职课堂存在的主要问题：一是由于受生源素质、课程性质、教师教学方式、校规校纪等多种因素影响，不少高职院校课堂学生到课率难以保证，影响课堂教学效果。二是受生源质量、师资水平、实训条件等因素的制约，课堂教学质量难以保证。三是受体制机制、学校岗位考核评价制度的影响，"重科研、轻教学"现象仍较普遍存在，教师课堂教学积极性受到一定程度的影响。

（4）管理机制建设效果欠佳

一是由于受传统社会观念影响，职业教育并未受到社会的广泛重视，与普通本科高校相比，高职院校教师经济待遇低、工作条件差等问题未得到解决，影响到教师的工作积极性。二是高职学校，特别是公办高职院校"重行政、轻教学"的现象并未得到明显改善，影响到从事专业建设教师的积极性和创造性。三是由于受人事编制数量和用人制度的制约，教学管理特别是实践教学管理岗位人手不足、技岗不符的情况较为普遍。

三、研究现状

（一）国外研究现状

国外专门研究高职专业建设核心要素的文献很少，主要是专业建设整体研究或者针对师资

队伍、课程等某一要素的专项研究。《悉尼协议》（2001 年）提出以学生为中心，针对目标专业优势与地域特色进行培养目标的制定，并通过课程体系、师资队伍、设施建设、支持条件的质量监控和不断建设，有效保证关键的一环——毕业要求的达成。文中虽未明确专业建设核心要素，但将"课程体系、师资队伍、设施建设、支持条件"等视为专业建设的核心要素。

（二）国内研究现状

与国外类似，国内针对高职专业建设综合研究的文献较多（截至 2023 年 1 月 10 日，中国知网期刊中文核心期刊文献 1559 篇，硕博论文 137 篇，会议论文 141 篇），但专门研究专业建设核心要素的文献较少，且研究零散，不够深入。李振斌（2015）从围绕先进的理念与方针、专业带头人、人才培养方案、教学团队、课程和课程体系、教育教学条件、评价体系、创新能力与服务能力等八个核心要素出发对高职重点专业建设进行探讨，认为专业建设核心要素和内涵要求是动态的，将会随时代变化而变化。王钊（2016）归纳总结出供给侧视阈下高职院校专业建设的十一个核心要素，包括师资队伍建设、课程建设、教学资源建设、教学仪器设备建设、教科研投入等，系统分析了各要素和专业建设与提升学校教育质量、教育供给、教育创新等方面能力和水平的关系，提出了学校如何通过专业建设实施创新的、高效的、精准的教育供给，主动提升人才培养质量，即实施供给侧结构改革的途径和方法。吕冰、严嘉诺、熊飞（2022）认为，专业建设的核心要素有教师队伍、课程体系和学习资源等。教师队伍为专业建设提供人力支撑，完善的课程体系是专业建设的着力点，丰富的学习资源是学科专业建设的物质保障。

从国内外研究文献来看，高职院校专业建设核心要素的研究与实践并未获得足够重视。因此，在当前高职院校内涵建设不断加力的新形势下，加强会计专业建设核心要素研究，厘清专业建设重点，明确专业建设方向，剖析核心要素存在的关键问题，并提出对策建议，对于完善高职教育专业建设理论，丰富高职教育专业建设实践经验，提升高职院校专业建设水平具有重要的实践价值。

《国家职业教育改革实施方案》、《关于实施中国特色高水平高职学校和专业建设计划的意见》、《职业教育提质培优行动计划（2020—2023 年）》、《职业学校学生实习管理规定》（2021 年修订）、《关于推动现代职业教育高质量发展的意见》、《中华人民共和国职业教育法（2022 年修订）》等文件，均对高职院校专业建设的核心要素"人才培养模式、师资队伍、课程体系、实践教学条件、教学质量评价体系"等提出了更加明确的要求。

第二节 理论基础、思路与方法

一、基本理论

（一）相关概念

1. 基本要素

指构成一个客观事物存在并维持其运动必要的最小单位，是构成事物必不可少的现象，又是组成系统的基本单元，是系统产生、变化、发展的动因。

2. 核心要素

指构成一个客观事物存在并维持其运动必要的核心单位。

3. 专业建设核心要素

指影响专业建设质量和水平的核心单位，包括人才培养目标、人才培养模式、师资队伍、课程体系、教学条件、质量评价体系等六大要素。人才培养目标回答培养什么样的人的问题，人才培养模式回答通过什么样的方式来培养人的问题，师资队伍回答由谁来培养人的问题，课程体系回答用什么作为知识载体来培养人的问题，教学环境与实践教学体系回答在怎样的物质条件下培养人的问题，教学质量评价体系回答如何保障人才培养质量的问题。

专业建设是一个系统工程，以六大要素之间相互联系、共同支撑专业建设。专业建设的最终目的是满足外部市场对人才的需求，如图一所示，专业建设是以专业建设为核心，以人才培养方案为指引，以人才培养模式为手段，以师资队伍建设为基础，以课程建设为载体，以实践教学条件建设为支撑，以教学质量评价为保障的动态系统。

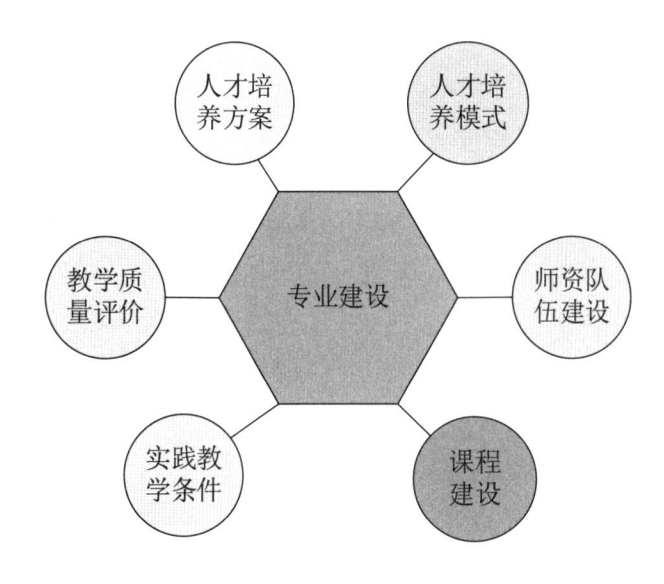

图一 专业建设核心要素关系图

(二)基本理论

1. 系统论

系统论是从系统观点出发,抓住整体与部分、部分与部分、整体与外部环境之间相互联系、相互制约、相互作用的关系,综合考察对象,以达到最优处理问题的学说。系统论的基本思想方法就是把所研究和处理的对象当作一个系统,分析系统的结构和功能,研究系统、要素、环境三者的相互关系和变动规律,以求获得最优处理问题的方法。

2. 委托代理理论

委托代理理论的主要观点认为:委托代理关系是随着生产力大发展和规模化大生产的出现而产生的。其原因一方面是生产力发展使得分工进一步细化,权利的所有者由于知识、能力和精力的原因不能行使所有的权利;另一方面专业化分工产生了一大批具有专业知识的代理人,他们有精力、有能力代理行使好被委托的权利。但在委托代理的关系当中,由于委托人与代理人的效用函数不一样,委托人追求的是自己的财富更大,而代理人追求自己的工资津贴收入、奢侈消费和闲暇时间最大化,这必然导致两者的利益冲突。在没有有效制度规范的情况下,代理人的行为很可能最终损害委托人的利益。而世界——不管是经济领域还是社会领域——都普遍存在委托代理关系。

委托代理理论能够解释为什么高职院校管理者和教师存在逆向选择和道德风险。

3. 需求层次理论

马斯洛需求层次理论是行为科学的理论之一,将人类需求像阶梯一样从低到高按层次分为五种,分别是生理需求、安全需求、社交需求、尊重需求和自我实现需求。一般来说,某一层次的需求相对满足了，就会向高一层次发展，追求更高一层次的需求就成为驱使其行为的动力。相应地，获得满足基本的需求就不再是一股激励力量。

4. 信息不对称理论

信息不对称理论是指在市场经济活动中，各类人员对有关信息的了解是有差异的。掌握信息比较充分的人，往往处于比较有利的地位，而信息贫乏的人，则处于比较不利的地位。该理论认为：市场中卖方比买方更了解有关商品的各种信息；掌握更多信息的一方可以通过向信息贫乏的一方传递可靠信息而在市场中获益；买卖双方中拥有信息较少的一方会努力从另一方获取信息；市场信号显示在一定程度上可以弥补信息不对称的问题。

信息不对称理论同样能够解释高职院校管理者和教师为什么会存在逆向选择和道德风险的问题。

5. 期望理论

期望理论认为，人们之所以采取某种行为，是因为他觉得这种行为可以有把握地达到某种结果，并且这种结果对他有足够的价值。换言之，动机激励水平取决于人们认为在多大程度上他们可以期望达到预期的结果，以及人们判断自己的努力对于个人需求的满足是否有意义。

6. 强化理论

强化理论是美国心理学家和行为科学家斯金纳等人提出的一种理论。强化理论是以学习的强化原则为基础的关于理解和修正人的行为的一种学说。所谓强化，从其最基本的形式来讲，指的是对一种行为的肯定或否定的后果（报酬或惩罚），它至少在一定程度上会决定这种行为在今后是否会重复发生。根据强化的性质和目的，可以把强化分为正强化和负强化。在管理上，正强化就是奖励那些组织上需要的行为，从而加强这种行为；负强化与惩罚不一样，惩罚是对一些错误行为所采取的一些使人受挫的措施，负强化则是告知人们某种行为是不可取的，如果做了这种行为会受到什么惩罚，从而削弱这种行为。

7. 公平理论

公平理论又称社会比较理论，由美国心理学家约翰·斯塔希·亚当斯于1965年提出。该理论是研究人的动机和知觉关系的一种激励理论，认为员工的激励程度来源于对自己和参照对象的报酬和投入的比例的主观比较感觉。当职工对自己的报酬做社会比较或历史比较的结果表明收支比率相等时，便会感到受到了公平待遇，因而心理平衡，心情舒畅，工作努力。如果认为收支比率不相等时，便会感到自己受到了不公平的待遇，产生怨恨情绪，影响其工作的积极性。

二、研究思路与方法

本书在吸收和借鉴国内外相关研究成果的基础上，综合运用系统理论、委托代理理论、信息不对称理论等，以问卷调查、访谈为基本方法，采取宏观分析与微观分析相结合、定性分析与定量分析相结合等多种方式，结合教学实践，旨在提出解决制约当前我国高职院校会计专业建设中的若干瓶颈问题。发现问题、分析问题和解决问题是本书研究的技术路线，并按照"背景分析——调查分析——对策与建议"的总体思路行文。

第二章 专业人才培养方案与模式

专业人才培养方案是职业院校落实党和国家关于技术技能人才培养总体要求，组织开展教学活动、安排教学任务的规范性文件，是实施专业人才培养和开展质量评价的基本依据。人才培养模式即人才培养的方式方法和手段。

第一节 专业人才培养方案

专业人才培养方案是职业院校落实党和国家关于技术技能人才培养总体要求，组织开展教学活动、安排教学任务的规范性文件，是实施专业人才培养和开展质量评价的基本依据。根据《教育部关于职业院校专业人才培养方案制订与实施工作的指导意见》（教职成〔2019〕13号），制订与实施会计专业人才培养方案应重点做好如下工作。

一、人才培养方案的主要内容及要求

（一）明确培养目标

2019年10月，教育部职业教育与成人教育司发布的《高等职业学校会计专业教学标准》中规定的高职会计专业人才培养目标为："本专业培养理想信念坚定，……能够从事会计核算、会计监督等工作的高素质技术技能人才。"高职院校应依据国家有关规定、公共基础课程标准和专业教学标准，结合学校办学层次和办学定位，科学合理确定专业培养目标，明确学生的知识、能力和素质要求，保证培养规格。同时，还应以人才培养规格的形式从素质、知识和能力三个方面对人才培养目标进行具体化说明。有人认为，中国幅员辽阔，地区差异较大，教育部发布的会计专业教学标准只是规定了总体培养的大方向和粗略框架，各学校应根据地方经济社会发展实际需求和学校专业办学特色，进一步细化标准，制定更加科学独具特色的人才培养目标，以培养更多服务地方经济建设的高素质会计技术技能人才。

（二）规范课程设置

课程设置分为公共基础课程和专业（技能）课程两类。对于公共基础课程应严格按照国家有关规定开齐开足，以保证对学生一定的政治素养、科学素养、人文素养教育，为学生德智体美劳全面发展打牢基础。对于专业（技能）课程应科学设置，重点是按照相应职业岗位（群）的能力要求，确定 6～8 门专业核心课程和若干门专业课程，构建岗课证赛深度融合的专业课程体系，以保障学生专业技术技能培养。

（三）合理安排学时

三年制高职每学年安排教学活动 40 周，总学时数不低于 2500，公共基础课程学时不少于总学时的 1/4，选修课教学时数占总学时的比例均不少于 10%。一般以 16～18 学时计为 1 个学分。鼓励学生利用课余时间自主学习，取得行业企业认可度高的有关专业技术资格证书和职业技能等级证书，如会计专业技术初级资格证书、财务共享服务职业技能等级证书、智能财税职业技能等级证书、业财一体信息化应用职业技能等级证书、企业财务与会计机器人应用职业技能等级证书等，以提高就业质量。

（四）强化实践环节

重视学生实践技能的培养是职业教育的重要特色。实践性教学学时原则上占总学时数的 50% 以上，学生顶岗实习时间一般为 6 个月，应根据会计专业实际，集中或分阶段安排认知实习、跟岗实习、顶岗实习等多种实习方式，强化以育人为目标的实习实训考核评价。因为会计岗位保密性要求高，顶岗实习岗位供给量少的特点，会计专业应发挥校内仿真模拟实训教学的优势，以弥补企业实习岗位的不足，提高学生实践教学效果，而不能将希望过多地寄托在校外企业顶岗实习上。但顶岗实习作为提高学生岗位能力的重要环节，也应引起足够的重视，深化校企合作，加强顶岗实习的教学组织和考核是提高顶岗实习教学效果的重要举措。

（五）严格毕业要求

人才培养质量是高职院校的生命线。毕业生的培养质量是决定专业建设成败的关键。应严格毕业审核，确保学生毕业时完成规定的学时学分和教学环节，保证毕业要求的达成度，坚决杜绝"清考"行为，以树立高职教育的良好社会形象，提升高职教育的吸引力。

（六）促进书证融通

以校企合作为平台，构建岗课赛证深度融合的专业课程体系。积极参与实施 1＋X 证书制度试点、技能大赛，持续优化专业课程体系和人才培养方案。试点和建立学分银行制度，鼓励学生用专业技术资格证书、职业技能等级证书、技能大赛获奖、专利、论文等创新性成果进行学分认定、积累和转换，以提高学生学习的积极性、主动性和创新能力。

（七）加强分类指导

虽然专业人才培养方案是实施专业人才培养和开展质量评价的基本依据，应以教育部发布的职业教育专业教学标准为基础，但不能千篇一律。应因地制宜，因生源类型制宜，根据区域经济社会发展的需要，制订体现不同学校和不同专业类别特点的专业人才培养方案，以满足不同地区、不同生源专业人才培养的需要。

二、制订专业人才培养方案

制订专业人才培养方案一般应包括规划与设计、调研与分析、起草与审定、发布与更新等程序。

（一）充分发挥专业建设委员会的作用

专业人才培养方案涉及的内容较为复杂，是一个综合性很强的工作，并不是职业院校闭门造车所能完成的。因此，学校和二级教学单位应组织牵头成立由行业企业专家、教科研人员、一线教师和学生（毕业生）代表组成的专业建设委员会，定期召开人才培养方案专家论证会，广泛听取人才需求方、人才供给方、受教育对象、教科研专家的意见和建议，才能形成科学的专业人才培养方案。

（二）扎实做好专业调研

调研对象包括行业调研、用人单位调研、毕业生调研，调研的主要目的是了解行业人才需求状况，包括招聘渠道、毕业生职业素养偏好、毕业生薪酬、课程开设要求、毕业生认为重要的课程、毕业生对教学的建议等，为人才培养方案的制订和优化提供第一手材料和重要依据。也可聘请第三方评价组织形成较全面系统的专业调研报告作为重要参考，以弥补学校专业自行调研在方案设计、问卷设计和样本不足等方面的缺陷。

（三）充分借鉴相关文件

制订专业人才培养方案除了要发挥专业建设委员会专家的集体智慧，做专业调研，形成科学的专业调研报告外，还应认真研读《关于职业院校专业人才培养方案制订与实施工作的指导意见》、《高等学校课程思政建设指导纲要》、《大中小学劳动教育指导纲要（试行）》、《高等职业学校专业教学标准》、《全国职业院校技能大赛赛项规程》、典型职业技能证书、技能标准等文件，以进一步提高专业人才培养方案的规范性、系统性、前瞻性。

三、专业调研报告举例

（一）专业调研概述

1. 调研目的与意义

自 2021 年职业教育专业目录修订，大数据与会计专业更名以来，我院大数据与会计专业人才培养方案已在调研分析和学校统一要求的基础上制订了新的人才培养方案。囿于调研方法、师资队伍、实训条件等因素，专业人才培养方案仍存在不足之处。新的职业教育法和职业学校学生实习管理规定的出台以及职业院校技能大赛会计技能、智能财税国赛规程的公布，对职业教育人才培养提出了更高的要求。因此，有必要对企业人才需求、毕业生对人才培养的需求等方面进一步深入调研，以进一步完善提高人才培养方案，改革人才培养模式，提升人才培养质量，更好地服务区域经济建设。

通过调研，了解与本专业相关企业的基本信息，企业对大数据与会计专业毕业生需求的情况，企业与财务管理相关岗位设置的情况，企业对大数据与会计专业毕业生知识、能力和素质的要求，企业对大数据与会计专业课程设置方面的意见和建议，企业对大数据与会计专业毕业生所获认证证书的情况，企业相关工作岗位职业技术要求等。在调研的基础上，确定与就业岗位相对应的大数据与会计专业专门化培养方向、人才培养目标和人才培养规格，构建专业课程体系，明确各课程教学内容和教学要求。

2. 调研内容

（1）宏观调研

调研内容包括产业需求情况、行业需求情况、用人单位需求情况、各类职业供求情况和招聘、应聘条件等。

（2）企业调研

调研内容包括最紧缺人才层次、现有财务人员的主要来源、最希望引进的高职层次管理人才、录用大学生的主要途径、对招聘岗位与学生所学专业的关联度要求、招聘时比较注重学生的素质、对所录用高职毕业生使用情况的总体满意度评价、对高职毕业生满意度情况的主要方面、对高职毕业生不满意的主要方面、与高职院校开展合作办学的意愿、拟实施的合作培养人才方式、今后与我院开展合作的意向项目、希望学校为企业员工进行培训的需求、对加强高职院校"双师型"教师队伍建设所能做的工作、建立长效校企合作机制的关键、学校与企业加强沟通联系的有效方式、大数据与会计专业学生主要就业岗位等。

（3）毕业生调研

调研内容包括工作单位的性质、工作岗位、工资水平、工作地点、最需要的核心能力、工作岗位胜任能力、最需要加强的主要能力、本专业开设的实用性强的课程、本专业应停开的课程等。

3. 调研对象

W 市人力资源市场、大数据与会计专业毕业生用人单位、2021 届大数据与会计专业毕业生。

4. 调研方式

政府网站数据搜集、问卷调查、访谈。政府网站数据搜集，整理和选用 W 市人民政府网站公开发布的人力资源市场数据。问卷调查采用《问卷星》调查问卷和纸质问卷相结合的方式。访谈主要对企业行业专家进行面对面会议访谈，听取专家的意见和建议。

（二）人力资源市场供需状况调查

大数据与会计专业毕业生主要服务于 W 市地方经济社会发展，下面以 W 市第一季度人力资源供求状况分析数据为依据，分析 W 市人才供需的宏观情况。

1. 产业需求情况

不同产业对大数据与会计专业人才的需求状况如表一和图一所示。

表一 不同产业对会计人才的需求情况

产业	需求人数	所占比重（%）	与上季度相比的变化（百分点）	与去年同期相比的变化（百分点）
第一产业	740	0.68	＋0.31	＋0.08
第二产业	69549	63.54	－0.99	－0.75
第三产业	39176	35.79	＋0.68	＋0.68
合计	109465	100	—	—

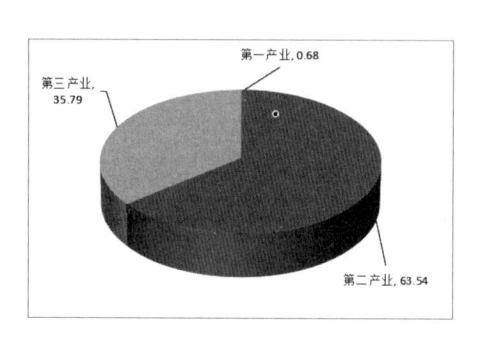

图一 不同产业的会计人才需求比重（%）

第一、第二、第三产业的需求人数依次为 740 人、69549 人和 39176 人，需求比重分别为 0.68%、63.54% 和 35.79%。与上季度和去年同期相比，第二产业的需求比重分别下降了 0.99 和 0.75 个百分点，第三产业的需求比重分别上升了 0.68 和 0.68 个百分点。

由于受新冠疫情的影响，第二产业与上季度和去年同期相比需求人数有所下降，但第一、第三产业与上季度和去年同期相比需求人数均有所上升。表明社会对大数据与会计专业等商贸服务人才的需求主要在第二、第三产业，需求数量并未明显下降。

2. 行业需求情况

不同行业对会计专业人才的需求情况如表二和图二所示。

表二 不同行业的会计人才需求情况

行业	需求人数	所占比重（%）	与上季度相比的变化（百分点）	与去年同期相比的变化（百分点）
农、林、牧、渔业	740	0.68	＋0.31	＋0.08
采矿业	446	0.41	＋0.12	＋0.29
制造业	61094	55.81	－2.51	－2.72
电力、煤气及水的生产和供应业	3173	2.90	＋0.22	＋0.78
建筑业	4722	4.31	＋1.08	＋0.78
交通运输、仓储和邮政业	3521	3.22	－0.48	－0.06
信息传输、计算机服务和软件业	5109	4.67	－1.14	－0.05
批发和零售业	9306	8.50	＋1.11	＋1.87
住宿和餐饮业	8138	7.43	－0.15	＋0.27
金融业	649	0.59	－0.02	－0.37
房地产业	1757	1.61	＋0.36	0
租赁和商务服务业	2560	2.34	＋0.66	＋0.23
科学研究、技术服务和地质勘查业	225	0.21	＋0.11	＋0.07
水利、环境和公共设施管理业	130	0.12	＋0.10	＋0.04
居民服务和其他服务业	6127	5.60	＋0.61	－0.60
教育业	456	0.42	－0.29	－0.60
卫生、社会保障和社会福利业	698	0.64	0	0
文化、体育和娱乐业	278	0.25	－0.38	－0.28
公共管理与社会组织	336	0.31	＋0.30	＋0.30
国际组织	0	0	—	—
合计	109465	100.00		

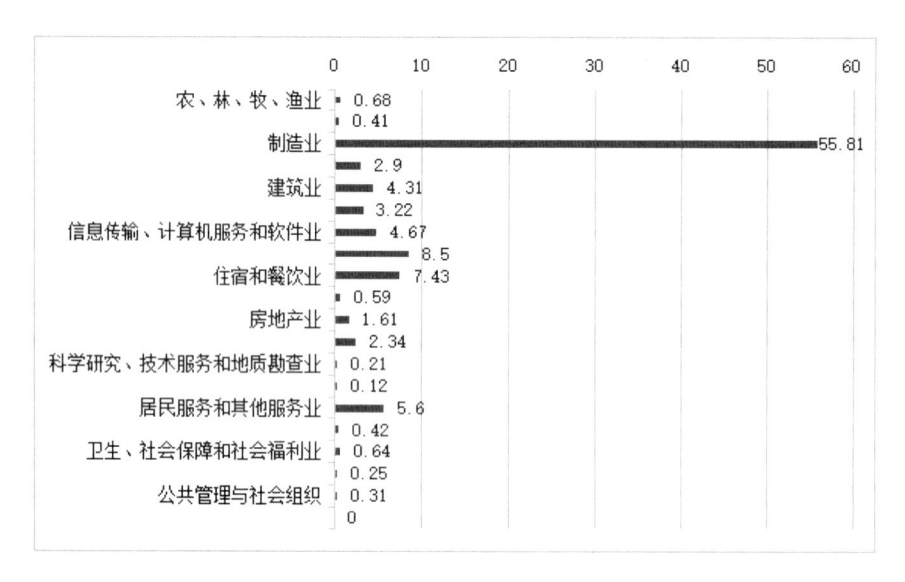

图二 不同行业的会计人才需求比重（%）

各行业中，制造业、批发和零售业、住宿和餐饮业的用人需求居前三位，需求比重依次为55.81%、8.50%和7.43%。受到周边疫情影响，制造业的需求比重较上季度与去年同期都有所下降。与上季度和去年同期相比，批发和零售业的用人需求比重分别上升了1.11和1.87个百分点；住宿和餐饮业的用人需求比重基本持平。表明社会对大数据与会计专业等商贸服务人才的需求仍主要集中在制造业、批发和零售业、住宿和餐饮业。

3. 用人单位需求情况

不同单位对会计人才的需求情况如表三和图三所示。

表三 不同单位的会计人才需求情况

单位性质		需求人数	所占比重（%）	与上季度相比的变化（百分点）	与去年同期相的变化（百分点）
企业	内资企业	3001	2.74	－0.62	＋0.68
		2126	1.94	＋0.87	＋0.72
		820	0.75	＋0.04	－0.23
		67	0.06	＋0.03	－0.14
		45206	41.30	＋1.91	－0.19
		17587	16.07	－2.03	－2.41

续表三

单位性质		需求人数	所占比重（%）	与上季度相比的变化（百分点）	与去年同期相的变化（百分点）
企业	内资企业 私营企业	13891	12.69	＋0.46	－0.64
	内资企业 其他企业	2267	2.07	＋0.91	＋0.30
	港、澳、台投资企业	6675	6.10	－1.45	－0.33
	外商投资企业	11369	10.39	＋0.01	＋1.58
	个体经营	4280	3.91	＋1.15	＋0.76
事业		674	0.62	＋0.33	＋0.34
机关		0	0	－0.33	－0.01
其他		1502	1.37	－1.27	－0.42
合计		109465	100.00	—	—

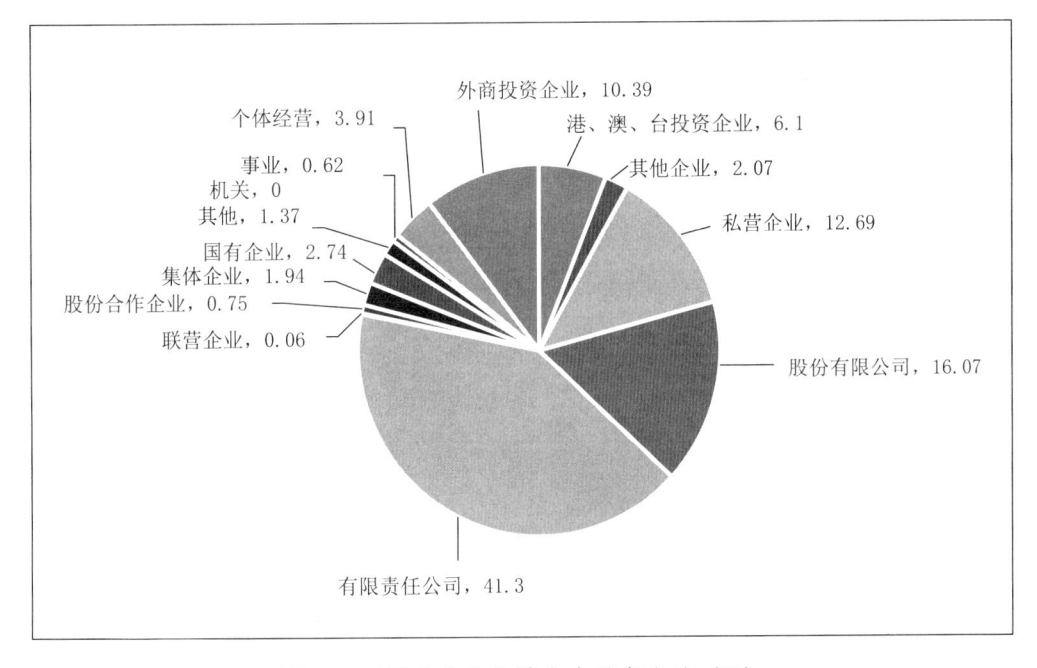

图三　不同单位的会计人才需求比重（%）

从用人单位性质分组的需求人数来看，内资企业特别是有限责任公司、股份有限公司、私营企业仍是大数据与会计专业人才就业的主要方向。

4. 各类职业供求情况

不同职业对会计人才的需求情况如表四和图四所示。

表四 不同职业（大类）的会计人才供求情况

职业类别	劳动力供求人数比较									
	需求人数	所占比重	与上季度相比的变化（百分点）	与去年同期相比的变化（百分点）	求职人数	所占比重	与上季度相比的变化（百分点）	与去年同期相比的变化（百分点）	求人倍率	与上季度相比的变化	与去年同期相比的变化
单位负责人	1844	1.68	＋0.34	－0.03	1384	1.87	－0.19	－0.62	1.33	＋0.36	0.31
专业技术人员	17195	15.71	－1.62	＋1.96	11102	15.01	＋2.21	＋3.70	1.55	－0.47	－0.27
办事人员和有关人员	11420	10.43	－1.58	＋0.30	12056	16.30	＋2.93	＋3.97	0.95	－0.39	－0.28
商业和服务业人员	24205	22.11	－1.07	－2.56	17805	24.07	－1.51	＋0.58	1.36	＋0.01	－0.21
农林牧渔水利生产人员	765	0.70	＋0.36	＋0.18	821	1.11	＋0.48	＋0.09	0.93	＋0.12	＋0.18
生产运输设备操作工	46031	42.05	＋1.01	－1.57	26287	35.54	－4.41	－7.73	1.75	＋0.22	＋0.24
其他	8005	7.31	＋2.56	＋1.71	3235	4.37	＋0.48	－0.30	2.47	＋0.65	＋0.68
无要求					1281	1.73	0	＋0.31			
合计	109465	100.00	—	—	73971	100.00			1.48	－0.01	－0.02

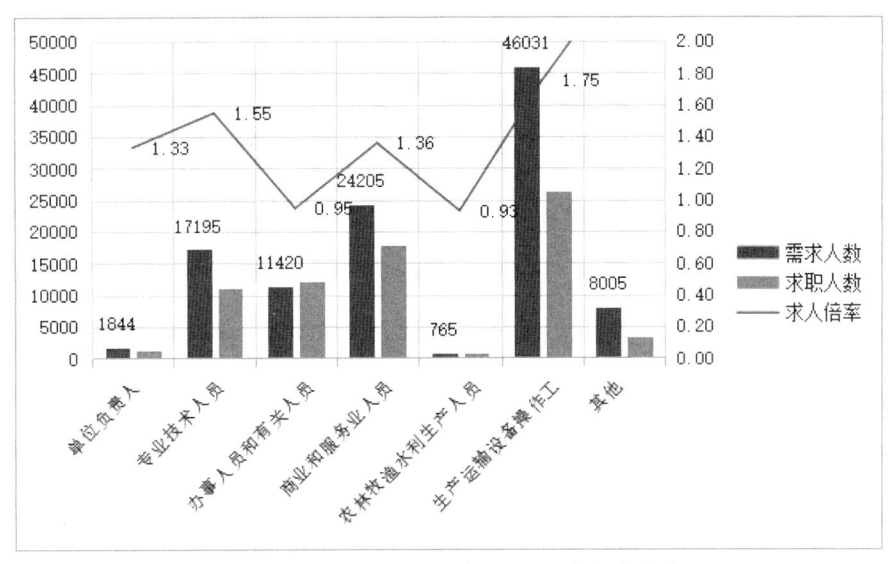

图四　不同职业（大类）的会计人才供求

各职业大类中，生产运输设备操作工、商业和服务业人员是需求主体和求职主体。用人需求比重分别为 42.05% 和 22.11%，求职比重分别为 35.54% 和 24.07%。受到周边疫情影响，与上季度相比，生产运输设备操作工的需求比重增加了 1.01 个百分点，但是求职比重减少了 4.41 个百分点；与上季度相比，商业和服务业人员的需求比重和求职比重分别下降了 1.07 和 1.51 个百分点。从供求状况对比看，专业技术人员、生产运输设备操作工供不应求的矛盾较为突出，求人倍率分别为 1.55 和 1.75。说明企业对会计等商贸服务类专业技术人才仍存在较强的需求。

5. 招聘、应聘条件情况

（1）文化程度

不同文化程度对会计人才的需求情况如表五和图五所示。

表五　不同文化程度的会计人才供求情况

文化程度	劳动力供求人数比较										
	需求人数	所占比重	与上季度相比的变化（百分点）	与去年同期相比的变化（百分点）	求职人数	所占比重	与上季度相比的变化（百分点）	与去年同期相比的变化（百分点）	求人倍率	与上季度相比的变化	与去年同期相比的变化
初中及以下	14455	13.21	+0.90	-4.70	9970	13.48	+1.35	-3.41	1.45	-0.06	-0.14

续表五

文化程度	劳动力供求人数比较										
	需求人数	所占比重	与上季度相比的变化（百分点）	与去年同期相比的变化（百分点）	求职人数	所占比重	与上季度相比的变化（百分点）	与去年同期相比的变化（百分点）	求人倍率	与上季度相比的变化	与去年同期相比的变化
高中	33609	30.70	－1.62	－2.60	24805	33.53	－1.20	－7.29	1.35	－0.04	＋0.13
其中职高、技校、中专	21899	65.16	－2.07	＋6.15	17551	70.76	＋2.89	＋13.10	1.25	－0.12	0.00
大专	26326	24.05	－0.99	＋3.56	22677	30.66	＋0.36	＋9.27	1.16	－0.07	－0.27
大学	17732	16.20	－1.95	＋2.13	15309	20.70	－0.60	＋0.82	1.16	－0.11	＋0.10
硕士以上	1628	1.49	＋0.19	＋0.83	1210	1.64	＋0.10	＋0.62	1.35	＋0.09	＋0.38
无要求	15715	14.36	＋3.48	＋0.79	—	—	—	—	—	—	—
合计	109465	100.00	—	—	73971	100.00	—	—	1.48	－0.01	－0.02

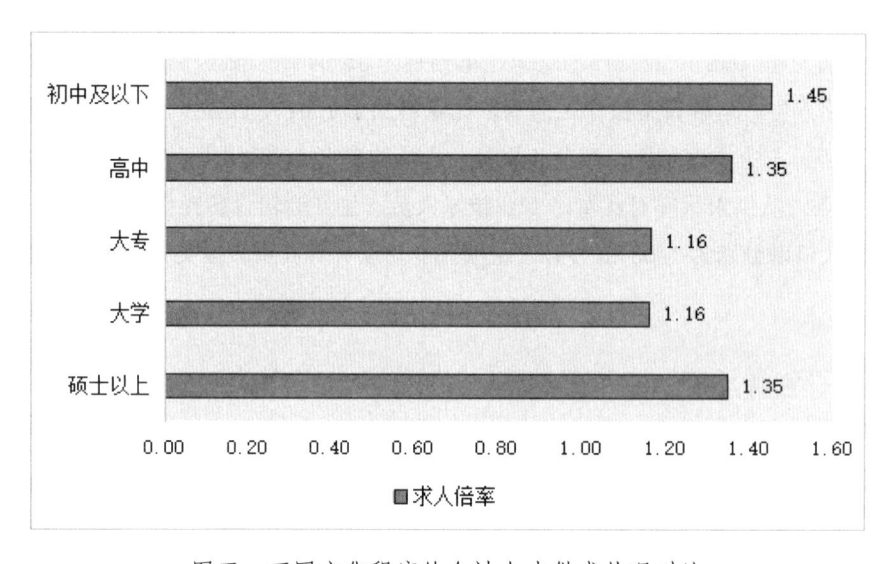

图五 不同文化程度的会计人才供求状况对比

各文化程度组中，高中文化组的需求比重为30.70%、求职比重为33.53%，大专文化组的需求比重25.04%、求职比重为30.30%，大学文化组的需求比重为16.20%、求职比重为20.70%，疫情影响使大学生求职呈现出职位供不应求的态势，竞争激烈。与上季度和去年同期相比，高中文化程度的需求比重分别下降了1.62和1.20个百分点，大专文化程度的需求比重基本持平。说明社会对大专毕业生需求较旺盛，这是高职专科学校的办学基础。

（2）技术等级或职称

不同技术等级或职称对会计人才的需求情况如表六和图六所示。

表六 不同技术等级的会计人才供求情况

技术等级或职称	需求人数	所占比重	与上季度相比的变化（百分点）	与去年同期相比的变化（百分点）	求职人数	所占比重	与上季度相比的变化（百分点）	与去年同期相比的变化（百分点）	求人倍率	与上季度相比的变化	与去年同期相比的变化
职业资格五级（初级技能）	14189	12.96	＋0.19	＋1.87	13834	18.70	－0.56	＋4.42	1.03	－0.18	－0.21
职业资格四级（中级技能）	9965	9.10	－0.09	＋0.90	8519	11.52	－0.33	＋2.40	1.17	＋0.07	＋0.06
职业资格三级（高级技能）	3882	3.55	－0.04	＋0.09	2157	2.92	＋0.09	＋0.58	1.80	＋0.90	＋0.82
职业资格二级（技师）	1451	1.33	＋0.01	＋0.30	1026	1.39	＋0.10	＋0.85	1.41	＋0.46	＋0.34
职业资格一级（高级技师）	180	0.16	0.00	－0.01	829	1.12	0.00	－0.01	0.22	－1.84	－0.86
初级专业技术职务	24295	22.19	－0.76	＋3.16	21052	28.46	＋0.48	＋10.26	1.15	＋0.11	＋0.02
中级专业技术职务	12025	10.99	＋0.05	＋1.96	10498	14.19	＋0.10	＋3.26	1.15	＋0.01	－0.01
高级专业技术职务	1280	1.17	＋0.05	－0.06	897	1.21	－0.06	－0.08	1.43	－0.73	－0.07
无技术等级或职称	—	—	—	—	15159	20.49	＋0.17	－21.68	—	—	—
无要求	42198	38.55	＋0.59	－8.21	—	—	—	—	—	—	—
合计	109465	100.00	—	—	73971	100.00	—	—	1.48	－0.01	－0.02

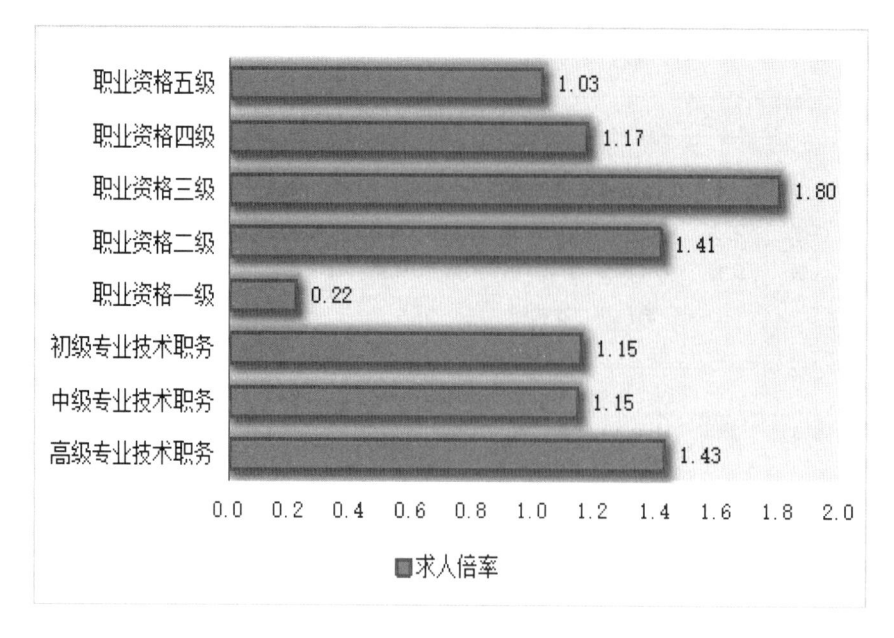

图六　不同技术等级的会计人才供求状况对比

61.45%的用人需求对技能或职称有要求，其中，27.10%的用人需求对技能有要求、34.35%的用人需求对职称有要求。79.51%的求职人员具有某种技能或职称，其中，35.65%的求职人员具有某种技能，43.86%的求职人员具有职称。从供求状况对比看，高级技师和高级职称供不应求的缺口较大，求人倍率分别为1.80和1.43。

从以上数据可看出，高职院校对学生专业技术资格证书和职业技能等级证书考试进行针对性培养的必要性，大数据与会计专业进行"岗课赛证"深度融合的"三教"改革的必要性。

（三）用人单位问卷调查

设计用人单位调查问卷，我们选择了以下问题。

问卷一：企业最紧缺哪类层次的人才？

选项	比例
中等技能人才（中专，职高）	39.29%
应用型专科层次人才	64.29%
应用型本科层次人才	71.43%
硕士以上层次人才	32.14%

问卷二：企业现有管理人员的主要来源：

选项	比例
大专院校	60.71%
本地劳动力和人才市场	71.43%
本地企业间流动	46.43%

问卷三：贵单位目前最希望引进的高职层次管理人才为：（可多选，不超过三项）

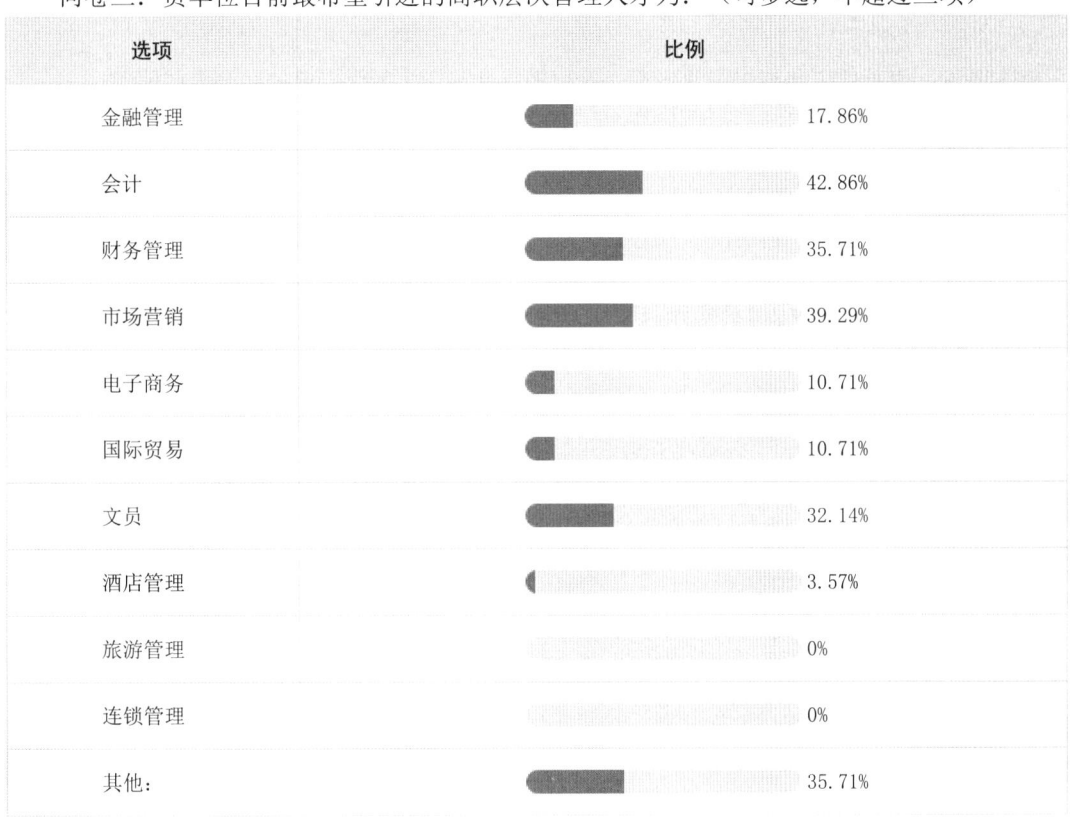

选项	比例
金融管理	17.86%
会计	42.86%
财务管理	35.71%
市场营销	39.29%
电子商务	10.71%
国际贸易	10.71%
文员	32.14%
酒店管理	3.57%
旅游管理	0%
连锁管理	0%
其他：	35.71%

问卷四：贵单位录用大学生的主要途径为：（可多选）

选项	比例
高校专场招聘会	67.86%
人才市场	64.29%
媒体广告	14.29%
中介公司	7.14%

续问卷四

选项	比例
员工推荐	53.57%
亲朋推荐	25%
学生自荐	42.86%
其他：	10.71%

问卷五：贵单位招聘高职毕业生时，对招聘岗位与学生所学专业的关联度如何？

选项	比例
要求专业对口	35.71%
要求相关专业	78.57%
对专业没要求，只关注学生综合素质	46.43%

问卷六：贵单位在招聘时，比较注重学生的：（可多选，不超过三项）

选项	比例
职业素质	75%
学习成绩	17.86%
心理素质	39.29%
外语水平	0%
社会实践经历	57.14%
计算机技能	21.43%
敬业精神	28.57%
党员、学生干部	0%
职业技能证书	28.57%
工作经验	21.43%
仪容仪表	3.57%
专业能力	21.43%
其他：	0%

问卷七：贵单位对所录用高职毕业生使用情况的总体评价为：

选项	比例
很满意	39.29%
满意	53.57%
基本满意	7.14%
不满意	0%

问卷八：贵单位评价高职毕业生满意度情况的主要方面为：（可多选，不超过三项）

选项	比例
敬业精神	71.43%
吃苦耐劳	53.57%
团队合作好	46.43%
组织协调能力强	21.43%
工作业绩好	7.14%
专业技能强	14.29%
上手快	21.43%
职业道德好	17.86%
服从意识强	32.14%
社会责任感	7.14%
其他：	3.57%

问卷九：贵单位评价高职毕业生不满意的主要方面为：（可多选，不超过三项）

选项	比例
敬业精神差	14.29%
吃苦耐劳差	14.29%
团队合作差	7.14%

续问卷九

选项	比例
组织协调能力弱	35.71%
工作业绩差	10.71%
专业技能差	21.43%
上手慢	39.29%
职业道德差	0%
服从意识差	3.57%
其他：	17.86%
本题有效填写人次：	

问卷十：按照国家提出的校企"合作办学、合作育人、合作就业、合作发展"的要求，贵单位是否愿意与高职院校开展合作办学？

选项	比例
不愿意	50%
愿意	50%

问卷十一：不愿意与高职院校开展合作办学有原因：

选项	比例
不需要	64.29%
企业生产经营忙，没精力搞校企合作	35.71%
企业从校企合作中受益较少	0%
其他：	35.71%
本题有效填写人次	

问卷十二：拟实施的合作培养人才的方式为：

选项	比例
与学校合作招生培养人才	50%
从在校生中选拔组建订单培养班	7.14%
安排学生工学结合	42.86%
接受学生到企业顶岗实习和就业	50%
提供兼职教师	0%
提供奖学金、奖教金	14.29%
其他：	0%

问卷十三：贵单位今后有意向与我院开展合作的项目：

选项	比例
共建校内实训基地	10.71%
接收学生就业	35.71%
开展订单班培养	7.14%
开展员工培训	7.14%
共建研究所	3.57%
接受学生工学结合	7.14%
设立奖教金、奖学金、助学金	3.57%
开展技术服务和项目合作	0%
接收学生实习	46.43%
接受教师挂职锻炼	3.57%
其他：	14.29%

问卷十四：贵单位希望学院在哪些方面为企业员工进行培训？

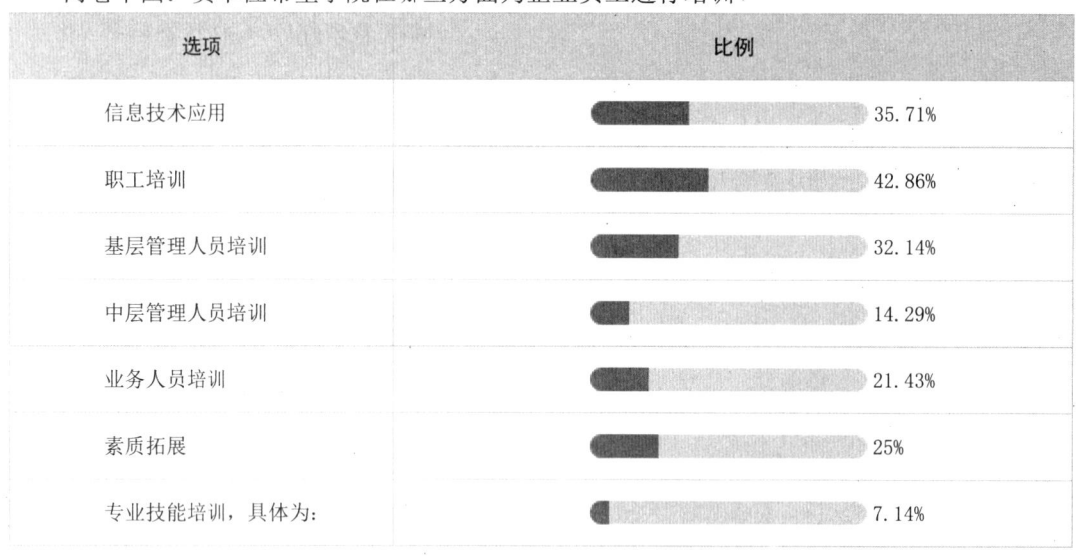

选项	比例
信息技术应用	35.71%
职工培训	42.86%
基层管理人员培训	32.14%
中层管理人员培训	14.29%
业务人员培训	21.43%
素质拓展	25%
专业技能培训，具体为：	7.14%

问卷十五：贵单位对加强高职院校"双师型"教师队伍建设所能做的工作为：

选项	比例
接纳教师参与企业技术应用、产品开发等方面实践锻炼	28.57%
提供兼职教师	21.43%
两者均可	39.29%
其他：	28.57%

问卷十六：贵单位认为建立长效校企合作机制的关键是：（可多选）

选项	比例
国家法规保障	28.57%
政府支持推动	46.43%
校方提供便利	35.71%
企业内在需求	50%
其他：	17.86%

问卷十七：贵单位认为学校应采取何种方式加强与企业沟通交流更为方便有效？

选项	比例
学校（不）定期组织相关人员到企业交流	50%
企业人员到学校交流	46.43%
其他：	25%

问卷十八：大数据与会计专业学生主要就业岗位有哪些？（限四项以内）

选项	比例
文员	42.86%
出纳	64.29%
财务会计	64.29%
成本会计	28.57%
税务会计	21.43%
外勤会计	50%
总账会计	25%
会计信息化专员	10.71%
会计事务所工作人员	10.71%
审计事务所工作人员	0%
其他	3.57%

（四）毕业生问卷调查

设计学生调查问卷，我们选取了以下问题。

问卷一：您的工作单位的性质是：

选项	比例
政府机关单位	0%

续问卷一

选项	比例
事业单位	1.96%
大中型企业（上市公司）	13.73%
大中型企业（非上市公司）	1.96%
小微型企业	54.9%
私营企业	27.45%

问卷二：您目前的工作岗位是：

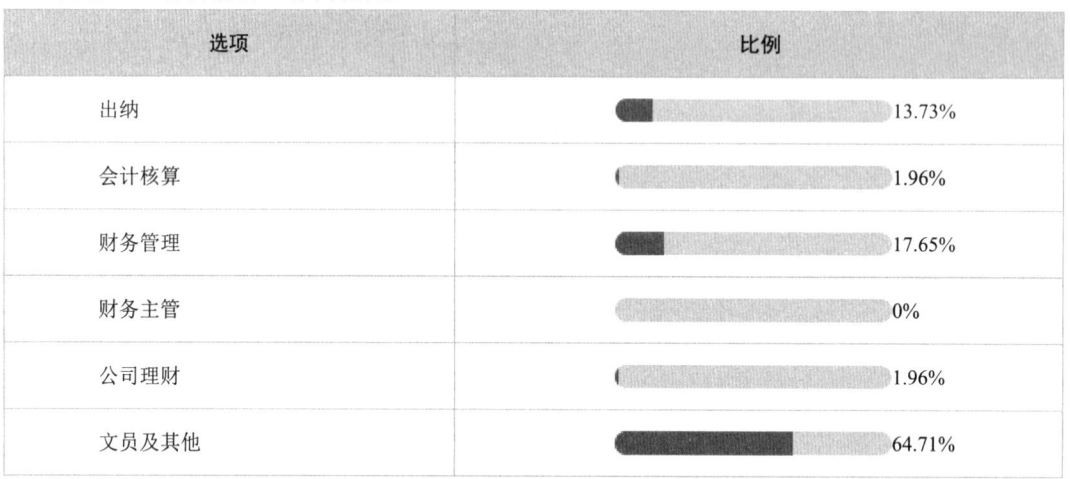

选项	比例
出纳	13.73%
会计核算	1.96%
财务管理	17.65%
财务主管	0%
公司理财	1.96%
文员及其他	64.71%

问卷三：您目前的工资水平区间是：

选项	比例
2000 以下	15.69%
2001－3000	45.1%
3001－5000	37.25%
5001－10000	1.96%
10000 以上	0%

问卷四：您目前的工作地点是：

选项	比例
W市	80.39%
苏州	1.96%
常州	0%
南京	3.92%
除以上城市以外的省内城市	7.84%
上海	1.96%
其他：	3.92%

问卷五：为了完成现在的工作任务，您认为最需要的核心能力有：

选项	比例
基本职业能力	80.39%
交流沟通能力	84.31%
专业技术能力	66.67%
企业专业背景方面的能力	17.65%
学习能力	80.39%
创新创业方面的能力	23.53%

问卷六：您现在的工作岗位是：

选项	比例
完全胜任	11.76%
胜任	49.02%
基本胜任	37.25%
很困难	1.96%

问卷七：您认为目前最需要加强什么方面的素质、能力和知识？（限三项以内）

选项	比例
基本职业能力	50.98%
交流沟通能力	54.9%
专业技术能力	68.63%
企业专业背景方面的能力	35.29%
学习能力	47.06%
创新创业能力	31.37%
外语能力	35.29%
计算机能力	33.33%

问卷八：您认为本专业最实用的课程是哪几门？（限制在六门以内）

选项	比例
财务会计	74.51%
管理实务	49.02%
生产管理	27.45%
成本会计与实务	45.1%
财务管理	54.9%
ERP 财务管理与实务	43.14%
纳税基础与实务	60.78%
Excel 在财务中的应用	54.9%
商务软件应用	11.76%
审计基础与实务	5.88%
会计基础与实务	31.37%
经济法基础	33.33%
机械识图	5.88%

续问卷八

选项	比例
金融基础与实务	21.57%
创业基础与实务	11.76%
互联网金融与风险管理	13.73%

问卷九：您认为本专业应停开的课程是哪几门？（限制在两门以内）

选项	比例
财务会计	7.84%
管理实务	7.84%
生产管理	11.76%
成本会计与实务	13.73%
财务管理	7.84%
ERP 财务管理与实务	7.84%
纳税基础与实务	1.96%
Excel 在财务中的应用	3.92%
商务软件应用	29.41%
审计基础与实务	9.8%
会计基础与实务	1.96%
初级会计学	0%
经济法基础	1.96%
机械识图	52.94%
金融基础与实务	1.96%
创业基础与实务	5.88%
互联网金融与风险管理	1.96%

续问卷九

选项	比例
实用文体写作	19.61%
钳工实训	45.1%

（五）行业企业专家访谈

1. 总体评价

五位专家均认为目前大数据与会计专业人才培养方案基本能够适应企业用人单位需要。

2. 目前企业需求岗位

出纳、会计、成本会计、纳税申报与筹划、会计师事务所助理人员等。

3. 重要的核心专业课程

基础会计、财务会计、成本会计、纳税申报、管理会计、财务管理、ERP 财务管理等。

4. 专家建议

加强对学生会计核算基本知识、基本技能的培养。
开设商务礼仪、企业文化等职业素养课程。
增加会计信息化等实训课程，加强动手操作能力培养。
加强吃苦耐劳精神、创新精神、沟通协调能力培养。

（六）走访企业专家

1. 招聘的高职毕业生存在的主要问题

吃苦耐劳精神和耐心不够。
眼高手低，实践技能不足。

2. 专家建议

加强吃苦耐劳精神、创新精神培养。
勤奋好学比专业技能更重要。
强化出纳、会计核算、成本会计、纳税计算与申报等财会基本技能培养。
加强对办公软件、ERP 软件等信息化手段的培养。
加强学生会计师、注册会计师等职业规划指导。

（七）调研结论与建议

1. 主要调查结论

用人单位对高职专科层次大数据与会计专业人才需求较为旺盛。

用人单位对专业技术资格证书和职业技能等级证书有较高要求。

中小企业和私营企业是毕业生就业的主要方向。

毕业生主要在 W 市就业，能够很好地服务于地方经济建设。

学生对口就业率不高，多数毕业生从事经营管理类相关工作。

毕业生认为需要的核心能力有基本职业能力、沟通能力、专业能力、学习能力。

毕业生认为本专业最有实用性的课程有基础会计、财务会计、成本会计、纳税申报、财务管理、ERP 财务管理、Excel 在财务中的应用等。

毕业生认为本专业应停开的课程有机械识图、钳工实训、商务软件应用等。

用人单位在招聘时，比较注重学生的职业素质、社会实践经历、心理素质等。

用人单位评价高职毕业生满意度情况的主要方面为敬业精神、吃苦耐劳、团队合作。

企业对校企合作缺乏积极性。

2. 教学改革建议

中小企业和私营企业是毕业生就业的主要方向，人才培养目标和方案应紧贴中小企业财会岗位实际人才需求。

多数毕业生在 W 市就业，人才方案应充分考虑 W 市产业对财会人才的需要。

重视对学生基本职业能力、沟通能力、专业能力、学习能力的培养。

加强财务会计等专业核心课程教学，适当删除或调整与专业关联度低的课程，优化课程结构，完善课程体系。

加强对学生会计核算基本知识、基本技能的培养。

开设商务礼仪、企业文化等职业素养课程。

增加会计信息化、大数据类课程等实训课程，加强学生动手操作能力培养。

加强学生吃苦耐劳精神、创新精神、沟通协调能力培养。

进一步加强校企合作，拓展学生实践教学内容，提高实践教学质量。

重点关注会计技能、智能财税技能大赛和职业技能等级证书动态，不断优化"岗课赛证"深度整合的课程体系和人才培养模式。

第二节 人才培养模式——校企合作

一、校企合作存在的问题和难点

尽管以就业为导向、提倡校企合作办学的思路已经形成广泛共识，但是在实践中还存在着诸多需要解决的问题。

（一）校企合作存在的主要问题

1. 相关政策制度不完善，缺乏制度和法律制约

目前，我国职业教育校企合作还属于民间行为，尽管国家已颁布了《中华人民共和国职业教育法》，制定了相关的法律支持校企合作，但没有对校企合作中学校与企业的行为进行规范，在如何使校企双方都能够积极主动地参与方面，也没有出台优惠政策（如税收优惠等），没有形成一个良好的有利于校企合作培养人才的宏观环境。

2. 学校现存的问题将影响校企合作的可持续发展

师资队伍难以适应发展要求，双"师型教"师匮乏。据悉，北京地区职业学校"双师型"教师的情况极不乐观，比例明显偏低。按照发达国家职业教育发展的经验，"双师型"教师缺乏的问题可以在一定范围内通过聘请行业企业的专家兼职授课来解决，但是这一问题从人事制度上并未突破。由于缺乏"双师型"教师，技能培训质量将受到较大影响，进而使校企互动难以对接。

学校缺乏核心优势，校企之间难以产生合作愿望。校企合作中的职业学校必须要拥有自己的优势资源，才能吸引企业合作的愿望。据调研分析，校企双方的焦点非常明确，企业要的主要是技术，学校能给的主要是培训。企业领导希望职业院校能提供一些技术改革、技术创新方面的服务，但职业院校的科研水平不高，对企业的帮助不大，企业与职业院校的合作是学校主动找上门去的，企业对与职业院校的合作没多少兴趣。这就是职业院校自身的软肋。职业学校应全心全意谋求自己的发展，打造自己的核心品牌专业和区域影响力，以服务求支持，以贡献求发展，以强大的实力来赢得更多的合作与支持，求得更快地发展。然而，学校与企业合作的核心优势在哪儿？如何形成这种优势？乃是本课题研究的重点。

关于学校的市场调研工作开展得不够扎实、细致。多年来的实践证明，在专业设置过程中加强市场调查和科学预测，即根据经济与产业结构调整、产品与技术升级和社会发展的需要，

避免盲目办学是职业学校实现可持续发展的关键所在。但是目前这一项工作在职业学校还未受到普遍的重视。

学校以学科知识体系为基础指导专业设置和课程体系设计，不利于学生综合职业能力的培养。德国、美国、澳大利亚等国采取以职业能力为标准指导专业设置和课程体系设计。对职业进行分析是德国"双元制"、美国"合作教育"、澳大利亚 TAFE（Technical and Further Education）模式采取的科学做法。以职业能力为本位，确立课程结构，将基础知识、专业知识合理地组合成一个专业技术知识体系，可以增强学生的社会适应性和市场竞争力。

3. 企业与职业学校合作的积极性不高

企业对校企合作意义的认识不足。很多企业并没有意识到校企合作的重要性，目前，在我国并没有相应的法律法规来保证企业接收学生实习培训，因而多数合作是学校"一头热"。

企业除了能够挑选优秀毕业生外，现实的受益并不多，造成企业的积极性不够高。部分企业把实习学生当作低成本的劳动力，很难对学生进行教育和培养。此外，对于现代制造业，由于企业技术往往比较先进，而学校的教学相对落后，技能与行业要求落差较大，也是企业与学校合作积极性不高的重要原因。

企业对实习学生劳动保障的认识不足。据调查，在接收学生实习的企业中，有近一半的企业没有建立相关的学生实习保障制度。比如，在学生管理、实习时间、劳动报酬以及安全保障等方面双方责任不够明确，缺乏制度保证措施。

（二）校企合作的难点

从目前了解到的情况看，全面推进职业院校的校企合作、产教结合还存在许多困难，主要表现如下：

企业的积极性不高。企业只关注自身的发展和利益，对于带有一定公益性的任务不感兴趣；政府没有相应的法规和鼓励政策，企业难以将接收实习学生、培养专业人才当作自己的义务；企业更担心不熟练的实习者会降低产品质量或服务质量，对企业形象造成不良影响。

企业与学校的合作还停留在低级阶段。企业需要吸收新的员工，但更希望在生产旺季、急需增加劳动力的时候，使用廉价的劳动力（学生）；企业为了考查、选择合格的学生，也会同意接收实习学生，但目的是选择优秀者提前录用。一些企业仅考虑"利益"，而不愿意"付出"，使学校与企业的合作很难进入较深的层次。

在产教结合中，工学矛盾比较突出。企业按照生产和服务的需求来安排使用学生，不能满足轮岗实习要求；在顶岗实习中，企业管理人员注重的是生产任务，很难履行教育的责任；企业接纳实习的时间往往与原有的教学计划相冲突。

在学生管理上，学校与企业的责任不清，导致学生在实习中出现问题后不能及时解决。企业和学校在实习经费、实习待遇等方面难以达成共识。

缺少企业与学校联系的纽带。校企合作单靠学校去联系确实有很大难度，目前还没有一个这样的服务平台。其实，企业也急于寻找合作伙伴。关于如何加强联系，还需要一个互动的机制。

二、影响校企业合作的因素

（一）企业因素调查与分析

我们对濮阳市 50 家企业（其中 24 家企业已有校企合作经历）进行了问卷和走访调查，其中国有企业 20 家，私营企业 25 家，合资企业 5 家；大中型企业 32 家，小型企业 18 家；涉及能源、机械、化工、建筑、房地产、金融、旅游、电子、商业等十多个行业。调查和访谈的直接对象是相关企业的总经理（厂长）等高级管理人员。本次调查共发放调查问卷 100 份，收回有效问卷 82 份，直接访谈人员 43 人。调查组对调查问卷和访谈记录进行整理后，并对调查情况进行了总结。

1. 有关校企合作调查

（1）企业对开展校企合作重要性的认识调查（表七）

表七　企业对开展校企合作重要性的认识调查表

问题	肯定的企业数	百分比	排序
非常重要	5	10%	1
比较重要	26	52%	2
不重要	19	38%	3

从以上调查结果可以看出，有 62% 的企业已认识到校企合作的重要性，但仍有 38% 的企业观念落后，没有校企合作意识。这从观念层面能够说明为什么不少企业参与校企合作的积极性不高。

（2）企业开展校企合作的意愿调查（表八）

表八　企业开展校企合作的意愿调查表

问题	肯定的企业数	百分比	排序
非常愿意	4	8%	1
比较愿意	23	46%	2
无所谓	23	46%	3

从以上调查结果可以看出，只有 54% 的企业愿意参与校企合作，还有近半数企业没有参与校企业合作的意向。这从另一个角度印证相当数量的企业缺乏参与校企合作的积极性。因此，如何调动企业参与校企合作的积极性，让企业主动参与校企合作成为决定校企合作成败的重要

因素。

（3）企业认为影响校企合作的主要因素调查（可多选，表九）

表九　企业认为影响校企合作的主要因素调查表

问题	肯定的企业数	百分比	排序
能否给企业带来收益	46	92%	1
缺乏政府相应的政策引导	32	64%	2
学校缺乏主动性	24	48%	3
缺乏合作机制	20	40%	4
缺乏校企双方交流的平台	12	24%	5

该调查项目是多项选择，从调查结果可以看出，绝大多数企业把能否给企业带来收益作为是否开展校企合作的衡量标准。首先，多数企业意识到政府在推动校企合作中的重要性，认为政府的政策引导是开展校企合作的第二关键因素。其次，企业还认为学校的主动性不够是影响校企合作的第三大因素。这印证了企业利益最大化的强烈诉求，如果不能给企业带来利益，校企合作就失去了经济基础，根本无从谈起。从政府角度看，应将校企合作上升到国家战略高度，建立相关的法规和政策框架，采用法治手段来固化企业参与校企合作的法定义务，采用财政转移支付的方式来弥补校企合作可能给企业带来的损失或不良影响，从而调动企业参与校企合作的积极性。高职院校应进一步更新落后的思想观念，以更加主动和积极的姿态寻找合作企业，采用灵活多样的方式参与到校企合作中来。

（4）企业对目前已开展的校企合作的评价调查（表十）

表十　企业对目前已开展的校企合作的评价调查表

问题	肯定的企业数	百分比	排序
签订合作协议安置学生实习为主	20	83%	1
流于形式，没实质性合作内容	10	42%	2
视专业而定，有些专业难求企业合作	8	33%	3
紧密合作，促进学校教育教学改革	2	8%	4

以上调查项目为多项选择，调查显示，绝大多数已参加校企合作的企业其校企合作的基本形式是"签订合作协议安置学生实习"，42%的企业认为目前校企合作流于形式，约有三分之一的企业认为专业不同和企业条件影响了校企业合作的开展。这说明目前绝大多数校企合作不够深入是普遍现状。

（5）企业认为推动校企合作过程中学校急需解决的问题调查（表十一）

表十一　企业认为推动校企合作过程中学校急需解决的问题调查表

问题	肯定的问卷数	百分比	排序
及时了解企业的用工信息	41	82%	1
根据企业要求及时调整课程与教学	38	76%	2
满足企业的用工要求	35	70%	3
为企业提供技术服务	15	30%	4
为企业提供员工培训服务	5	10%	5
其他	2	4%	6

以上多选项目调查结果表明，绝大多数企业认为高职院校应及时了解企业用工信息，根据企业要求及时调整课程与教学，满足企业的用工要求，而企业对高职院校的其他期望和要求则不强烈。这一方面说明了企业对学校培养高素质毕业生的呼声，从另一个侧面反映了多数高职院校培养的人才质量不能满足企业的要求。同时，企业对高职院校的技术服务等能力缺乏信赖感，这从侧面也反映出目前高职院校在技术服务等高端校企合作项目中能力不足的事实。该项调查还说明学校服务企业的能力弱势是影响企业缺乏校企合作积极性的重要因素。高职院校应虚心向行业、企业学习，根据企业用工需求及时调整教学内容，提高师资队伍水平，改革教学模式和教学手段，不断提高教学质量，培养满足企业需要的高端技能型人才。提高教师的科研能力，以便更好地服务于企业。

（6）已参与校企合作的企业目前参与校企合作的形式调查（表十二）

表十二　已参与校企合作的企业目前参与校企合作形式调查表

问题	肯定的企业数	百分比	排序
学院校外实习基地	20	83%	1
企业为学校师生做专题讲座	18	75%	2
为学校提供兼职教师	10	42%	3
与学校联合实施订单培养	8	33%	4
参与人才培养方案设计与实施	6	25%	4
为教师提供实践机会	5	21%	5
委托学校进行员工培训	3	13%	6
为学校提供先进设施和设备	0	0%	7
与学校联合科技攻关解决技术难题、技术咨询	0	0%	7

续表十二

问题	肯定的企业数	百分比	排序
在校内建立生产型实训车间	0	0%	7
合作开发教材	0	0%	7

以上对已参与校企合作的企业调查，反映了目前校企合作的深度和广度。绝大多数的校企合作只停留在"实习基地挂牌"或"聘请企业专家为师生做专题报告"等较浅层次项目上，缺乏深层次的合作。这反映目前校企合作中普遍存在的学校"一头热"，校企合作效果不佳的事实。

（7）企业参与校企合作项目意向的调查（表十三）

表十三　企业参与校企合作项目意向调查表

企业意愿与合作形式	肯定的企业数	百分比	排序
开展校企文化交流	40	80%	1
参与人才培养方案的设计与实施	34	68%	2
为学校提供技术支持、专题讲座	30	60%	3
为职校教师提供实践机会	28	56%	4
为学校提供兼职教师	24	48%	5
委托学校进行员工培训	18	36%	7
为学生提供实习机会	15	30%	6
与学校签订订单培养协议	4	8%	8
为学校提供实训设备设施	0	0%	9
企业在学校建立生产型实训车间	0	0%	10

从表十三可以看出，企业最愿意参与的三个项目是开展校企文化交流、参与人才培养方案的设计与实施和为学校提供技术支持、专题讲座。这说明企业愿意发挥自身的优势，为高职院校人才培养做出自己的贡献。但在为学生提供实习机会、与学校签订订单培养协议和为学校提供实训设备设施涉及校企业合作的核心项目上，企业可能处于经济效益、投资风险和商业秘密等方面的考虑，缺乏合作意愿。

2. 意见与建议

通过调查走访，多数企业认同校企合作是人才培养的重要方式，企业应积极参与。普遍认为校企合作效果不佳的原因主要有：一是校企业合作不能直接增加企业的收益，甚至会影响企业正常工作。二是中小企业很需要职业教育为其提供后备人力资源，但是又没有能力参与深度的特别是全面深度的合作,而有能力的大企业往往因为高职院校的教学质量不高和服务能力不强而不愿参与合作。三是校企合作培养的学生违约现象严重,这严重挫伤了合作企业的积极性。目前除特殊岗位外,多数人才是供大于求,企业招工并不难,难的是如何留住人才。因此,不少企业认为校企合作对企业没有实际意义。四是高职院校办学缺乏特色,培养的学生质量不能满足企业的用工需要。五是缺乏鼓励企业参与校企合作的相关政策和法规。

(二)学校因素调查与分析

我们对河南、山东、河北三省的 15 所兄弟高职院校进行了问卷和走访调查,其中国家示范高职院校三所,国家骨干高职院校三所,省示范高职院校三所,其他高职院校七所。调查和访谈的直接对象是相关院校的教学副院长和教务处长。本次调查共发放调查问卷 15 份,收回有效问卷 15 份,直接访谈人员 20 人。调查组对调查问卷和访谈记录进行整理后,并对调查情况进行了总结。

1. 学校方面的调查

(1)学校为企业提供的支持调查(表十四)

表十四 学校为企业提供的支持调查表

问题	肯定的问卷数	百分比	排序
提供顶岗实习生	15	100%	1
根据企业的特殊需求提供人才培养服务	12	75%	2
企业员工培训	10	67%	3
技术服务	4	27%	4
提供土地、厂房	1	13%	5

以上结果表明,目前高职院校为企业提供的支持项目主要集中在提供顶岗实习生、根据企业的特殊需求提供人才培养服务和企业员工培训上,而为企业提供技术服务或提供土地、厂房等方面较少。这反映出高职院校参与校企合作中学校限于科研水平参与企业技术服务能力不足的现状,学校为企业提供土地、厂房等硬件较少,一方面反映了高职院校参与校企业合作的思想观念保守,力度不大,另一方面也反映了企业在参与校企业合作上的动力不足。

(2)现阶段校企合作比较可行的形式调查(按照重要性限选四项,表十五)

表十五 校企合作的理想形式调查表

问题	肯定的问卷数	百分比	排序
订单培养	14	100%	1

续表十五

问题	肯定的问卷数	百分比	排序
企业冠名班	12	87%	2
学校在企业建立实训基地	11	80%	3
校中厂	9	60%	4
厂中校	7	47%	5
职教集团	3	33%	6
合作技术研发	3	20%	6
长期稳定接收毕业生就业	1	7%	8

以上结果表明，订单培养、企业冠名班、学校在企业建立实训基地和校中厂模式被多数学校广泛接受和认可。

（3）学校对目前已开展校企合作的评价调查（按照重要性限选三项，表十六）

表十六　学校对目前已开展校企合作的评价调查表

问题	肯定的企业数	百分比	排序
签订合作协议安置学生实习	15	100%	1
合作紧密程度视专业而定，有些专业难求合作	15	100%	1
流于形式，无实质性合作内容	9	60%	3
紧密合作，促进学校教育教学改革	6	40%	4

以上结果反映了当前校企合作以签订合作协议安置学生实习为主，合作紧密程度与专业有关；有60%的学校认为校企合作流于形式，对合作不满意。认为校企合作为紧密合作，促进学校教育教学改革的学校仅有40%。

（4）学校存在的主要问题调查（可多选，表十七）

表十七　学校存在的主要问题调查

问题	肯定的企业数	百分比	排序
学生素质不高，不能满足企业用工需求	13	87%	1
教师队伍服务企业能力不强	12	75%	2
校企合作制度不完善	5	33%	3

从以上调查可知，学校认为学生素质和教师队伍是学校方面存在的最主要问题，这影响了

校企合作的顺利开展。

（5）影响校企合作的主要因素调查（可多选，表十八）

表十八　影响校企合作的主要因素调查表

问题	肯定的企业数	百分比	排序
能否给企业带来收益	15	100%	1
缺乏政府相应的政策引导	15	100%	1
缺乏合作机制	12	75%	3
缺乏校企双方交流的平台	10	67%	4
学校缺乏主动性	3	20%	5

从以上调查可知，学校认为能否给企业带来收益和缺乏政府相应的政策引导是影响校企合作的主要因素。这与以企业为对象的调查情况基本一致。

2. 意见与建议

经走访的高职院校普遍认为：

政府应制定更加完善的规章制度，明确企业在校企合作中的权利和义务，引导企业参与校企业合作。

应强化执法环节，严格执行职业准入制度，提高企业对高职教育的依存度，让企业主动与高职院校合作。

加快产业结构调整，实现产业结构升级，使产业向产业链的高端发展，增加企业对高端技能型人才的需求量。

3. 政府有关部门的因素调查与分析

政府相关部门普遍认为：

校企合作对高职教育非常重要，对企业的人才供给和长远发展意义重大。

企业作为自负盈亏的经济实体，校企合作并不能给企业带来经济利益，所以企业参与校企合作的积极性不高。

从法律层面上讲，企业没有尽到校企业合作的责任和义务，缺乏社会责任感。

部分高职院校可能办学理念没有转变过来，缺乏市场竞争意识，参与校企合作的主动性不够。学校应进一步发挥主观能动性，拓宽校企合作的渠道，大胆尝试校企合作的模式。

现阶段高职教育校企合作的接轨点是实现校企实现"双赢"。有人认为仅仅依靠市场调节，校企合作不能顺利开展，政府应发挥宏观调控作用。要实现产业升级和经济转型，政府应把校企合作上升为国家战略。

三、校企合作机制分析

（一）校企合作动力机制

1. 校企合作动因

（1）企业参与校企合作的动因

选择优秀的职业人才，利用学校资源对职工进行继续教育。从长远看，通过刺激、激励以潜移默化的方式，可能缩短学生向"职业人"角色转换的时间，提高学生的岗位适应能力；可能将企业逐步转化为学习型企业，从而提高企业的竞争力。

企业借助职业学校的信息与技术服务，进行新产品的研制开发、新技术的引进、设备的技术改造等。同时，参与研究的教学科研人员真正实现了教学与实践的零距离，必然有效地促进教学工作。

学生到企业接受专业实训训练，了解企业精神、文化的同时，可能形成一种认同感、归属感，将来有可能优先选择本企业就业，还可能形成宣传效应，有助于树立企业形象。

（2）学校参与校企合作的动因

国家鼓励职业教育领域的对外交流合作，支持引进境外优质资源发展职业教育，鼓励有条件的职业教育机构赴境外办学，支持开展多种形式的职业教育成果互认。高职院校主动参与校企合作是履行高端技能型人才培养的义不容辞的职责。

教育市场的激烈竞争是高职院校主动参与校企合作的外部动力。随着高等教育的大众化，一方面高等教育招生规模不断扩大，另一方面由于计划生育政策生源的总体规模减小，越来越多的富裕阶层由于能够承担其他教育选择，可以逐渐远离高考。这种变化已然发生，并趋于加快。迫于生存压力，高职教育必然要参与校企合作以提高教学质量，保持自己的竞争优势和办学特色。

（3）政府参与校企合作的动因

职业教育的公益性是政府参与企业教育的直接理由。

履行公共管理职能，实现教育资源的合理配置，提高人才培养质量，促进高职院校快速健康发展。

促进校企合作，推动科技进步和经济发展。

在相当长的时期，我国人力市场供大于求的状况不会得到根本改观，再加上我国职业准入制度很不完善，企业会长期处于人力市场的优势，因此企业缺乏参与职业教育的动力和积极性，存在用人的"搭便车"现象。而政府采用行政手段，促使企业履行职业教育的义务是政府义不容辞的责任。

（二）沟通协调机制

1. 沟通机制

（1）信息沟通机制

建立多样化的校企合作信息沟通制度和平台，校企双方应在各自内部先行建立校企合作教育的组织协调机构，定期或不定期召开会议，及时把握企业参与学校办学的利益诉求，是有效开展校企合作的前提。

（2）情感沟通机制

情感沟通是校企合作工作的润滑剂。特别是在目前多数校企合作层次不高，合作不够深入的情况下，依靠人脉关系联系合作企业，靠情感维系校企合作关系是校企合作的常态。加强校企之间的情感沟通更具有现实意义。在政府宏观制度框架下，学校和企业之间应建立多层次、多形式的情感沟通与交流机制，不断维护和加强校企之间的良好关系，促进校企全方位、深层次合作。

2. 利益协调机制

学校和企业作为独立的利益主体，有着各自的利益诉求。宏观层面上，政府应通过制度建设，以财政转移支付方式或以政策优惠等形式，补偿企业因校企合作可能造成的成本增加或利益损失。微观层面上，职业学校应主动了解企业的利益诉求，探寻校企双方的利益结合点，围绕校企利益结合点设立多样化的合作项目，以服务企业换取企业服务，实现合作共赢。

（三）保障机制

1. 制度保障机制

建立保障机制，政府、高职院校和企业都应各尽其责。宏观层面上，政府要有严格的法律制约。政府有关部门应在广泛调查研究的基础上，建立健全相关法规，明确校企双方在校企合作中的责任、权利、义务。微观层面上，校企双方应该责权利明晰，有详细的可操作性、可遵循的制度。校企双方应在充分沟通的基础上，以协议合同等形式进一步明确各自的责任、权利、义务。

2. 经费投入机制

充足的资金投入是职业教育健康发展的基础和保障。应积极发挥政府的主导作用，落实职业教育的投入政策。实行政府、行业、企业及其他社会力量多渠道投入的经费保障机制。在加大政府投入的同时，要调动行业和企业的积极性，促进校企合作办学，鼓励企业和其他社会力量加大对职业教育的投入。

3. 体制保障机制

目前，我国的高职院校完全由教育行政部门管理，缺乏行业对职业教育的有效指导。体制的缺失严重影响了校企合作。政府应承担起组织协调者的角色，重塑校企合作体制机制，成立专门机构，与行业机构一道统筹规划，保障"政府主导、行业引导、学校与企业广泛参与"构架下的合作机制的高效运行。

4. 社会化服务机制

为了降低校企合作的成本，提高校企合作的效率，政府应建立专业化的社会服务机构与服务体系，为学校、企业和学生服务。如建立全国性或区域性校企合作的信息平台，及时发布校企双方的供求信息；建立免费的专业咨询服务机构等。

（四）评价机制

1. 政府

一是提高校企合作成果在教学质量评估中的重要性，应把毕业生就业率、用人单位满意度、学生就业稳定率作为评价办学质量的重要指标。二是建立对企业参与校企合作工作进行科学评价的制度，作为对企业政策优惠或倾斜的条件。三是将政府推动校企合作的成绩作为各级政府业绩考核的重要指标之一。

2. 学校

高职院校也应制订各部门、各专业开展校企合作情况的具体评价指标，纳入学校教学质量保障体系，以不断检验、改进校企合作工作。根据毕业生的反馈信息，对学校的课程设置、教学计划做出调整，探索教学质量评价标准和学生考核办法。根据校企合作双方教师的信息反馈，加强双师型教师队伍的建设、改革学校办学机制，改革学校人事分配制度。根据企业、行业、社会反馈信息，提出合理化建议，改革招生、学籍、教学及有关的学校管理制度。按照人才培养目标，与企业共同研究制定人才培养方案，确定相应的教学内容和培养方式。实现学校和企业合作互惠、共同发展。

3. 企业

政府指导企业建立健全对校企合作的评价制度，客观评价校企合作的效果，以便不断改进和加深校企合作工作。

4. 社会

政府应在学校教学质量评估和企业社会效益评价中，把校企合作工作情况作为教学评价和企业社会效益评价的重要内容。发动社会各界力量，特别是行业专家、学生和学生家长参与评价，对学校和企业参与校企合作进行全方位客观评价。

（五）校企合作激励机制

1. 政府

当校企业合作各方缺乏参与校企合作的积极性时，政府应创设有利于校企合作的外部环境，出台相关政策、制度，形成鼓励企业、学校和有关各方参与校企合作的长效机制。

2. 学校

学校应建立健全相关规章制度，调动师生参与校企合作的积极性，积极与企业沟通，探索建立"互利共赢"的校企合作机制。如将校企合作作为教师评优和职称晋升的必要条件。

3. 企业

企业应转变思想观念，主动承担培养人才的社会责任，建立健全相关规章制度以调动职工参与校企合作的积极性。

4. 社会

校企合作、工学结合是职业教育的根本出路，是一个涉及全社会的重要命题。应该在全社会形成共同关注校企合作，人人支持和参与校企合作的良好社会氛围。

四、深化校企合作的对策与建议

遵循自愿协商、优势互补、利益共享的原则，坚持以市场需求和劳动就业为导向，实现生产、教学、科研相结合。形成政府、职校、企业联动合作机制，是推动"校企合作、工学结合"职业教育模式成功运行的决定性因素。在市场经济条件下，职业教育必须以学生岗位能力培养为本位，以就业为导向，发挥政府在职业教育发展中的主导作用，同时发挥职业教育传统主体——职业学校和新兴主体——企业的积极性，形成政府、职业学校、企业三方联动合作机制，才能促进"校企合作、工学结合"职业教育模式的成功运行。

（一）强化政府在校企合作中的主导作用

政府处于职业教育的主导地位。主要应从建立健全法制，创设校企合作环境，保障资金投入等方面下功夫。

1. 制度建设

健全法律法规的刚性措施，尽快修订《职业教育法》，进一步明确校企合作在职业教育中的地位，强化政府对校企合作的监督、管理，深化校企合作的深层次发展。尽快出台校企合作的专门性法律，进一步明确有关政府部门、职业院校、行业和企业参与发展职业教育的权利、社会责任与法律义务。

各级政府要建立由有关政府部门、企业、行业和职业院校共同参与的职业教育联席会议制度，引导职业院校对接产业设置专业和课程，提高服务区域经济和企业的能力；联席会议下设校企合作协调指导委员会，建立校企合作信息沟通平台，建立政府引导、校企互动、行业协调的校企合作运行机制。

出台激励企业参与校企业合作的相关法规和制度。一是校企合作成本补偿。建议政府要对承担校企合作的企业予以税收减免或按企业接纳学生实习实训的实际人数拨款的办法，补偿企业因校企合作所付出的成本，允许企业将支付实习实训学生的报酬以及相应实习投入计入生产成本，予以税前扣除，鼓励企业按照国家规定提取教育培训经费用于实习实训支出，计入教育培训经费总额等。二是政府要为企业提供政策支持和制度保障。对积极参与校企合作的企业给予优惠政策，包括贴息贷款、税收减免、立项优先等，对合作办学成绩显著的企业予以表彰和奖励。三是学生在顶岗实习期间，企业给予合理报酬，校企双方在实习前对学生强化风险教育，由学校为实习生购买"职业学校学生实习责任保险"。

改革教师评聘制度，严格执行就业准入制度。通过制定和实施"双师型"教师职称评聘制度，将职业学校教师到企业生产锻炼，参与校企合作作为职业学校教师职称评聘的必要条件之一，调动广大职业学校教师参与校企合作的积极性。

目前我国的就业准入制度不够完善，缺乏严格高效的执行机制。再加上国家职业资格鉴定不够科学和严格，造成国家职业资格证书发放市场混乱，加大了就业准入制度的执行难度。应通过全面推行劳动就业准入制度和职业资格证书制度，调动企业参与合作的主动性。认真执行《劳动法》和《中华人民共和国职业教育法》，用人单位招录技能型职工时应严格执行就业准入制度。各级劳动监察部门应加大对就业准入情况的监察执法力度，对违法行为及时进行纠正并给予处罚。

建立健全校企合作奖惩机制。在明确校企合作责权利的基础上，科学制定评价标准，定期组织开展对职业院校校企合作的评估督导，对行之有效的校企合作办学模式积极总结推广，对校企合作办学工作取得明显成效的职业院校、行业和企业给予表彰，并作为资金投入、政策优惠的直接依据，从而保护和激发校企合作的积极性，推动校企合作深入发展。对在校企合作工作中违反相关规定的政府部门、学校、企业或个人，依法给予相应的处理。

2. 机构建设

政府应设立国家、省（市、区）、市、县四级校企合作专门组织机构，搭建校企之间的桥梁。各级政府应专门成立由发展和改革、教育、人社、财政、工信、税务等部门以及各行业协会参与的校企合作指导委员会，负责制定校企合作办学的发展规划和政策措施，统筹协调职业院校与企业的关系，指导解决校企合作工作过程中的困难和问题。办公室设在教育行政部门，具体负责校企合作相关事项的协调联系并保障其顺畅运行。职业院校和大中型企业应成立校企合作办公室，便于对口的专业设置、实训、实习等事项的联系及实施。

3. 完善资金分担机制

各级政府要把职业教育纳入经济社会和社会发展规划，设立职业教育校企合作发展专项资金。同时拓宽融资渠道，挖掘民间资金，调动企业行业积极性，鼓励、扶持他们建设公共实习实训基地，形成以财政资金为主体，学校资金相配套，企业资金为补充的资金投入机制，保障校企合作资金充足供给。

4. 加强引导与宣传，营造良好氛围

针对大部分企业对校企合作并不是十分主动，而职业院校仅靠自身力量很难与企业取得共识的实际情况，需要政府加强引导和鼓励，充分利用各种新闻媒体，加大宣传力度，让更多的企业认识到校企合作是多赢之举。同时，加大对校企合作办学工作取得明显成效的单位和个人进行宣传表彰。

（二）进一步发挥学校参与校企合作的主动性和创造性

校企合作是一个复杂的系统工程，是校企双方的共同需要，因此要紧紧围绕人才互动与培养展开合作，构建兼职教师队伍与培养"双师型"师资，进行理念、文化、管理、技能等多项融合、渗透，其隐性效益和长期效应需长期不断实践、探索。

1. 提高认识

虽然校企合作应由政府主导，企业积极性也亟待提高，但是职业学校不应等、靠、要，需要更多反思自己，通过增强自己的作为以推进校企合作。高职院校应进一步提高认识，认清校企合作在高职教育中的重要性，认清校企合作对提高教学质量、维系学校生存和发展的重要意义。发挥主观能动性，下大力气调动各种资源，集中优势力量，主动与行业、企业联姻，根据学校专业建设需要，开拓创新，创造性地开展校企合作，不断提高校企合作层次，服务专业建设。

2. 建立健全机构

为了保障校企合作顺利、高效地开展，学校应抽调精干人员，成立校企合作机构，专门负责校企合作的整体规划、组织协调、工作联络、人员安排、经费预算等工作。

3. 建立健全制度

建立健全校企合作制度是校企合作顺利开展的保证。一是建立健全校企合作制度。学校应建立健全校企合作领导制度、组织制度、运行制度、利益分配制度、考核评价制度等相关制度。二是建立健全以校企合作为重要内容的教学质量评价制度和职称聘任制度，以调动师生参与校企合作的积极性。

4. 提高办学水平，服务区域经济发展

学校应立足地方企业发展需求，接受政府和行业协会指导，积极探索校企合作长效机制，完善校企合作、工学结合人才培养模式。大胆创新"校企股份合作""校中厂""院校国有民营"等校企合作模式，以课程改革为抓手，不断完善"理实一体化"教学模式。加强"双师型"教学团队建设，不断提高教师的教学水平和社会服务能力。加大实践教学条件建设，提高学生实践技能和职业能力。只有培养的学生素质提高了，学校服务企业的能力增强了，才能增强高职院校对企业的吸引力，从而为深层的校企合作创造条件。

（三）强化企业参与校企合作的主体地位

在校企业合作中，企业是主体。企业参与校企合作的主动性是决定校企合作效果的关键。

1. 转变观念

企业作为以追求利益最大化为目标的经济组织，应从发展战略高度认识参与校企合作的重要意义，从履行社会责任高度正视校企合作。企业应接受政府和行业协会指导，变被动为主动，积极参与学校管理、教学改革、专业共建、实训基地建设以及人才培养工作。这不仅有利于企业的长远发展，也是对社会的贡献。

2. 健全机构

企业应选调骨干力量，组成校企合作专门机构，负责校企合作的整体规划、组织协调、师资安排、安全管理等工作，在保障安全生产的前提下，尽量提供学生生产实习和教师实践锻炼的岗位。尽量抽调技术能手、管理骨干参与教学全过程，充实双师教学队伍，以弥补学校师资的结构性不足。

3. 健全制度

企业应从自身实际出发，健全校企合作的领导制度、组织制度、运行制度、利益分配制度、考核评价制度等相关制度，实现校企合作工作的规范化，调动员工参与支持校企合作的积极性，保证校企合作的效果。

4. 主动参与

企业主动参与职业学校的专业设置、培养目标、培养规格和评价考核标准的制定以及招生工作；为职校学生实习、工作提供必要的设施和条件；培养合格的企业职业教师；把职业教育作为企业未来人力资本的投资，为进一步发展打下基础。企业方面也要重视人才培养和技术革新，把开展校企合作纳入企业发展规划，以此推动自身的改革和发展。

（四）充分发挥行业的桥梁和纽带作用

行业是连接教育与产业的桥梁和纽带，在校企合作过程中，对于促进产教结合，密切教育与产业的联系，确保职业教育发展规划、教育内容、培养规格、人才供给适应产业发展实际需求，督促企业履行社会责任等方面，发挥着不可替代的作用。

1. 发挥行业职业教育教学指导委员会的重要作用

行业职业教育教学指导委员会是行业主管部门、行业组织牵头组织的职业教育专家组织，是促进职业教育与产业结合的重要力量。各行业职业教育教学指导委员会要不断加强自身建设，发挥好行业领导和指导作用，加强与政府部门和相关单位密切沟通、积极配合，加强行业职业教育教学指导委员会之间的交流与合作，结合行业发展和区域经济发展实际，推动校企合作工作。

2. 发挥行业优势，提高校企合作成效

行业在企业与政府之间发挥着不可替代的桥梁和纽带作用。行业影响力对本系统、本行业的职业教育发挥组织、协调和业务指导作用，整合行业内的职业教育资源，引导和鼓励本行业企业开展校企合作，实现校企合作由院校与企业"点对点"合作向"点对面"合作转变，提高校企合作的范围和效率。

3. 积极参与校企合作服务与实践

指导学校和企业创新校企合作制度，建立健全校企合作新机制，积极开展一体化办学实践；建立行业信息平台，收集、发布国内外行业发展信息，开展新技术和新产品鉴定与推广，引导职业教育贴近行业、企业实际需要；提出行业职业教育发展规划建议，参与国家对职业学校的教育教学评估和相关管理等工作；推进产教结合与校企一体办学、人才培养模式改革、"双证书"制度，推动工学结合专业课程新体系建设，实现职业教育与职业岗位的真正对接。充分发挥专业优势，制定与行业、岗位有关的工种准入标准、岗位技术标准，组织职业资格认证考试（鉴定），为校企合作职业教育模式的教学质量提供检测标准，为就业准入制度的全面实施创造条件。

第三节 人才培养模式——1＋X证书制度试点与探索

我国职业教育经历了改革开放40多年的发展，实现了从"重规模"到"重内涵"的阶段飞跃和从"层次"到"类型"的蜕变。但面对全球制造业由"自动化"向"数字化"快速转型以及"大规模定制"主流生产方式的出现，我国的职业教育改革仍任重而道远。职业教育长期

存在的产教融合和校企合作依赖路径缺失、课堂教学变革甚微等顽疾未得到有效破解。1+X证书制度试点成为继现代学徒制试点后，是我国"双元制"职业教育改革的又一次探索与实践。国务院、教育部等相关部门陆续发文推动1+X证书制度试点工作，试点取得显著成效。但在实践过程中，广大职教工作者仍存在诸多困惑，需要职教界同仁深入研究探讨。

一、X证书的几个关系

（一）"1"与"X"的关系

1+X证书制度中，"1"为学历证书，全面反映学校教育的人才培养质量，是职业教育的主体，"X"为若干职业技能等级证书，反映职业活动和个人职业生涯发展所需要的综合能力，是"1"的补体，主要是"对专业课程未涵盖的内容或需要特别强化的实训，组织开展专门培训"，具体表现为基础与强化、补充、拓展的关系。这里的"基础"是指学历证书教育是X证书教育的基础，不能舍本而逐末；"强化"是指X证书教育强化关键工作领域典型工作任务所需的知识、技能和能力；"补充"是指X证书教育补充行业企业新技术、新工艺、新规范、新要求；"拓展"是指X证书教育可拓展"1"之外相近、相关工作的知识、技能和能力。

（二）何为职业技能等级证书

人力资源和社会保障部（以下简称人社部）负责的职业技能等级证书（下文简称R证书）和教育部门试点的职业技能等级证书（下方简称X证书）具有同等效力，持有证书的人员享受同等待遇。但主要存在以下几点不同：一是实施主体不同。R证书由人力资源和社会保障部负责，X证书由教育行政部门具体负责。二是评价主体不同。R证书由用人单位和社会培训评价组织评价；X证书以社会培训评价组织评价为主，职业院校深度参与。三是评价对象不同。R证书的主要对象是企业职工、社会人员、技工院校在校学生，X证书的主要对象是职业院校在校学生。四是等级分类不同。R证书分为初级工、中级工、高级工、技师和高级技师五个等级，X证书只分为初级、中级、高级三个等级。五是评价目标不同。R证书对劳动者的职业技能进行等级认定，主要是为了确定岗位聘用、核定岗位待遇。X证书是职业技能水平的凭证，反映职业活动和个人职业生涯发展所需要的综合能力，主要是为了确定职业院校在校学生职业技能等级，同时也为用人单位选用职业院校毕业生提供重要参考。

（三）国家职业资格证书与职业技能等级证书的关系

国家职业资格证书与职业技能等级证书的主要区别：一是性质不同。国家职业资格证书是通过国家法律、法令和行政条规的形式，对劳动者的从业资格或者技能水平进行认定的国家证书；职业技能等级证书是劳动者职业技能水平的凭证。二是鉴定主体不同。国家职业资格证书由政府或其授权的单位认定发证；职业技能等级证书由用人单位和第三方机构开展职业技能等级认定，根据人社部规定的证书参考样式和编码规则制作并颁发。三是考核形式与内容不同。

国家职业资格证书考试侧重于知识技能的系统性考核，由人社部相关监管部门审批；职业技能等级证书由用人单位和社会培训评价组织负责，以技能操作考试为主。四是分类与等级不同。职业资格证书分为专业技术资格证书和技能人员职业资格证书；专业技术资格证书（准入类）不分等级，专业技术资格证书（水平评价类）分为初级、中级、高级三个等级。技能人员职业资格证书（准入类）不分等级，不同于前文所述 R 证书和 X 证书的分类。

（四）X 证书的等级与不同教育层次间的关系

1. 不是一一对应

X 证书的初级、中级、高级与中职、高职专科、高职（应用型）本科等教育层次间不存在一一对应关系。因为学校在课程设置、办学特色、办学水平等方面存在较大差异，各层次院校可根据自身专业建设实际，选择不同等级的证书。具体来说，中职学校在选考初级证书的同时，也可选考中级甚至高级证书，高职专科和高职（应用）本科院也可选考初级、中级和高级证书中的任何等级。

2. 自主自愿选择

一是院校可根据人才需求、学生基础、学生意愿等情况自主选考不同类别、等级的 X 证书。二是学生可自愿选考证书，不具有任何强制性。

二、1 + X 证书遴选与选择

以财会专业为例，截至目前，教育部职业技术教育中心研究所受权组织遴选并发布了四批，共 447 个 X 证书。与财会专业相关的 X 证书有 17 个，其中第二批 X 证书只有智能财税职业技能等级证书 1 个，第三批 X 证书有财务共享、财务数字化应用、大数据财务分析、业财一体化信息化应用、数字化管理会计、金税财务应用、智能估值数据采集与应用等 7 个，第四批 X 证书有企业财务与会计机器人应用、政府财务与会计机器人应用、智能审计、审计信息化应用、薪酬管理、业财税融合成本管控、业财税融合大数据投融资分析、企业纳税精细化管理、个税精算等 9 个。从以上情况来看，X 证书和培训评价组织的数量均已相当可观。

实务操作中，大家更关心以下两个问题。

问题一：学校是否有必要将所有证书融入课程体系？

从理论上讲，能够将更多新技术、新工艺、新规范、新要求融入相关专业课程体系，能够更好地助力专业升级和数字化改造。但不是越多越好，如果不切实际地盲目机械地融入，可能事与愿违。

现实中，一般学校并不具备将所有 X 证书融入课程体系的能力和条件。一是师资条件限制。要实现 X 证书的考前培训或者将 X 证书内容融入课程体系，首先需要有专业教师来讲授相关内容，这需要前期师资培养和储备。因为在当前高职院校人事政策和学校治理环境下，实现相关专业师资的引进和校内院系间师资调配难以实现。主要是 X 证书的教学内容多为新知识、新技术，相关专业毕业生缺乏，学校难以按时招聘到相关专业师资。其次，学校内部院系间师资调配共享使用也相当不易。因为其他部门相关热门专业师资也相对缺乏，存在生师比大、教学任务重的突出矛盾。较理想的路径就是充分利用培训评价组织提供的 X 证书资源来培训师资，实现师资自给。事实上，由于证书培训内容多且涉及新知识、新技术，多数培训任务会落在青年教师身上，即使能够顺利实现师资培训，但过多的证书种类，也会使青年教师不堪重负。

二是实训条件限制。截至目前，所有 X 证书的培训与考试平台名义上免费使用，但大多不能满足正常上课的要求，主要表现在培训评价组织一般只提供 X 证书考试前 1 个月左右的平台免费开放时段，考试结束，平台停止免费使用。这与"广泛免费共享""不得以培训、考核、授牌等任何名义直接或变相要求试点院校购置指定品牌的设备设施、软件系统、课程资源及相关服务"的要求还有一定的差距。如果职业院校将 X 证书培训内容融入人才培养方案，相关课程教学时间安排必须与 X 证书的全国培训考试时间同步，否则无法实现正常教学安排；要实现自主教学安排，一般需要购买培训评价组织提供的实训平台和题库，这在一定程度上影响了 1+X 证书制度的推广。另外，职业技能证书的培训与考试需要一定的实验实训设备等物质条件为支撑，这并不是所有学校都能具备的。

因此，学校没有必要将所有 X 证书融入课程体系，只需要结合自身专业建设实际和用人单位用人需求，重点选择若干 X 证书，以循序渐进的方式实现新技术、新工艺、新规范、新要求的引入。

问题二：培训评价组织能否胜任 X 证书培训评价工作？

从 17 个证书培训评价组织来看，具备实体产业背景的企业有新道科技有限公司、航天信息股份有限公司、中联集团教育科技有限公司、中天运会计师事务所、湖南中德安普大数据网络科技有限公司等 6 家，其他 11 家公司均为缺少实体产业背景的教育企业。

尽管有"培训评价组织组建的培训团队中来自行业企业的专家比例应不少于 40%"的规定，但是有实体财会专业背景的公司在校企合作、产学合作、产教融合方面，可能具有独特技术优势，因为这些企业具有更多财会技术应用场景作为证书开发的基础，更有能力解决好将新技术、新工艺、新规范、新要求引入职业教育教学，缩小学校教育与工作实际的距离的关键问题。缺少实体产业背景的教育企业应发挥丰富的教育培训经验、技术和渠道优势，联合实体企业或者借助实体企业、行业专家能力来弥补自身不足，促进教学改革和课堂革命，切实提升培训效果。

三、书证融通实施

应逐步将证书培训考评内容有机地融入专业人才培养方案，实现书证融通，提高教学效果。

（一）重视双师队伍建设

1. 做好培训规划

要将职业技能等级证书有关师资培训纳入职业院校教师素质提高计划项目。院系层面要根据专业建设实际需要，结合师资引进计划，科学制定1＋X证书师资培训计划，提前进行师资培训布局，以便实现1＋X证书制度试点工作顺利进行。

2. 借力发展

依托国家和地方教育行政部门师资培训项目，借力培训评价组织培训平台的公益性培训项目，提前做好师资储备。要保证证书培训质量和考试通过率，每个证书至少需要2～3人的教学团队作为支撑，按每个专业2～3个证书计算，培训规模相当可观。在教学运行经费紧张的情况下，要实现教师培训，仅依靠付费培训将难以维系。所以必须充分利用培训评价组织提供的免费培训机会和公益性培训资源，不失时机地进行师资的免费培训，提前做好师资储备，做到未雨绸缪。

3. 加强交流研讨

1＋X证书是新生事物，必定有其内在动力机制和发展规律。加强院校间、院校与评价组织间、院校与用人单位间、院校与研究机构间的交流合作研讨，才能更好地把握规律，避免走弯路，提升师资水平。

4. 联合协作

对于师资缺乏的学校，可以按证书类别，通过组建院校间、院系间培训联合体，互聘教师开展培训。既可以实现优势互补、资源共享，解决师资紧缺的问题，又可促进院校间、院系间的交流合作和专业（群）建设。

5. 健全机制

1＋X证书制度作为职业教育的一项制度性安排，并非权宜之计。X证书师资培养的关键问题是教师的积极性。应建立与职称评定、绩效工资挂钩的长效激励机制，调动广大教师，特别是青年教师参与师资培训的主动性和积极性。怎样调动广大教师，特别是青年教师的积极性，实现对双师队伍的全面系统培训，提升广大教师的实践教学能力，应是1＋X证书制度试点的应有之义。

（二）加强培训资源建设

1. 统筹规划实训资源

做好培训项目、培训时间、师资、实训室等方面的统筹规划，合理调配资源，提高资源利用效率。

2. 抢抓机遇，持续改善实训条件

以 1＋X 证书制度实施为契机，及时申请实训室建设项目，新建或者改扩建实训室，努力改善专业实训教学条件，为 1＋X 证书制度试点与实施创造条件。

3. 重视自身实训资源盘活

职业院校普遍存在实训资源缺乏，但现存实训室利用率不高的问题。究其主要原因：一是实训室太少，不能满足同一教师所担任的同一门课程多个班的实训教学任务；二是实训课程开设不足，多数教师习惯于在传统教室上理论课，不愿意在实训室上理实一体化课程；三是课程安排不科学；四是实训室管理人员匮乏，技术力量薄弱。因此，盘活现有实训资源，提高现有实训资源的利用率显得尤为重要。

4. 促进实训资源共享

在重视自身实训教学资源的同时，加强沟通，实现校企、校校、部门、专业之间实训资源的共享共用，可解决实训资源缺乏问题，提高社会资源的利用效率。

5. 加强培训课程资源自建

充分利用培训评价组织提供的课程资源，新建信息化课程，实现线上与线下混合式教学，辅助培训教学。通过信息化课程建设，既丰富了课程资源，又锻炼了师资队伍。

（三）科学确定培训重点

X 证书制度的功能不是对职业院校学历教育内容的简单重复，而是在"职业标准"基础之上，对职业行动能力的深化和扩展。

按照"1"和"X"教育培训内容的重叠关系，可分为覆盖型和交叉型。覆盖型是指学历教育内容基本覆盖 X 证书培训内容，X 证书培训内容为学历教育内容的子集。交叉型是指学历教育内容与 X 证书培训内容存在交集或部分重合，学历教育内容不能覆盖 X 证书培训内容。

对于覆盖型，X 证书的培训重点是强化职业技能，如财务共享（初级）证书中的纳税申报，尽管在专业课程中学习过，但内容较复杂，且税法规定变动较快，仍需要专门强化培训。

对于交叉型，X 证书培训重点是专业课程未涵盖的内容，如财务共享（中级）证书中的流程管理、财务云智能工具设计等内容，需要进行专门培训补充。

（四）合理选择培训方式

1. 附加式

主要适用于交叉型。即采用传统教材正常开展专业课教学，证书考试前，再通过专门培训拓展考试内容，以考取证书。其优点是灵活性、适应性强，缺点是培训与日常教学结合少。如财务共享服务职业技能等级证书（初级）、智能财务职业技能等级证书（初级）等，因这类证书内容涉及多门传统专业课程，综合性较强，并且证书内容融合了财会领域的新技术、新工艺、新规范、新要求，采用附加式培训效果最好。

2. 同步式

一般适用于覆盖型（X 证书培训内容难度不大时）。即专业课程考试与职业技能等级证书考试同步进行，教材一般采用职业技能等级证书培训教材，教学即培训。优点是效率高，可实现教考分离。其缺点是灵活性、适应性较差。如业财一体信息化应用职业技能等级证书（中级）等。这种方式应是未来发展方向。但囿于目前我国职业技能等级证书培训平台的开放时间限制，目前还不具备大规模推广应用的条件。

解决此问题的路径：一是让培训评价组织免费常年开放 X 证书培训平台；二是院校调整教学时间，将相关专业课程教学时间调整到 X 证书培训平台开放时段进行；三是由院校自行购买 X 证书培训平台资源，以解决日常专业教学与 X 证书培训平台开放时间可能不同步的问题。

3. 混合式

主要适用于覆盖型（X 证书培训内容难度较大时）。即日常专业课程教学采用职业技能证书考试教材，证书考试前再进行集中培训，获得证书。其优点是灵活性、适应性强，效果好。缺点是培训与学习内容重复，增加了师生负担。如财务共享服务职业技能等级证书（中级），因为此证书学习难度较大，在完成日常专业教学后，还需要进行考前强化培训，以提高教学效果。

（五）正确认识证书课程融入方式

1. 新设

新设即直接新增设证书考试课程，适用于证书内容综合性强，与原教学内容没有重复或者虽有重复，但难度较大的证书课程。如，可新设财务共享实训课程，以适应财务共享服务职业技能等级证书培训与考试需要。

2. 替换

替换即用证书课程与相关培训教材替换原课程与教材，适用于原课程内容陈旧，需要实现升级改造的课程。如，可用智能财税职业技能（中级）实训课程和教材，替换原来的财务综合实训课程内容和教材。

3. 调整

调整是根据证书课程内容对原课程内容作部分调整，适用于原课程内容与证书课程内容重合度高的情况。如，可将原来的 ERP 财务管理实训课程内容调整为业财一体信息化应用（中级）

证书课程内容，以补充服务管理、合同管理等新内容。

（六）处理好课程、教材、教学与培训方式的关系

1. 附加式

附加式培训方式的特点：一是无须调整原有课程体系。二是只采用职业技能等级证书专门教材、教学模式，对考生进行考前专门培训。三是对原来课程、教材、教学模式冲击小。

2. 同步式

同步式培训方式的特点：一是需要调整课程体系、增设或调整课程教学内容、教学方法与手段、教学进度、考评方式等。二是采用证书培训教材。三是对原来课程、教材、教学模式冲击较大，但可避免教学与培训内容重复，减轻师生教学工作负担。

3. 混合式

混合式培训方式的特点：一是需要调整课程体系、增设课程或调整教学内容、教学方法与手段、教学进度、考评方式等。二是考前对日常教学内容再进行集中培训，可提高考试通过率，但存在培训内容和教学内容部分重复，加重了师生的教学工作负担。三是对原来课程、教材、教学模式冲击较大。

从书证融通的发展方向来看，通过改革，最终可以将"附加式""混合式"转变为"同步式"模式，以节约教学资源，提高教学效果。限于目前课程、教材体系还不具备实现完全书证融通的条件，即使将来条件成熟，可能 X 证书内容更多的是以实训课程的形式融入专业人才培养方案中，这样既不打破原有核心课程体系，又可实现"对专业课程未涵盖的内容或需要特别强化的实训"的强化训练。

四、1+X 证书制度试点的关键

（一）证书认可度

在与参加 1+X 证书制度试点的师生的访谈中，大家最关心的问题有两个：一是 X 证书的功用如何？即"X 证书的认可度"，特别是用人单位对证书的认可度；二是试点能否取得预期效果？主要表现为利益相关者的积极性，特别是培训评价组织的积极性。

1. 用人单位认可度影响因素

（1）X 证书的含金量

X 证书的含金量主要表现为取得 X 证书的求职者能否胜任用人单位岗位工作，这是用人单位最关心的问题。X 证书的含金量不仅需要培训评价组织、相关专家和参与院校的共同努力，更需要政府权威部门的严格监管。对于 X 证书考试的质量监控，至少应当从组织机构建设、职

业技能等级标准开发、教材和学习资源开发、考核题库编制、考核站点建设、考核颁证、师资培训等环节加强监管，建立健全质量控制体系，并严格控制考试通过率，避免重蹈历史的覆辙，出现"滥发证"现象。

（2）企业参与度

与国家职业资格证书相比，职业技能等级证书短期内在权威性、认可度等方面均存在较大差距。尽管 X 证书非常重视行业企业参与度，但从前四批审核通过的 X 证书来看，行业和有实体产业背景的企业参与度不高，多数为教育培训企业。因此，这些培训评价组织的行业代表性受到社会普遍质疑，这可能对 X 证书的认可度产生不利影响。所以，进一步提高培训评价组织遴选标准，应引起相关部门的高度重视。

（3）政府部门的宣传引导

X 证书是一个新生事物，社会认可度的提高仍需要一个积累过程。因此，有必要发挥政府部门的权威推动和服务职能，加大宣传引导力度，让全社会对职业技能等级证书有较全面、科学的认识，从而逐步提高企业对证书的认可度。

2. 学生认可度影响因素

（1）企业和社会对证书的认可度

企业和社会对证书的认可度直接影响学生就业质量和社会地位，从而对学生认可度产生重要的影响。参与 X 证书培训的学生没有更多社会经验，但在访谈中他们对于 X 证书的功用的关心溢于言表。

（2）学生通过证书培训可获得的知识和技能多少

学生通过证书培训可获得的知识和技能多少，会直接影响学生对证书的认可度。在学生参加 X 证书培训报名咨询中，多数学生会问及有关证书培训内容，培训能否学到真本领等问题。一个技术含量低的"水"证书，不可能得到学生的认可。

（3）证书取得成本

职业教育的平民教育属性，决定了证书取得成本高低是影响学生认可度的重要因素之一。取得成本主要包括证书报名、培训和考试费用，投入时间和精力等。过高的取得成本会降低学生对证书的认可度，从而降低其参与度。

（4）学校宣传引导

学校宣传引导也会对学生的认可度产生影响。正确积极的宣传引导，能够对学生认可度产生积极正面影响。可以想象，一个学校不积极认可的 X 证书，也难以取得学生的认可。

3. 学校认可度影响因素

（1）人才培养质量和学生就业质量

如果证书培训考试能够明显提高人才培养质量，提升学生就业质量，必然会提高学校对证书的认可度，因为人才培养质量和学生就业质量是职业院校永恒的生命线。

(2)"政、行、企"支持力度

我国政府主导的学校本位的职业教育办学模式决定了政府部门、行业、企业,特别是政府部门的强力推行,必然会对院校参与1+X证书制度试点的积极性产生重要影响。

(3)证书培训投入

1+X证书制度作为职业教育的一种制度安排,需要学校一定的经费投入来保障培训与考试的正常进行。但在教育运行经费一定的情况下,证书培训经费投入的多少,通常会对X证书的认可度产生正面或负面影响。通常,需要学校投入的经费越多,会降低学校对证书的认可度。

(二)主要利益相关者的积极性

1. 培训评价组织的积极性

培训评价组织作为X证书的考评主体,同时又是自负盈亏的独立经济实体,其积极性可能受以下因素影响。

(1)公益性原则

《关于推进1+X证书制度试点工作的指导意见》对培训评价组织遴选采用社会化机制,要求培训评价组织要坚持公益性原则,并对师资培训、配套资源提供、培训相关的软硬件购置、证书成本等均做出明确的公益性或付费限制规定,还特别对建立包括"将取消参与试点资格"在内的退出机制做出明确规定。这就决定培训评价组织在短期内只能取得低收益甚至无收益。

(2)收益的滞后性

X证书作为一个新生事物,尚处于试点阶段。在优胜劣汰的市场机制下,部分X证书将来能否存活不得而知。对培训评价组织来说,参与1+X证书制度试点,组织开发职业技能等级标准、建设X证书培训与考试资源、进行师资培训等均需要较大投资,至于将来证书能否得到社会认可、取得成功,可谓前途未卜,具有较大的投资风险。

从以上分析可知,1+X证书制度试点对作为职业技能等级证书及标准的建设主体的培训评价组织来说,至少短期内属于高风险、低收益的投资项目。对部分经济实力欠佳的小公司来讲,可能因为X证书项目选择不够科学或者证书推广效果不好,面临被市场淘汰的命运。这会直接影响培训评价组织参与1+X证书制度试点的积极性。

事实上,培训评价组织的逐利性是其主要特征,生存是其基本要求。这与职业教育的准公益性必然产生矛盾。所以,怎样在坚持公益性为主的前提下,让培训评价组织有适当生存和发展空间,引导培训评价组织尽心尽力做好1+X证书制度试点工作,实现政企校合作共赢,共同推动职业教育健康发展,成为一项重要现实命题。

2. 学生的积极性

参加X证书培训与考试的学生作为1+X证书制度的直接受益人,应该最具有话语权,以下因素可能影响其参与积极性。

(1) 认可度

参加 X 证书考试的学生作为 1＋X 证书制度的最具有话语权的直接受益人，其参与积极性会直接影响 1＋X 证书制度的实施效果。用人单位对证书的认可度是决定学生参与证书培训考试积极性的主要因素。毕竟得不到用人单位认可的证书只是一纸空文。离开学生的积极参与，1＋X 证书制度将成为无源之水，无本之木。

(2) 取得成本

取得成本包括 X 证书获取费用和投入时间、精力等。取得成本不仅影响学生对证书的认可度，还会影响学生参与证书培训考试的积极性。目前尚处于 1＋X 证书制度试点阶段，证书成本由财政转移支付，试点结束后的证书成本可能会由学生全部或部分负担。X 证书可能成为影响学生参与 X 证书培训考试积极性的主要障碍。

(3) 技能提升

如果 X 证书的培训学习能够明显提升学生的职业技能和就业质量，必然会增加其获得感，提升其参与 X 证书培训考试的积极性。

3. 学校的积极性

学校作为 1＋X 证书制度试点的实施主体，负有重要责任。作为独立办学主体，其积极性可能受以下因素影响。

(1) 人才培养质量和学生就业质量

作为 1＋X 证书制度试点主体的职业院校，其办学宗旨就是办人民满意的职业教育，不断提高人才培养质量和学生就业质量。所以，如果 1＋X 证书制度试点有利于提高人才培养的灵活性、适应性、针对性，明显提高学校教学质量和学生就业质量，职业院校一定会主动、积极参与推动。

(2) 培训成本负担

在 1＋X 证书制度试点阶段，X 证书培训和考核成本主要由政府转移支付和政府购买服务等方式解决。试点结束后，培训成本可能由试点院校自行全部或部分负担。如果参与学生较多，培训成本可能会成为院校的较大负担，这必然会影响院校参与 1＋X 证书制度实施的积极性。

(3) 政府支持、监管与评价

我国职业教育属于政府主导的学校本位职业教育，政府的大力支持必然会对 1＋X 证书制度试点起到关键引导与促进作用。职业院校管理层作为政府的代理者，严格的监管与科学评价是防止职业院校管理层逆向选择和道德风险的必要措施。

4. 教师的积极性

教师作为 1＋X 证书制度试点的直接实施者，以下因素可能会影响其积极性。

(1) 职业道德与价值观念

高尚的职业道德和正确的世界观、人生观、价值观是教师保持积极向上精神状态，做一名

"四有"好老师的动力源泉和思想"总开关"。德技双馨、"三观"正确的好教师，也会对职业教育教学改革拥有特殊情怀，对 1＋X 证书制度试点充满热情和信心。

（2）年龄与知识结构

由于 X 证书培训考试内容涉及较多新技术、新工艺、新规范、新要求，需要教师的知识技能及时更新，因此，青年教师年龄与知识结构通常要比中老年教师更具有优势，更加适合参与 X 证书培训与教学，这也符合休伯曼的"教师职业生涯周期"理论。一般地，青年教师参与 1＋X 证书制度实施的积极性也会更高。实践中，X 证书培训团队一般要以青年教师为主，应充分发挥青年骨干教师的作用。

（3）学习能力与进取精神

由于 X 证书培训考试内容涉及较多新技术、新工艺、新规范、新要求，需要教师有较强的学习能力，更需要持之以恒的进取精神，所以学习能力与进取精神强的教师可能更有能力和意愿参加 1＋X 证书制度试点。

（4）考评机制

除了上述影响因素外，基于经济人假设，教师参与 1＋X 证书制度试点工作的积极性还与考核评价机制相关。实践证明，良好的考核评价机制可以有效地激励教师的积极性和创造性。

（三）对策与建议

一是坚持政府主导，充分发挥培训评价组织考评主体、学校实施主体的作用。

政府部门应充分发挥宏观调控和组织监管等主导作用，把握 1＋X 证书制度的正确发展方向，加大统筹推进力度，建立健全考评机制，调动各方参与的积极性。

在坚持公益性为主的前提下，给培训评价组织留出适当生存和发展的空间和机会，以充分发挥其考评主体作用，主动加强与各级教育行政部门或试点工作指导协调机构的沟通对接，按规定依法高质量组织开展师资培训、培训资源建设、证书考核体系等。

发挥院校实施主体作用。参与院校应加大宣传力度，建立健全与学生学业、教师职称评定挂钩的考评制度和长效与激励机制，调动广大师生参与 1＋X 证书制度试点工作的积极性和创造性。

应避免院校的逆向选择和偷懒行为。院校参与 1＋X 证书制度试点与实施的动力主要来源于人才培养质量和毕业生就业质量的提高以及政府对院校的考评。因为人才培养质量和就业质量显现的滞后性，政府部门对院校参与 1＋X 证书制度试点的过程监管变得不可或缺，建议重点从参与试点的证书数量、学生人数、书证融通情况、取得 X 证书师资培训合格人数、学生 X 证书考试通过率等指标加强监测与评价，以提高院校参与 1＋X 证书制度试点工作的主动性和积极性。

学校和培训评价组织应提高认识，积极承担和履行职业教育人才培养的光荣责任与义务，努力拓展就业创业本领，缓解结构性就业矛盾，为职业教育事业做出应有贡献。

二是加强宣传引导，营造良好氛围。

X证书作为政府"放管服"改革背景下在国家职业技能证书之外诞生的一种新生证书，证书及其培训评价组织都是运用社会化机制遴选产生，其权威性、认可度相对较弱。因此，需要政府部门的宣传引导，更需要用人单位等社会各方的广泛支持和认可。政府部门通过宣传引导，让全社会了解X证书的功能用途、取得方式、存在意义，特别是要重点宣传证书在就业、薪酬提升、职业成长等方面的积极作用，让社会各界充分认识和认可证书的价值，才能真正逐步提高证书的权威性和认可度。

三是在发挥市场机制作用的同时，防范培训评价组织的道德风险。

培训与评价组织的逐利性和职业教育的准公益性之间存在天然矛盾。政府部门与培训评价组织间是一种松散的委托代理关系，政府部门不能奢望培训评价组织按照公益性原则为职业教育提供免费教育服务，除非培训与评价组织能够在X证书项目中取得可预期的较大的潜在或现实收益。因此，政府部门和院校应当把握正确的办学方向，坚守1＋X证书制度的设计目标，在制度框架内谨慎发挥市场优胜劣汰机制作用的同时，防止培训与评价组织消极怠工、绑架院校专业建设或者降低培训考核标准、滥发证书等道德风险，积极构建"政、行、企、校"命运共同体，协同推动职业教育改革与健康发展。

四是加强监督与指导，保证证书的含金量，努力提高证书的社会认可度。

证书的含金量和社会认可度高度正相关，证书的含金量越高，其社会认可度必然越高。证书的含金量主要受到证书的权威性、用人单位认可度、证书获取难度等因素决定。因此，必须从证书标准开发、教材和学习资源开发、考核题库开发、考核站点建设、考核监管、证书颁发等环节进行系统化严格监管，才能期望X证书制度试点取得成功。显然，这并不是培训评价组织和试点院校的能力所及，必须有政府部门，特别是人力资源和社会保障部门和教育行政部门的强力领导和深度参与。同时需要发挥接受学校、社会、学生、家长等的监督评价作用。

五是建立健全职业教育"学分银行"制度，提高证书的功用。

"学分银行"制度不能只停留在政府部门的文件层面，要解决好职业教育"学分银行"制度最后一公里问题，在学校层面切实落实"学分银行"制度，确实让学生享受真切的实惠，以提高学生的参与度和认可度。比如，每门X证书课程对应或者可以置换相应课程多少学分，何时可以置换，置换成绩如何计算，有无置换学分的上限，学生在接受更高层次的教育时，是否可以置换学分，如何置换等，都要形成学校教学文件，并认真执行。

六是建立财政奖补机制，加大财政扶持力度。

职业教育的准公益性决定了政府对职业教育的持续投入责任。实际上，1＋X证书制度试点的根本目的是解决我国职业教育校企合作不足的困境，解决职业教育与劳动力市场的适应性不足，提高职业教育教学质量。财政奖补只是一种辅助手段，要真正实现职业院校学生高质量就业，需要职业院校、行业、企业和社会各界的共同努力。

七是深化岗课赛证融通，充分发挥综合改革成效。

要提高职业技能等级标准开发质量，这是推行1＋X证书制度试点的前提。在发挥培训评价组织作用开发职业技能标准时，应高度重视政府部门对培训评价组织、行业、企业等参与主体的监管和组织领导，避免 1＋X 证书制度被资本绑架。

教育行政部门和院校应分别从专业教学标准和人才培养方案层面，将 X 证书内容有机融入专业建设文件，实现 X 证书与专业核心课程无缝衔接，实现日常教学的学训结合。

教育行政部门和院校可分别从大赛平台建设和教学组织层面，将 X 证书培训内容融入学生职业技能大赛，发挥以赛促教、以赛促改、以赛促建的积极引导作用。以学生技能大赛为抓手，实现赛训结合，带动院校教学改革。

第四节　人才培养模式——学生技能大赛

从 2008 年天津举办全国职业院校高职组比赛以来，高职院校学生技能大赛已走过 15 个春秋。技能大赛作为检验学生职业技能水平的重要手段，历来受到职业院校和行业企业的重视。学生技能大赛充分发挥了"以赛促教、以赛促学、以赛促改、以赛促建"的积极作用，成为职业教育一种典型的人才培养手段和一道独特的靓丽风景线，形成了"普通教育有高考，职业教育有技能大赛"的良好局面。

一、影响技能大赛成绩的关键因素

任何事物都会受到这样或那样因素的影响，技能大赛也不例外。从影响程度来看，主要有领导重视程度、指导教师的担当精神、学生的上进心、设备的配备程度和长效激励机制等五个方面。

（一）领导重视程度

学校领导和教学部门领导的重视是技能大赛取得好成绩的重要保障。因为学生技能大赛需要组织优化指导教师队伍，购置比赛平台和必要的运行经费，只有学校相关领导才有调配人财物等资源的权力。学生技能大赛作为高职院校办学质量评估的重要指标，一般都会引起学校领导的重视，但因受学校办学条件、运行经费、领导观念等因素的影响，领导对比赛项目的重视程度存在差异。领导对技能大赛的重视主要表现在以下方面：

一是领导挂帅。学校教学校长亲自领导主管学生技能大赛工作，统筹学校优势资源，在保证学校传统优势赛项成绩领先优势的同时，争取新赛项有突破。教务部门一把手主抓技能大赛工作，协助和落实学校领导完成资源配置，制定学校技能大赛相关文件，形成学校层面的长效激励机制。二级教学单位领导具体负责大赛师资、经费等优化配置，组织好师生训练，保证训练效果。

二是知人善用，用人不疑。技能大赛作为一种竞技比赛，对指导教师的智商和情商均有较高的要求。这要求领导要善于发现和使用有大赛指导潜质的专业教师，形成有竞争优势的教师团队，特别是对指导教师第一负责人的选拔任用最为关键，这在很大程度上决定学生比赛的成绩。因为学生技能大赛一般实行项目负责制，比赛学生的选拔、指导均由项目指导教师负责，第一指导教师起到核心作用。这对第一指导教师的组织协调能力、专业能力、人体素质、自律能力等都有较高要求。另外，技能大赛训练指导具有较强的独立性，领导应大胆放权给指导教师，给指导教师更多的自由裁量权。当然，必要的监督和指导不可或缺。

三是全力支持，解除后顾之忧。如果想取得省级一等奖以上的成绩，必须要有高强度的集训和指导，这对指导教师提出了一个不小的挑战。因为指导教师多为中青年专业骨干教师，除技能大赛指导外，多数教师"身兼数职"，还承担有规定的课程教学、科研、教学管理、学生管理等任务，有的教师还需要照顾孩子和老人。所以，作为领导应对比赛给予更多的关注和支持，尽力解除指导教师的后顾之忧，让老师们能够轻松上阵。

四是宽容失败，厚积薄发。技能大赛指导是一项挑战性很强的工作，因比赛涉及内容多、难度大，学生团队管理难。优异比赛成绩不可能一蹴而就，需要一定的知识、技能、经验等方面的积累。所以，领导在提出明确比赛目标的同时，应对比赛成绩有清醒的认识和心理准备，特别是对不理想的成绩不能"一棒子打死"，应给予更多的宽容，多帮助指导教师查找失败的原因，并采取针对性改进措施，鼓励指导教师努力拼搏，争取更好的成绩。

（二）教师担当

一是指导教师要有奉献精神，任劳任怨。这是比赛成败的关键。因为理想比赛成绩的取得，需要指导教师较长时间的耐心指导，需要付出艰苦的努力、心血和汗水。如果没有对职业教育的情怀和对学生的满腔热爱，将难以想象。也只有具有奉献精神的教师队伍，才能带出战无不胜的优秀学生。

二是指导教师业务精良，刻苦钻研。技能比赛指导毕竟是一项专业性很强的技术工作，指导教师的业务能力是比赛成败的首要技术保障。因为技能比赛基本能够引领职业教育专业行业的技术潮流，内容经常升级变化，这要求指导教师要主动学习，刻苦钻研，与时俱进，才能紧跟技术发展进步的步伐，才能成为一名优秀的指导教师。

三是顾全大局，高尚情怀。因为比赛指导任务艰苦，更需要指导教师更高的格局、大局意识和集体团队观，更需要对职业教育、工作单位和自身工作的认同和热爱。

四是不怕困难，迎难而上。正因为技能比赛的挑战性，才对指导教师提出了更高的要求。只有指导教师具有不怕困难、迎难而上的决心和勇气，才能增强学生必胜的信心，才能带领学生取得好成绩。

五是团结协作，实现梦想。比赛本身分岗位进行，内容涉及课程多，不仅要求学生分工协作，也要求指导教师根据自身特长合理分工协作，互帮互助，取长补短，共同进步，才能提高学生训练效率，取得理想成绩。

（三）学生上进心

学生的职业技能需要指导教师的精心指导，但学生技能大赛毕竟是以学生为主体的比赛，所以参赛学生的主观能动性的发挥至关重要。

一是志存高远，逐梦想。首先要求参赛学生要志存高远，有远大理想。因为只有这样的学生，才能有持久的内生学习动力和明确的学习目标。

二是奋力拼搏，取荣耀。因为学生技能比赛为竞技比赛，需要参赛学生有足够的决心、信心和勇气，奋力拼搏，战胜困难，争取胜利的荣耀，这是参赛学生的必备素养。

三是渴求新知，争分秒。知之者不如好之者，好之者不如乐之者。因为比赛内容多、难度大、时间紧、任务重，需要学生有较强的学习兴趣，充分利用时间，取得事功倍的训练效果。

四是团结协作，敬师长。技能比赛分岗位进行，需要学生团队分工协作，仅凭一己之力，不可能取得好成绩。学生上进的另一重要表现是对老师的尊敬，因为只有"尊其师，敬其师"才能"信其道，奉其教"。

（四）设备齐全

工欲善其事，必先利其器。拥有完备的比赛设备，是取得理想比赛成绩的物质保障。因为学生技能比赛内容的升级变化快，这就要求学生比赛用的设备要跟随大赛内容的变化而及时更新升级，这给经费不充足的参赛学校提出了较大挑战。尽管目前比赛平台供应商提供了部分免费资源供参赛院校使用，但这与全部的比赛资源有很大差距，购买或租赁取得比赛平台仍是取得优异成绩的不二选择。

（五）长效激励机制

长期取得优异比赛成绩，不能仅依靠指导教师的无私奉献和情怀，最重要的要建立长效激励机制，使师生保持可持续参赛动力。对大赛指导教师来说，主要应从以下四个方面着手：

一是职称晋升，多加分。对大多数专业教师来说，职称晋升可能是最重要的职业成长规划，也是教师自我价值实现的主要方式。因此，学生技能大赛成绩和教师职称晋升挂钩是对大赛指导教师重要的激励方法。主要通过增加职称评审量化计分或者增加定性评价的分量，或者对于获得国赛一等奖的指导教师开通职称晋升绿色通道或者以大赛成绩替换其他职称条件，以调动指导教师的工作积极性。

二是物质回报，金额高。除了职称晋升加分外，一定的物质奖励也是激励指导教师工作积极性的常用手段。对职称晋升需求不强烈的教师来说，物质奖励可能来得更实惠。

三是职务晋升，分量重。对有较强政治升迁愿望的教师来说，行政职务的晋升可能更加有用。事实上，从专业能力较强的优秀教师中选拔干部也是多数学校的重要手段。因此，对多数教师来说，将指导学生技能大赛成绩作为职务晋升的重要依据，不失为一种好的激励方式。

四是评优升学，要优先。对教师来说，评优工作也是一种普遍采用的有效精神奖励方式。

而对参赛学生来说,激励措施如下:

一是开通升学直通车。如,获得省赛一等奖以上的学生直接免试升入第一志愿本科院校或者参加转本考试过省控分数线后第一志愿录取,可能是最具吸引力的激励方式。

二是实施学分转换。允许学生以不同等级的大赛成绩兑换课程学分,如获得省级比赛一、二、三等奖的学生,可分别兑换12、8、4学分,对学生也有一定的吸引力。

三是评优评先优先。对于获得一定等级的大赛成绩的选手,实行不占指标直接评为优秀学生,对学生来说,也是一种有效的激励措施。

二、打好基础

(一)加强"双师"团队建设

依托校企行合作平台,培养、引进、聘请相结合,发挥教学名师、专业带头人的帮带作用,采用送出去、动起来、师带徒的方式,通过安排青年骨干教师承担重要课程、参加职业考试、参加培训学习等手段,重点培养,逐步形成老中青相结合、结构合理的师资梯队,为大赛指导教师队伍的可持续发展奠定牢固基础。

(二)重视课程体系建设,构建岗课证赛融合的课程体系

一是调整核心课程内容。以技能大赛为导向,重构专业核心课程体系和课程内容,优化调整课程进程,尽量在学生参加比赛前能够完成多数专业核心课程的学习,为学生技能比赛训练打好基础。

二是采用大赛平台,开展理实一体化教学。日常专业课程教学尽量采用技能大赛平台或者采用和技能大赛对接的职业技能等级证书教学平台,推进1＋X证书制度试点,开展理实一体化教学或实训教学,让学生尽早熟悉大赛平台,掌握先进职业技能,为参加大赛作准备。

三是优秀教师讲授课程。选派责任心强的优秀骨干教师承担相关核心专业课程教学,以保证教学质量,为学生打牢基础。

四是选用配套优质教材。尽量选用国家职业教育专业教学资源库教材,以保证教材内容与大赛内容的吻合度,为大赛做好准备。

(三)加强实践教学平台建设

构建"内外结合、分层双轨递进"的实践教学平台,保证日常实践教学质量。

(四)培育良好教风学风

一是规范常规教学。日常常规教学是保证职业教育教学质量的基础和根本,技能大赛只是检验日常教学质量的一种手段,所以应抓牢常规教学质量不放松,绝不能舍本逐末,为了大赛而教学。二是科学考评师生教学质量。特别是要加强以形成性考核为主,多种考评方式相结合

的课程考评方式，科学客观评价师生教学效果和质量，调动广大师生的工作和学习积极性，形成尊师重教的良好氛围。

三、团队组建

（一）团队组建的主要困难

1. 组建指导教师团队的困难

一是竞赛内容更新快，教师学习跟进困难。给年龄偏大或学习能力不强的教师带来较大压力。二是竞赛内容涉及科目多，难度大。这对指导教师专业能力和学习能力提出了较高的要求，使部分教师望而却步。三是竞赛平台购置难以保障。对多数参赛院校来讲，经费不足或者大赛平台采购滞后，会对指导教师的积极性造成较大影响。

2. 组建学生团队的困难

一是学生升学要求与大赛存在冲突。近年来，随着职教高考制度的实行，职业教育升学通道逐步打开，学生升学意愿明显增强。升入本科院校继续深造成为多数高职学生在校期间的首要目标，这造成学习成绩最优秀的学生会因为参加升学辅导班而放弃参加技能大赛，从而导致难以选拔到最优秀的学生参加比赛。

二是获得绿色通道学生少。尽管多数省份发布了获得省级技能大赛一等奖以上的学生升学的绿色通道，但因为指标太少，使参赛学生获得升学绿色通道的希望变得渺茫，从而使多数学生为规避风险而不愿参加技能大赛。

三是训练强度大，多数学生难以承受。技能大赛作为竞技比赛竞争非常激烈。为了取得理想比赛成绩，各参赛院校自然会加强训练强度，准备在赛场上一决高下，所以训练强度较大，再加上训练重复枯燥，会使不少学生无法或不愿意承受而选择退出训练。

（二）指导教师团队组建

1. 组建原则

一是强强联合。要求指导教师能力强，不能有明显的差距和短板，这样才能保证指导教师团队整体实力强。

二是主辅结合。两位指导教师要有主次，第一责任教师主要负责学生团队的组建和优化、训练计划的规划、优质学习资源的获取等，应由综合能力较强的教师担任；第二指导教师主要配合协助第一指导教师的工作，在主要问题上达成默契。

二是取长补短。两名指导教师最好能够在性格、知识结构、专业技能等方面优势互补，实现比赛团队高效、和谐、健康运转。

三是各司其职。要求指导教师要有明确指导分工，如必须明确每个模块或内容主要由谁负责指导，不能出现责任不明，分工不清的情况。当然，各司其职并不是把指导教师的工作内容完全划清界限，而是在尽力做好自己负责的工作的同时，努力帮助自己的队友做好工作，发挥团队优势。

2. 指导教师团队组建的关键因素

一是情怀。每位指导教师都应有职业教育的情怀，应把职业教育工作当成自己终生为之奋斗的事业，而不是谋生工具。这样指导教师团队才能形成强大的凝聚力。

二是责任。每位指导教师都应有较强的责任心。责任和担当是做好任何工作的重要保障。缺乏责任心的教师很难培养出具有高度责任心的学生。

三是技术。指导教师应技术全面，熟悉大赛设备操作规程，能够解决大赛设备常见故障，为训练提供技术保障。

四是业务。要求指导教师专业能力强，能够精通比赛主要相关知识和技能，从而为大赛提供精准指导。

五是钻研。要求指导教师有较强的钻研能力，能够主动学习和攻克大赛中的技术难题。

六是自律。要求指导教师自律，能够管理好自己的工作和生活，为学生做表率。

3. 指导教师定位

一是专业教师。指导教师首先要把自己定位为专业水平高超的优秀专业教师，自觉做到学高为师，身正为范，才能指导好学生。

二是心灵导师。因为大赛训练强度大、枯燥、单调，较长期的高强度训练易引发学生的心理问题，这就要求指导教师不仅要做学生的专业教师，还要做学生的心灵导师，及时疏导学生的心理问题，使学生保持健康心态。

三是主心骨。为了消除学生的后顾之忧，保持良好的训练状态，要求指导教师要做学生的主心骨，为学生拿主意、提建议。

四是真朋友。亦师亦友的师生关系，能够增强师生感情，形成比赛命运共同体。

（三）比赛选手选拔

1. 选拔原则

学生技能大赛毕竟是学生比赛，比赛选手的表现对比赛成绩起决定性作用。对指导教师来说，总是存在"千里马常有，而伯乐不常有？"或"伯乐常有，而千里马不常有？"的争论。根据经验和访谈交流，对参赛选手的选拔原则基本观点如下：

一是态度第一。选手的学习态度是否端正对其学习积极性和创造性产生重要影响。一名学生即使学习成绩再好，智商再高，如果不愿意参加比赛，也难以取得好成绩。所以，学习态度是最重要的因素，必须重视。

二是悟性第二。选手悟性高低，会对学习效果产生重要影响。"心灵手巧""高智商"是先天禀赋，无法改变。所以，选拔悟性高的选手，才有可能取得意想不到的训练效果。

三是专业第三。学生的专业基础能够在一定程度上反映学生的专业兴趣、学习能力、毅力、稳定性等综合素质，所以应将专业成绩作为选手选拔的重要参考，特别是在训练时间较紧张的情况下，更应充分考虑这一因素。

四是性格第四。参赛选手不仅需要有端正的学习态度、较高的悟性、较好的专业基础，还应关注选手的性格。俗语说"江山易改，本性难移"，性格孤僻、敏感特质的学生，成绩再好，也不能使用。因为，指导教师可能对这类学生无法有效管控，对学生团队造成无法挽回的损失。

2. 选拔策略

一是考荐结合。选拔选手采取考试与师生推荐相结合的方式，防止遗漏优秀选手。考试可选拔出目前专业基础较好的选手，但不一定能选拔出天资高但学习不刻苦的天才选手。任课教师、班主任、辅助员可推荐出学习刻苦的学生，但也可能遗漏天资高但学习不用功的学生，因为任课教师、班主任、辅助员难以掌握学生的全面情况，特别是对学习不刻苦的学生往往关注不够。班干部推荐可有效弥补这一疏漏，因为可能只有学生对学生才更加了解。

二是重视天赋。天赋高的学生就是"千里马"，"千里马"的赛场表现是"常马"所无法企及的。

三是男女选手人数适当。选拔选手时，在保证选手水平的情况下，尽量保持一定量的男生和女生人数。这样能够发挥男女生互相促进的性别激励优势，也能调和训练的单独气氛。

四是综合考虑。确定选手时，应综合考虑多方面因素，慎重选拔只某一方面突出的学生。因为最终决定比赛成绩的是学生的综合能力。

五是慢定人。不要急于确定正式比赛选手，因为训练过程中可能会发生意外情况，需要调整选手。通过较长时间的综合考察，能够有效减少选拔选手时失误。

六是留后路。由于影响学生团队稳定的因素较多，所以在选拔选手时一般应选拔出正式选手两倍以上的人数。这样做有两个目的：一是防止部分选手出现不能参赛，正式选手数量不足的尴尬情况；二是充足的选手，可形成优胜劣汰的竞争机制，提升训练效果。

3. 竞赛型选手综合素养

一是尊敬师长。尊敬师长是选手最基本的道德素养，不尊重老师的学生可能大多不尊重自己的父母，更谈不上爱国、爱校、爱集体，也不可能有强烈的集体荣誉感。

二是心灵手巧。心灵手巧是指先天禀赋高、学习能力强，这是大赛选手难得的优势。

三是乐观向上。乐观向上、活泼开朗的选手，能够带给团队欢笑和阳光，能有效缓和训练场上的紧张气氛和选手的压力。

四是情商在线。情商在线主要指选手善于察言观色，处理人际关系，保持团队和谐。

五是身强体健。身体是革命的本钱，强健的体魄是保证高强度训练和比赛的基础。实践证明，对于高水平的比赛，只拥有聪明的头脑还不够，强健的体魄才是承受较长时间高强度训练的基石。

六是抗压性强。抗压性强是指选手心理素质好。因为高强度的比赛训练往往会对选手的心理造成冲击，甚至造成心理危机，给团队带来消极影响，所以要求选手心理素质好，以避免或减少选手不良心理反应。

4. 竞赛型选手专业素养

一是基础扎实。指选手文化基础和专业基础要扎实，以保证选手较强的可塑性和创新能力。因为选手的基本功往往是比赛成败的关键，而这个基本功是"冰冻三尺，非一日之寒"，很难在短期内弥补。

二是信息化能力强。目前大多数比赛均对选手的信息化能力提出较高要求，这要求在选拔选手时应考虑选手的信息化水平。

三是懂协作。指选手要有协作精神，不能单打独斗。因为目前的多数比赛分岗位进行，需要团结协作、互相配合，才能获胜。

四是肯钻石。指选手要有刻苦钻研精神和较强的自学能力，有攻克艰难困苦的勇气和信心，善于解决比赛中的疑难问题。

五是擅总结。指选手要善于对训练内容进行梳理和总结，掌握解决问题的规律和方法，达到举一反三的效果。

四、训练准备

（一）熟悉竞赛内容和规则

一是要尽早获取并认真研讨比赛规程，做到对比赛依托平台、比赛内容、比赛流程、计分规则等内容了如指掌，才能使比赛训练具有针对性。二是关注大赛官网内容更新，保持信息畅通。

（二）做好重点环节

一是平台设备购置和安装调试。应尽早完成平台设备购置和安装调试，做到"利其器"。

二是教师要熟悉平台设备，要提高指导效果。教师首先要熟悉平台设备，掌握操作技巧，找出重点难点，才能做到指导学生有的放矢。

三是提前物色选手。选手的选拔需要一个过程，应在比赛训练前有初定选手，这需要指导教师提前选拔选手，尽早做好训练准备。

四是制订初步训练计划。应根据比赛目标、比赛时间、学生团队情况、师资团队情况、训练内容等，研究制订初步训练计划。

五、科学训练

（一）关键问题

1. 定目标

高目标、高标准。"取法乎上，仅得其中；取法乎中，仅得其下；取法乎下，无所得矣！"（《孙子兵法》）

2. 打基础

强化基础知识、基本技能。"合抱之木，生于毫末；九层之台，起于累土；千里之行，始于足下。"（《道德经》）准确、快速的操作速度建立在刻苦训练之上。

（二）初始阶段

1. 主要任务

一是补基础。根据学生实际，对比赛所需的基本知识、基本技能进行较系统的补习，正所谓"磨刀不误砍柴工"。

二是熟平台。发挥老选手传帮带作用，邀请或安排上一届的选手对新选手进行指导，让新选手尽快熟悉比赛平台。这个过程中，还应争取平台供应商更多的技术支持和服务。

三是学技巧。发挥老选手传帮带和供应商的技术指导作用，让选手尽快掌握比赛平台操作技巧；虚心学习先进兄弟学校的先进经验，也是提高学生操作技巧的重要手段。

例如，会计技能赛项中成本会计岗位的主要操作技巧：

①将平台背景单据表格数据复制粘贴到中 Excel 中，并计算。

②在 Excel 表格中选中要粘贴的数据（数据必须是计算结果，中间不能有间隔），复制。

③在平台中单击要粘贴数据区域左上角的第一个单元格，再单击平台表格外空白区域（使单元格由蓝色变为黑色，空白区域要远离表格，否则可能不成功）。

④直接按快捷键 Ctrl + V 粘贴。

注意：平台中有些表格（特别是审核岗位表格）需要先将平台表格的任一单元格手工输入或复制粘贴输入，再成批复制粘贴数据，才能保存数据；选中要锁定的单元格，按快捷键 F4 实现单元格绝对地址引用。

四是做练习。根据比赛平台实际，以适当模式进行练习，探寻比赛规律。

五是提速度。提升操作速度，应坚持先准后快的原则，循序渐进，不能急于求成。

（三）提升阶段

1. 关键目标

一是强化技能。在初始阶段训练的基础上，进一步强化技能，达到一种新境界。

二是解决疑难。此阶段要基本解决所有岗位中遇到的疑难问题，消除选手的疑虑，减轻选手心理压力。

三是团队磨合。各岗位选手的配合相当重要，这需要不断磨合，以达到默契配合。

2. 策略

一是模拟测试。通过模拟正式竞赛，提高训练紧张程度和训练效果。

二是行业比赛。争取参加行业比赛，将行业比赛作为练兵机会，让选手适应技能大赛。

三是集散结合。集中科目训练和分散岗位训练相结合，以提高训练效果，保证重点训练的完成。

四是加快节奏。竞技要求快和准，应在保证正确率的前提下，适当加快节奏。

五是适当拓展。吃透标准和规则，适当拓展。如会计技能赛项，在反复练习完成标准题库的基础上，可利用网中网财经教育开放平台（www.99cj.com）、初级会计师考试教材和习题等资源，进一步拓展学生知识和技能，提高选手对正式比赛的适应性。

六是螺旋模式。以"测试—总结—讲解—再测试—再总结—再讲解"作为技能大赛训练的常规模式持，这比较符合选手的认知规律。

七是团结协作。重视同学之间交流学习，形成互帮互助、你追我赶的学习氛围。

八是信息畅通。关注比赛行情变化，以便及时调整训练方案。特别是新冠疫情常态化防控形势下，关注可能随着疫情形势而调整的比赛行情尤为必要。

九是劳逸结合。较长时间的高强度训练会导致选手身心疲惫，学习效率下降，让学生适当做体育运动，劳逸结合，可缓解压力，提高训练效果。

十是厂商支持。争取供应商技术支持，核实并解决疑难问题。

（四）强化阶段

1. 关键目标

一是稳队伍。统一思想，稳定团队。此阶段稳定师生队伍，特别是学生团队尤为重要，个别选手的意外退出，可能会扰乱军心，给比赛带来较大冲击。

二是补缺漏。查缺补漏，精益求精。此阶段要在提升阶段基础上，进一步追求操作近乎完美，努力做到精益求精，将所有疑难问题消除在正式比赛前，防患于未然。

三是上台阶。要求比赛选手的总体水平再提高一个档次，正所谓"欲穷千里目，更上一层楼"。

2. 策略

一是精准训练。此阶段应根据实际，选取代表性题目，强化训练。

二是提高速度。在保证正确率的前提下，继续提高操作速度，为比赛获胜提供时间准备。

三是坚定信心。通过反复训练典型比赛题目，总结成功经验，树立必胜信心。

四是稳定情绪。通过调整选手饮食、身体、情绪，消除后顾之忧，保持团队情绪稳定。

五是教师陪伴。此阶段选手对指导教师的专业依赖性减弱，但教师的陪伴是对学生最好的支持和鼓励。

六、赛前、赛中工作

（一）赛前工作重点

一是轻松上阵。把学生调整到较好状态，主要表现为身体无不适，心理无负担。

二是搞好服务。细致周到地做好住宿、饮食等后勤保障工作。

三是保持训练状态。学生考前保持训练学习状态，以免打破学生学习和作息规律。

（二）注意事项

一是做好思想动员。赛前的思想动员就像战前的动员令，能够起到统一思想、振奋人心的积极作用。赛场外师生的击掌鼓励，也是一针兴奋剂，饱含着老师对学生的信任和支持。

二是减少随从人员数量。比赛的主角是学生，重点是搞好服务，让学生安心参赛，所以应尽量减少随从人员数量，以免干扰学生比赛。

三是随行物品清点。比赛和住宿需要提交学生身份证、学生证、诚信承诺书等材料，所以比赛出发前，指导教师务必认真对随行物品一一清点，以免出现因证件不足而影响学生情绪的情况。

四是常用药品准备。因比赛一般需要到外地学校进行，可能会因乘车、天气变化、水土不服等出现学生晕车、感冒、腹泻等常见症状，所以应带一些常用药物以备不时之需，也可缓解学生的紧张心理。

五是住宿房间安静。比赛期间学生比较紧张和劳累，晚上能否休息好对比赛成绩有较大影响，所以给学生安排安静舒适的住宿房间很有必要。

六是严格控制饮食。建议最好在比赛学校的食堂就餐，这样能够保证卫生和食物清淡。尽量不要给学生提供丰盛的饭食，以造成学生因吃得过饱而消化不良，从而影响睡眠和比赛成绩。

七是注意衣物增减。根据比赛期间当地天气情况，适当准备衣物，并注意适时增减衣物，以免学生生病影响比赛。

八是熟悉赛场。如果条件允许，指导教师在比赛前尽量带学生熟悉一下赛场和设备，让学生做到心中有数。根据场地和设备情况，确定小组沟通方式和操作方案。

九是保持平常心态。赛前和赛中，指导教师应保持镇定，让学生放平心态，感觉比赛就是换一个地方来一场训练。同时，要对学生充分信任和鼓励，切不可埋怨指责学生。

七、赛后各岗位学生总结

正式比赛固然重要，但赛后经验教训的总结也不可或缺，因为这是保持良好大赛成绩可持续的法宝，也是改进集训教学的重要依据。下面是 2020 年江苏省会计技能大赛（高职组）参赛学生赛后总结。

（一）出纳、资金岗位总结

1. 财务会计出纳岗位

钞票一定要经常练练，要掐时间，一定要有克服"自己就这个速度"的心态，因为多练练速度就会加快；其次，纸质不要太好，要有点糙，因为比赛不知道会给你什么样的纸质，在劣质纸情况下，会给你心里暗示，反正不好数的也数了，纸质怎么样都无所谓了。

出纳角色本身的细心、耐心，因为审核业务量比较大，就怕刚开始认真，后来敷衍了事。

出纳虽然要数钞票，但是一定要学习审核的相关知识，不需要掌握很深，但是基础一定要牢；其次就是多总结审核容易出现的毛病，比如银行的选择，付款方式是现金、银行，还是票据等方式。特别是在比赛前看看审核总结的错误点，以及加强比赛里的考点，复习相关知识，这样进考场学生心态会稳一点。

出纳也要配合成本算出材料成本差异率，因为它影响的分数高达四十分，特别关注点是期初的材料成本，如废料的扣除、周转材料采用计划成本计算要加上等注意点。

出纳配合主管的注意点是注意不动产、简易计税的税率，航空、动车、公路的进项税额、金融商品税、原材料盘亏的进项税额转出、销售货物的不同种类税，以及发票上出现负值等情况要及时告诉主管岗位。

综上，出纳虽然角色比较小，但是它有时候也会影响团队的分数，所以基础要打牢、要细心。

2. 管理会计资金管理岗位

当拿不准现金流的时候，一定要画现金轴，标出不同时间点的现金流。

一定要把新旧设备的更换、融资租赁这些题吃透，比如新旧设备里继续使用旧设备的变现却没有变现、残值与账面价值的抵税交税问题，融资租赁的计税基础有两种，不要把分期付款购买设备的计税基础跟融资租赁的计税基础搞混。

资金的 SWOT 分析、PEST 分析、波特五力分析，内外部环境因素选择尽自己的能力去搞懂它，因为它们也可能成为拉分的地方，搞不懂的时候，跟自己伙伴商量，看看他们对这段话的理解。

一定要多做题目，要学会不同的做题思路和方法，不能认为自己做套题的时候感觉良好，自己就能对付比赛了，因为在比赛的时候你不知道它会出什么类型的做题方法。比如我这次就是没有资产负债表，而是利用预算的手法以及销售百分比法计算。虽然简单，但是在总结错点的时候，它是一个错误的灾难区；其次就是不要想我会有几张表的命运掌握在营运的手里，心里不要出现我的题目不会，想要靠营运来拿分的想法，因为你不知道比赛会是什么样的套路，如果营运算错了，成绩就会更糟糕。

比赛前，一定要把做的套题温习一下，以及平常做题的错题总结的错点也要看看；其次，就是要把书上有关资金的知识点和公式记牢，比赛前一天好好温习一下，不能拖到比赛的中午再看,因为时间没有那么多。

综上所述,当你的题目训练到一定程度时,你会发现资金并没有那么难,不要认为资金是比较难的,你要相信自己练的题目已经够多了,套路也知道了不少,别人也不会比我好多少。总之,它是有一定套路的,不要使用一种计算模式,要换不同的方式去验证题目的正确性。

(二)成本岗位赛后总结

1. 感受

赛前进场准备时间较长,等待时间容易让人产生焦虑、不安,不能随意走动,喇叭时不时会发出通知,不注意可能听不清。学生比赛的状态要比平时紧张,题目也可能没看清楚,要重新仔细阅读好几遍,逐字逐句阅读理解。就此次比赛项目而言,成本岗位相对其他比较简单,对细节把控十分重要,比赛时发现时间充足,对自己岗位检查完毕,发现无事可做,和平时的状态有点不太一样。

2. 财务会计成本岗位

财务会计成本岗位的核算内容单一,题型花样不多,只要抓住重点,然后就是"细心、细心、再细心"。最好在完整地做完一整套流程后,手写一些套题流程图,把该套题的难易点都标注出来,整理出来的东西方便以后查看,之后就不需要重复翻看套题,凭借印象还不一定找得到。财务会计中的成本岗位核算,主要从"直接材料""直接人工""制造费用"三大方面归集成本费用,然后再将成本费用分摊给不同的产品。

下面从这三个方面谈一些注意点(按套题题目大致基本顺序阐述)。

归集到"制造费用"科目上的费用有"职工薪酬""职工教育经费""职工福利费""机物料消耗(低值易耗品)""办公费""折旧""水电费""无形资产摊销"等。归集"制造费用"金额容易出错,可以在做题过程中每遇到一种费用,都将其标注在 Excel 表格页面的最上端,用的时候再将其与调出来的分录数据比对,这样不容易出错,且思路清晰,不需要在要用数据的时候再去一个个地寻找。"制造费用分配表"基本上是在所有费用完成之后,做表格数据粘贴时,切记一定要将分录也写上,分录不仅影响后续做题还影响审核岗位的数据引用。

归集到"直接人工"科目的有"职工薪酬""职工教育经费""职工福利费""直接人工"科目相对于其他两个而言简单不易出错,只要把数据比对上,基本就可以了。

"直接材料"科目是最容易出错的,做题前一定要看企业信息,看材料是采用计划成本还是实际成本核算?实际成本核算相对容易,题目简单明了。用计划成本法核算,涉及"材料成本差异率"计算,计算过程中有"期初材料计划成本"引用,有三种情况:一是正常引用原材料金额。二是"增加的情况",企业信息中会有说明。计划成本法核算引用的范围,原材料、周转材料采用计划成本法,其他采用实际成本法核算。这里的"期初材料计划成本"要把"原材料"和"周转材料"在期初余额表中的金额加起来。三是"扣除的情况",在企业说明中也会说"原材料"项下的一个项目(如"报废品")采用实际成本法核算,那么在计算过程中应将其扣除。这三点在计算材料成本差异率的时候要特别关注，因为它容易出错。

产品比较多的时候，数据引用一定要仔细核对对应的成本项目，有时候会有把项目部分颠倒、互换位置，容易出错。采用计划成本法，在结转成本时，对超额报废材料的计算不仅要计算超额报废率，还要加上材料成本差异率，这在以往的国赛题中出现过。最后，成本岗位在整个团队中题目虽不是最难的、最广的，但它引起的连锁反应错误是很大的。

3. 管理会计成本管理岗位

对于管理会计成本岗位，主要就是对传统成本法与作业成本法做比较分析，该岗位的连锁反应也是十分明显的，错一空会导致错一片。管理会计中的核算对于资源对应十分重要，对企业介绍和题目的资源都需要关注。平时成本岗位十分独立，此次比赛中有一题需要引用营运岗位的数据，营运岗位的数据不一定能够及时传递，所以题目的时间分配很重要。比赛时对题目大篇幅描述的方法规则一定要仔细反复阅读、琢磨，这里容易产生理解偏差，拿不准时可以和团队商量。此次比赛中没有客观题，空闲时间也很多，除了对小数点后两位的检查，还应有一些其他任务，以备不时之需，仅仅凭借比赛时的应变能力不太可能完成。

（三）审核、营运岗位总结

1. 感受

时光荏苒，一年半的训练时长，是时间和"鸡血"造就的结果。疫情是一把"双刃剑"，在消耗耐性的时候，给予时间上的补助是一大必然助力的贡献。虽说有多少次文件推迟，就会有多少次未果的失望。退堂鼓打多之后，反倒磨砺出一种"看淡一切"的平和心态，就像今天上场时，我们叫嚣着：就是换个地方做套题罢了。如此，养成的才是上场的绝佳状态。我一直放在心里的是"人外有人，天外有天"。不必太过于执拗，一定要挣个死去活来，保持稳定，才是稳中求胜之法宝，切忌太过紧张。

2. 财务会计审核会计岗位

审核的主体部分就是分录，不停地做分录。做分录的科目讲究可分两点：

一是杜绝在键盘上敲科目名称的陋习。我们不是在手写分录，在系统里一级科目可由二级科目引出，在系统里粘贴复制二级科目，会减少打字的工作量。

二是记忆一些基本的科目代码，比如原材料、固定资产等。特别是损益类科目，提前记忆可在做所得税的时候，减少不必要的打字时间。说到所得税，信息化里的科目余额表、各式的明细账，注意研究，完全可以避免单查任务引起的细节错误，利用得好，可以缩短5～10分钟。

主体的分录，竞赛较偏向于一些你学懂了但不常用容易遗忘的规则。像这次的税控设备（初级的知识点）压根平常就接触不到，或说你掌握的知识点是其他岗位的难点，但不是你应注意的知识点。这绝不可粗心，这些知识点将会成为团队致命的败点，你要为对方考虑，是否在他这一块会有较大的变数。

还有税法这块，你学会过，不代表你就会填表。今天一上来，翻到所得税的计算表，又被蒙到，结果毫无疑问完全一致，但就是和你计算的方法思路对不上，做题思路莫要墨守成规，思路尽量开阔一些。另外，在进行不下去，或时间允许的情况下，尽量摸索，多次变换变换公式，不要轻言放弃就会有意外之喜。

（3）个人素养PK

比赛我给打得措手不及，量上是日常的两倍。主要差别点：

红字冲销法或者补充登记法这些错账这次出现了5个（日常一个）；

做账格式会有每日合计（日常只有本月合计）；

建议不要对着套题里的固定题进行重复训练，最好自己出模板（题），把本日合计和错账进行量上的加强。

3. 管理会计营运管理岗位

（1）行业的熟悉度

重心在于对行业的熟悉度，每个行业收入成本上有较大差别。会有从上至下，开一套就有一套的新规律。不要去讲一些简单的增量预算，我们放长眼的是行业的差别熟悉度。这次出现的旅游行业，把酒店、旅游、大卖场几个小行业综合在一起，一条龙服务，正好把几个套题合并。要有自我行业规律总结意识。

（2）答案粘贴

营运岗的预算管理前后联系较大，不建议做完一题粘一题的做法，尽量在利润出来第二遍检查之后，再进行。

期间，若有资金岗提前需要数据，可把必要的最后结果传给他就好，不必为此粘贴，主要是防止后期差错。

（3）意见和建议

①回归课本

将知识点建立在系统学习的基础上。知识太过零散，无法做到模块之间的跳动。首先要系统地将税法、财务会计、财务管理、管理会计等课程系统地补习。另外，建议选拔专业基础好的同学参赛。

②学习环境的改善问题

建议把集训场所选择在较安静的地点，以减少外界对集训的干扰。

（四）主管会计、绩效管理岗位总结

1. 感受

荣耀都是那么一闪而过，收获是更加具有默契的团队、老师们的学习辅导、享受获取知识的过程和思维方式的转变。学校提供了资源条件给我们发挥的空间和平台，机会也许就在你的一念之间，成败就是你的厚积薄发。

2. 财务会计主管岗位

（1）主管个人赛 PK

会计制度设计均分只有 4 分，但这个 4 分暴露出来的首先是核心考点并不明确，刷题无法应对比赛，因为大部分队伍没见过……蒙加感觉，所以需要一个标准来帮自己提高这方面的不足，可能需要老师们多费苦心，找到知识点的来源，再系统学习，才能从根本上解决问题。

（2）纳税筹划问题

套题需要做到每一个细节和知识点，真正理解这个纳税筹划的点，比赛期间考到原题改进，所以内心放松，因为自己平常的练习没有白练，系统地学习税收，有利于培养用税收相关知识思考题目的本质，而不是片面地弄懂题目。系统性学习税法是解决问题的关键。

（3）财务报表公式问题

①资产负债表

平常练习归练习，但是考试前一定要总结并记住从来没考过的公式，例如其他应收款、其他应付款、长期应付款，这些套题从来没有出现，但考前稍微过一下，就能保证考试的时候给队友提供一个基础。

②利润表

规律显而易见，非常简单。

③所得税

基础报表反复查看，不能错，这是核心的问题。这次难点出现了新的税控设备，但足够把握自己非常熟练的基础部分保证不出错，占比就非常大了，难点需要慢慢腾出时间思考。

④增值税

跟审核、出纳岗位的配合到位，就能保证你们仨的数据能三次核对，提高正确率。

⑤审核出纳凭证

需要养成做题习惯，主管练习几遍出纳岗位，就能更加熟悉出纳的流程，知道出纳的错误点的最有可能之处，这里很多细节需要做题和配合保证。

⑥建立账套和结账

时间把握、节奏控制，类似于审核岗位队友在旁边看着我建好账套，这里不出差错，顺利开始。

结账的时候，没做完也要放弃，因为完整的结账才能得到更多分，不能因小失大，追求完美。

3. 管理会计绩效管理岗位

绩效分为两部分：一部分是类似排序，一部分是分析计算。

（1）总体方面

可以提前进场把 Excel 建好，然后尽可能满足自己可能出现的使用需求。

核心点：保证做一题粘贴一题或者一个三四题为整体部分做完赶紧粘。给自己心理暗示，看到问题一个个解决,而不是一边粘贴一边思考,那样会拖累效率。

(2)排序题

第一题错误率非常高,但是不要琢磨了,你都没见过,谁见过?(怎么排序感觉都对)

第二题光速做完,然后赶紧看下一题。(觉得有疑问的,做标记)

第三题跳过,回头做,表格过大,完全浪费时间,但我后面做的时候,我通过使用Excel的查找功能,快速解决了问题,同时纠正了第二题的错误。

(3)分析计算

公式设置不能错,单位设置要及时更正。

万元和元的转换,需要建立多联表的使用技巧。

保证正确率的计算方法:一是需要对自己没把握、容易错的进行二次或三次核对。二是对存有怀疑的进行多种方式的验算。例如

权益净利率＝净资产收益率＝净利润×2/(本年期初净资产＋本年期末净资产)

同时

权益净利率＝销售净利率×资产周转率×权益乘数(杜邦分析法)

分析计算题目的难点:大量的数据整理非常消耗时间,所以平时大量的练习要特别加强自己对信息整理和复制粘贴的速度。这里耗费将近50%的时间,不需要动脑筋却需要消耗大量注意力。

数据计算公式:总结规律,倒背如流,熟能生巧。

(4)Excel的使用问题

去年和今年使用的是不同版本,建议老师统一版本,因为还是会出现小问题,影响不大,但这是可以避免的。

绩效需要相对其他岗位,更加熟练地使用报表,上午的财务会计主管岗位和下午的管理会计绩效管理岗位,都要快速整理数据并准确提取信息。

4. 团队互信互助

比赛是团体赛,核心就是团队,一个人的分数高不代表团体分数高,你的题目简单不代表其他成员的题目简单,团队合作非常重要,出现新的知识点时更需要配合,队友应无条件信任对方。

各司其职,沉着冷静。财务会计比赛中,上午我的岗位是相对顺利的,难度不大,但是审核岗位异常的难,不断有新的难的题目出现,这个时候个人的紧张感可能会影响队友,若你能冷静,队友就会发挥得更好。完成好自己的任务,解决好自己的问题,做好"各司其职"就能保证队友能够获得更高的基础分,你就有更多的时间做更复杂的题目。出纳岗位电脑出现短暂的卡顿,可能影响队友的心态,因为团队比赛被打断。要快速解决问题,不能拖累整体节奏,但很幸运地解决了问题,所以还是希望这种情况尽量不要出现。

密切配合,适当沟通。出纳岗位有大量的时间帮我统计核对税额,帮助审核岗位差错,能

提供更高的准确率。不要频繁沟通，有可能打断队友思路，队友可能在解决一个核心题目，所以要冷静处事，观察情况。

八、大赛反思

（一）积极作用

一是以赛促教、以赛促学、以赛促改、以赛促建效果明显。二是培养师资队伍，提升教师教学能力。全面提高学习效果，使全体学生受益。三是吸收大赛成果，促进"三教"改革。四是促进教学资源建设，推动课程体系建设。

（二）大赛诟病

一是资源投入大。平台价格贵，更换频繁。虽然近年来学生技能大赛平台和部分样题有免费使用的趋势，但要想取得理想的比赛成绩，仅免费的样题还远远不够。

二是受益学生少，功利化明显。部分学校出现"为赛而教，为赛而学""以赛代考，以赛代学"的错误现象。

三是发展能力考核不足。比赛内容多是技能流程的熟练程度和精细程度。

四是公平性受质疑。部分学校无力购置竞赛平台，少数学校主办竞赛等。

九、对策与建议

一是大赛平台免费。以政府购买服务的形式，由教育行政部门统一建立免费竞赛训练云平台和题库。

二是提高命题的科学性。建立并扩充大赛命题专家库，规范命题流程，增加命题的科学性。

三是加强监管。加强日常教学监管与评估，以削弱大赛的功利性倾向。

四是规范承办。在自愿申报的基础上，由专家遴选，抽签确定承办院校。

十、对大赛的几点认识

大赛作为推动职业教育教学改革的重要手段之一，其积极作用远大于消极影响。

比赛成绩牵涉太多利益纠葛，多数学校强化训练，属于正常。

应纠正不让学生正常上课，只为备赛集中训练的急功近利的错误行为。

以大赛为抓手，加强日常教学管理，促进专业建设水平的全面提升，让全体学生受益才是技能大赛的本意。

第三章　师资队伍建设

高职院校师资队伍是专业建设的基石。因为专业建设最重要的因素是人，如果没有好的师资队伍，再好的教学资源也不能得到充分利用，也不能培养出高素质技术技能人才。因此，加强师资队伍建设是专业建设的第一要务。探索"123"双师团队建设模式，构建教师实践教学能力培养体系是高职院校师资队伍建设的关键着力点。

第一节　高职院校会计专业教师技能培养现状

为了弥补师资短板，近年来各级政府和学校都在高职师资培养方面做过不少有益尝试和探索，包括国培、省培、校培等，但效果并不明显。主要原因：一是师资培养内容和培养方式与教师岗位实际需要相去甚远，多数教师对培养效果并不认可，也影响了教师参与培养的积极性。二是参与教师实践锻炼的企业缺乏积极性，即使教师在实践企业积极要求参与企业核心业务学习实践，受企业商业保密等因素影响，实践企业往往不愿提供实质性实践岗位。三是不少高职院校对参加培养的教师并无明确要求，缺乏刚性要求，部分教师缺乏参与积极性和主动性。

为进一步了解当前高职院校会计专业教师技能培养现状，分析存在问题的原因，我们选取黄河水利职业技术学院、河南工业贸易职业技术学院等 30 所高职院校的会计专业教研室主任和骨干教师为调查对象，采用问卷调查和电话访谈的形式，主要从学校教师参与师资培养的方式、师资培养满意度、影响培养满意度的主要因素、受培养教师的主动性和积极性是否会对技能培养效果有重要影响、影响受培养教师主动性和积极性的原因、科学的师资培养方式等方面进行了调查。为了提高样本的代表性，样本中国家级示范（骨干）校、省级示范（骨干）校、非示范（骨干）校各 5 所。每个学校发放调查问卷 10 份，共发放调查问卷 150 份，收回 141 份，其中有效问卷 138 份。

一、师资培养模式效率不高

从表一可知，就被调查者参加技能培养的情况来看，人均接受培养次数在 1.72 次，说明高职院校教师接受技能培养已经普及，但从培养次数分布来看，以省培、国培、软件公司组织的培养和企业锻炼四种形式为主,占比接近85%,说明高职教师实践技能培养方式已出现多样化。

表一　近5年参与时间在一周以上的实践技能培养情况调查表

项目	次数	人均受培养次数	所占比例
国培	46	0.33	19.41%
省培	59	0.43	24.89%
校培（校内）	12	0.09	5.06%
校培（企业锻炼）	44	0.32	18.57%
软件公司组织的培训	52	0.38	21.94%
其他	24	0.17	10.13%
合计	237	1.72	100.00%

从表二可知,被调查教师接受技能培养在满意以上的占比仅为24.64%,不及四分之一,不满意占比逾五成。说明高职教师实践技能培养存在较多问题,培养效果不尽如人意。

表二　实践技能培养效果满意度调查表

满意度	人数	满意度
很满意	12	8.70%
满意	22	15.94%
一般	75	54.35%
不满意	29	21.01%
合计	138	100.00%

从表三可以看出,造成教师技能培养不满意的主要原因是企业参与度、培养方式和培养内容三项,占比近八成。说明当前高职教师实践技能存在的突出问题可能是企业参与的积极性不高、培养方式古板、培养内容陈旧过时,需要引起师资培养部门的足够重视。师资培养存在较大改革和提升空间。

表三　造成不满意的原因

影响因素	频次	比例
培养内容陈旧	21	20.39%
培养方式古板	28	27.18%
培养教师水平低	11	10.68%

续表三

影响因素	频次	比例
企业参与度低	29	28.16%
组织保障不力	9	8.74%
其他	5	4.85%
合计	103	100.00%

从表四可知，九成以上受调查者认为受培养教师的主动性和积极性对技能培养效果有重要影响，说明教师的主观因素是影响技能培养效果的重要因素。因此，提高受培养教师的主观积极性很有必要。

表四 你认为受培养教师的主动性和积极性是否对技能培养效果有重要影响

调查结果	频次	比例
是	127	92.03%
否	0	0.00%
说不准	11	7.97%
合计	138	100.00%

从表五可知，排在前两位的均与职称评定文件有关。所有教师均认为"职称评定文件只有教师企业实践要求，未要求其他形式的技能培养"，这反映出目前高职职称评定文件还存在不完善之处。教师技能培养不能仅限于"企业实践"一种形式，由企业专家作为教师的讲座、技能训练指导，由高校教学名师或专家主讲的技能实训课程均应作为技能培养的范围。建议国家从宏观层面修改高职教师职称评定的指导性文件。超过七成的教师认为"职称评定文件有要求，但学校没有严格执行"，说明在高校职称评定权普遍下放的大形势下，职称评定工作中存在较普遍的政策把控不严问题。

表五 影响受培养教师主动性和积极性的原因调查

项目	频次	占总人数比例
职称评定文件只有教师企业实践要求，未要求其他形式的技能培养	138	100.00%
职称评定文件有要求，但学校没有严格执行	97	70.29%
教师日常工作考核无要求	7	5.07%
教师个人职业理想、发展规划不同	65	47.10%
其他	11	7.97%

有近五成教师认为"教师个人职业理想、发展规划不同"影响技能培养效果,这从侧面反映出当前部分高职教师存在职业倦怠的实际情况。这个问题应引起教育主管部门的高度重视。毕竟教师的主观能动性会影响教师的工作状态,不仅会影响技能培养效果,更重要的是会影响教学效果,从而影响教学质量的提高。

从表六可知,有超过五成的被调查者认为"政府主导、校企行合作"的师资培养模式最优,其次,有两成的被调查者认可"学校主导、校企行合作"师资培养方式,说明多数教师对政府和学校在师资培养中的主导作用信服和认可。所以进一步加大以国培和省培为主要形式的高职教师技能培养力度,仍是全面提高高职教师实践技能水平的重要方式,以国培和省培为主要形式的政府主导的师资培养模式仍应在相当长时期内占主流。

表六 你认为科学的师资培养模式是什么

培养模式	频次	比例
学校独立主办	2	1.45%
企业独立主办	8	5.80%
学校主导、校企行合作	28	20.29%
企业主导、校企行合作	22	15.94%
行业主导、校企行合作	14	10.14%
政府主导、校企行合作	64	46.38%
合计	138	100.00%

一、兼职教师聘任、管理问题突显

从表七可知,七成以上的教师认为企业兼职教师聘用难。这反映出当前高职院校建设专兼结合的双师型教师队伍面临的普遍困难与尴尬。

表七 企业兼职教师聘用难易度情况

项目	情况 难	情况 一般	情况 易	合计
聘用难易度	107	27	4	138
比例	77.54%	19.57%	2.90%	100.00%

从表八可知,认为企业兼职教师"教学水平高"的占比还不到两成,反映出当前高职院校聘任企业兼职教师令人担忧的质量现状。聘任企业兼职教师难,聘任高水平的企业兼职教师更难!

表八　企业兼职教师教学水平情况

项目	情况			合计
	高	一般	低	
教学水平	22	77	39	138
比例	15.94%	55.80%	28.26%	100.00%

从表九可知，有近七成的教师认为企业兼职教师管理"难"，没有人认为企业兼职教师管理"易"。说明高职院校企业兼职教师存在聘任难和管理难的现状。

表九　企业兼职教师管理难易度情况

项目	情况			合计
	难	一般	易	
管理难易度	93	45	0	138
比例	67.39%	32.61%	0.00%	100.00%

到底是什么原因造成高职院校企业兼职教师聘用难、管理难的窘境呢？

从表十可知，造成企业兼职教师聘任难的第一原因是"学校课酬低"，在当今以市场经济为主导的大环境下，试图以低成本取得足够数量高质量的稳定劳动力是不可能的。再加上"企业行家里手"属于企业稀缺资源，既精通企业业务，又懂职业教育教学的企业专家更是凤毛麟角。

表十　企业兼职教师聘用难的主要原因

原因	频次	比例
学校课酬低	97	70.29%
企业行家里手工作忙	25	18.12%
企业行家里手教学能力弱	11	7.97%
其他	5	3.62%
合计	138	100.00%

与本科院校相比，高职院校办学经费更为紧张，受高职管理层办学理念影响，不少高职院校往往以几十元的课酬来应付企业兼职教师。这不仅违背了经济规律，也与职业教育加强专兼结合的"双师型"教师队伍的办学政策不相符合。

从表十一可知，超过八成的教师认为"低课酬难以聘用高水平教师"是企业兼职教师教学水平不高的主要原因。这容易形成"低课酬—低水平兼职教师—低教学质量"的恶性循环，造成利用企业专家优化高职"双师型"师资队伍，从而提高高职教学质量的设想无法实现。

表十一　企业兼职教师教学水平不高的主要原因

原因	频次	比例
低课酬难以聘用高水平教师	113	81.88%
企业兼职教师教学能力不高	12	8.70%
企业兼职教师工作态度不端正	10	7.25%
其他	3	2.17%
合计	138	100.00%

从表十二可知，超过六成的教师认为"企业兼职教师难以适应学校教学"是企业兼职教师管理难的主要原因，位于第二位的原因是"企业与学校工作时间冲突"，而"企业兼职教师工作态度不端正"排在第三位。事实上，企业与高职院校分属于不同的社会系统，似乎属于截然不同的工作世界，指望让企业兼职教师像高职院校专职教师一样，遵从学校的规章制度和教学模式，似乎并不现实。因此，如何考虑企业工作实际，兼顾企业兼职教师实际，合理安排教学，制订出台能够兼顾学校和企业双方实际的教学管理制度，可能才是明智之举。

表十二　企业兼职教师管理难的主要原因

原因	频次	比例
企业与学校工作时间冲突	29	21.01%
企业兼职教师难以适应学校教学	86	62.32%
企业兼职教师工作态度不端正	20	14.49%
其他	3	2.17%
合计	138	100.00%

第二节　"123"双师团队建设模式

一、"123"双师团队建设模式的含义

经过多年的探索与实践，形成了"123"双师团队建设模式，如图一所示。

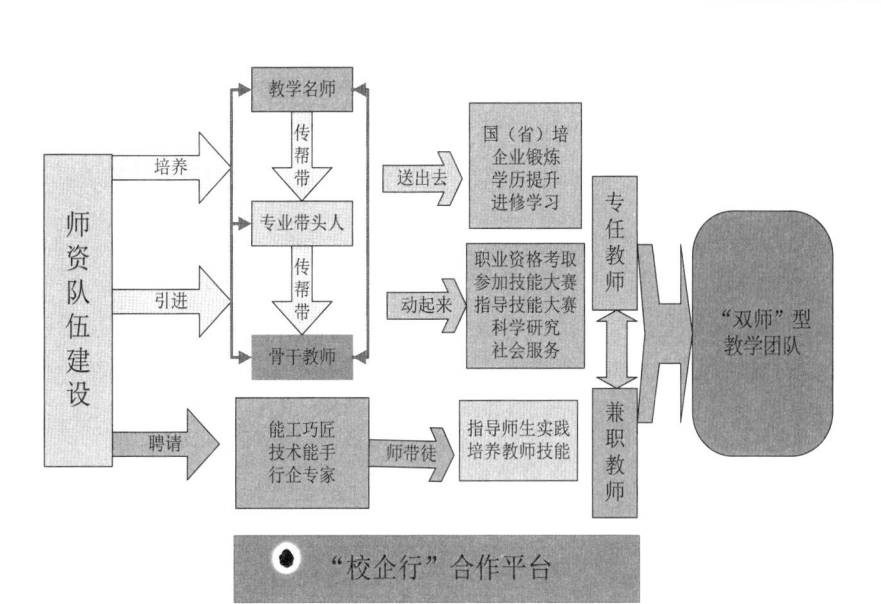

图一　"123"双师团队建设模式示意图

"1"指"校、企、行"合作这一平台。"2"指两个结合：一是"培养、引进和聘请"相结合，一是"专兼"结合。"3"是指"送出去""动起来"和"师带徒"三种培养模式。"校、企、行"合作平台是高职师资培养的基石和沃土，无论什么形式的师资培养方式，只要离开这一平台，都难以取得满意效果。"培养、引进和聘请"相结合，应以学校自己培养为主，而不能过多依靠所谓的人才引进和高薪聘请。在目前的人事政策环境下，实现大面积人才引进是不太现实的。但可充分发挥引进人才的示范带动作用，提高现有师资水平。"专兼"结合对高职"双师型"队伍建设来说是"理想丰满，现实骨感"，目前高职院校的体制机制难以聘任到真正的企业专家作为兼职教师，所以可作为长期努力的目标。在"送出去""动起来"和"师带徒"三种模式中，应重视教师自身的"动起来"，而不能过度强调"送出去"的作用，因为一个没有学习积极性的教师，无论送到再好的地方培训学习，也不可能取得好的效果。"师带徒"是值得探讨的一种新模式，但如何调动师傅和所在企业的积极性和主动性仍是一个难题。

二、双师团队建设措施

（一）制定科学的团队建设规划

以专业建设为龙头，以教学、科研建设为中心，坚持"提高学历层次"和"充实双师型人才"的培养原则，加大人才引进和培养力度；以建设结构合理的师资队伍为基础，以培育学科带头人为龙头，以提高教学水平为主导，建设一支专兼结合、结构合理、动态组合、团结合作、服务地方经济建设的专业教学团队。

一是重视专业带头人和骨干教师培养。给骨干教师创造条件，提供机会，通过各种途径提高其学术水平、科研能力。注重专业带头人和中青年骨干教师组成的学术梯队建设，发挥会计专业带头人在教学、科研中的模范带头作用。

二是鼓励教师提高学历层次。创造条件，鼓励青年教师报考、攻读硕士或博士学位，并为其提供政策支持和时间保证。同时，积极引进专业建设急需的具有硕士以上学历的青年教师，争取5年内具有硕士学位专任教师的比例在80%以上。

三是重视教师进修和培养。有计划地安排青年教师到企业进行挂职锻炼；有计划地安排骨干教师到国内高水平大学进行专业课程进修或做访问学者，提升教师教学水平和科学研究水平；鼓励教师参加各种与行业相关的高等级执业资格考试或培养；通过选派专业课教师下企业顶岗实习，参加技术服务等形式提高青年教师的实践技能，努力建立"双师型""双向发展"型师资队伍。力争5年内使拥有专业技术资格的"双师型"教师比例在本专业教师队伍总量的90%以上，整体提高教师团队的实践能力。

四是推动师资队伍的多元化。借助"校企合作平台"，采用"外聘为主，引进为辅"的原则，以合作、外聘、引进等方式，将企业财务主管、资深注册会计师等纳入本专业教师队伍，促进本专业学术创新团队和师资队伍的多元化建设，以强化教学团队的实践能力，逐步提高兼职教师授课比例，特别是实践课授课比例。计划用1～3年时间引进1～2名第一学历为会计专业本科以上，年龄在35岁以下，具有5年以上制造业、建筑业、金融业企业工作经历的企业财务主管、注册会计师，充实优化师资队伍。

五是培育优秀教学团队。以课程为依托，组建一支年龄结构合理，以"双师"教师为主体，教学水平较高、课程开发能力强、理论与实践结合、知识与技能互补，专兼结合，具有一定技术服务能力的专业教学团队。力争将会计电算化专业教学团队建设成校级优秀教学团队，积极申报省级教学团队。

通过以上措施，全面提高本专业教师的综合素质，形成一支教学水平高、视野开阔、经验丰富、实践能力强、爱岗敬业的高水平教学团队。

（二）建立健全机制

1. 发挥专业带头人引领作用

带领团队教师，投身专业建设，锻炼教师队伍。探索"以课程建设为中心，以质量工程为抓手，以校企合作为纽带，科研引领，大赛拉动"的专业建设模式。

带领团队教师积极进行科学研究，提高科研能力。鼓励、组织教师参加技术服务活动，服务地方经济建设，锻炼教师队伍。

坚持教研活动，坚持每周一次的教研活动，探讨和交流学习教学研究工作中的疑难问题和心得体会，不断推进教学改革，提高教学质量。坚持"集体听课、公开评课"制度。通过这种制度安排，教师之间互相取长补短，互相促进和提高，使教学水平得到较大幅度提升。参与教学团队教学督导，指导团队教师改进教学方法，不断提高教学水平。

充分发挥老教师"传、帮、带"作用。指定教学经验丰富的老教师在编写教案、教学方法上给予指导，提高青年教师的实际教学能力。

组织教师到企业进行专业调研，深入了解企业需求，促进专业建设和教学内容、教学方法不断改进。

组织带领师生参加全国教学和职业技能竞赛活动，历练教学技能。

2. 建立激励机制

鼓励青年教师参加会计专业技术资格考试和注册会计师、注册税务师、注册资产评估师考试，攻读硕士、博士学位，更新知识，提高职业技能水平和学术水平。近5年，共有6名专任教师考取了会计职业资格证书，取得了硕士学位。

以校企合作为契机，组织教师下企业实践锻炼，提高教师的实践教学能力。近5年，每位教师参加企业实践锻炼的时间都在一个月以上。

重视青年骨干教师培养，在进修学习、学术交流等方面向骨干教师倾斜。近5年，全部青年骨干教师都有两次以上参加高层次学术交流的机会。

培养与引进并重，进一步优化了团队结构。近年来，引进高级会计师一名，会计硕士研究生一名。

充分发挥"传、帮、带"作用。负责三名青年教师的培养，有一位青年教师荣获学院"十佳青年教师"称号。

按照"灵活聘任，严格管理"的原则，吸收行业、企业的财会专家到学校任教。目前，教师队伍中四名兼职教师全是企业一线财会专家。

第三节 高职教师实践教学能力培养

党和政府历来重视高职教师队伍建设。《关于加强高职高专院校师资队伍建设的意见》《职业学校教师企业实践规定》《关于深化产教融合的若干意见》《关于全面深化新时代教师队伍建设改革的意见》等文件都对高职院校师资队伍建设，特别是教师实践教学能力培养提出了明确要求。为了进一步加强职业院校"双师型"师资队伍建设，2019年2月，《国家职业教育改革实施方案》（简称职教20条）又提出如下要求："到2022年，……'双师型'教师占专业课教师总数超过一半""2019年起，职业院校、应用型本科高校相关专业教师原则上从具有3年以上企业工作经历并具有高职以上学历的人员中公开招聘，……2020年起基本不再从应届毕业生中招聘""建立100个'双师型'教师培养培训基地""职业院校、应用型本科高校教师每年至少1个月在企业或实训基地实训，落实教师5年一周期的全员轮训制度"。2020年9月，教育部等九部门印发《职业教育提质培优行动计划（2020—2023年）》，提出实施职业教育"三教"改革攻坚行动。

近年来，随着高职教育发展模式的转型升级和"三教"改革的持续推进，高职教师实践教学能力培养再次成为高职教育界探讨的热点问题。闫志利、李欣旖、邰牧寒（2018）提出构建高职教师企业实践的动力机制，包括政策机制、保障机制、实践效果评价机制、校企合作深化机制、教师实践激励机制。冯旭芳（2020）提出从国家加强制度保障、教师转变认知观念等方面完善高职院校专业课教师企业实践的建议。认为高职院校工科专业教师实践教学胜任力整体水平一般，需要从建立高职院校工科专业教师实践教学胜任力标准、完善教师分层分类培养体系等方面提升高职院校工科专业教师实践教学胜任力。

截至目前，还没有从高职院校教师实践教学能力培养影响因素分析和培养体系构建方面进行较深入研究的文献发表。本节将以终身教育理论、教师专业发展阶段理论和马斯洛需求层次理论为基础，通过实证研究，对高职院校教师实践教学能力培养主要影响因素和培养体系构建进行探讨。

一、问卷调查

本研究采取分层随机抽样方式，采用自编的高职院校教师实践教学能力培养调查问卷，借助《网络星问卷调查平台》和纸质问卷发放相结合的方式，于2021年6月对无锡职业技术学院、无锡城市职业技术学院、濮阳职业技术学院、鹤壁职业技术学院4所高职院校的120名专业课教师进行问卷调查和重点访谈。

问卷分为三个部分：第一部分为教师基本情况调查，包括性别、学历、职称、教龄、所在学校类型、毕业院校、担任课程主要类型等7题；第二部分为教师实践教学能力培养现状调查，包括近五年来参加或没有参加实践教学能力培养的原因、参加实践教学能力培养的形式与积极性、参加实践教学能力培养的首要预期目标、参加实践教学能力培养的满意度与不满意度的首要原因、最好的高职院校教师实践教学能力培养形式等8个题目；第三部分为教师实践教学能力培养影响因素调查，包括教育行政部门参与度、行业企业参与度、学校参与度、培养评价与监管、培养内容、培养师资水平、培养实践条件、培养模式、教师个体因素等9个项目。第一、第二部分16题均采用单项选择题，第三部分采用李克特量表，分为5级计分，依次为最不重要=1、不重要=2、一般重要=3、比较重要=4、最重要=5。共回收问卷112份，其中有效问卷102份，有效率91.07%。为了提高抽样调查的可信度，又对部分调查对象进行了重点访谈。

（一）高职院校教师实践教学能力培养现状

1. 样本的基本人口学特征信息

被调查对象基本人口学特征如表十三所示。

表十三 样本基本信息特征（N=102）

(1) 性别	男	女		
比例	47%	53%		
(2) 学历	博士研究生	硕士研究生	本科	本科以下
比例	9%	39%	47%	5%
(3) 职称	教授	副教授	讲师	助教
比例	12%	25%	45%	18%
(4) 教龄	5年以下	6—10年	11—15年	15年以上
比例	16%	34%	34%	16%
(5) 所在学校类型	国家级"双高"校	省级"双高"校	非"双高"校	
比例	36%	35%	29%	
(6) 毕业院校	职业技术师范院校	普通师范院校	综合性大学	其他院校
比例	5%	19%	72%	4%
(7) 担任课程主要类型	专业理论课	专业实践课	理实一体课程	
比例	30%	17%	53%	

2. 具体调查

近五年来参加实践教学能力培养情况调查，如图二所示。

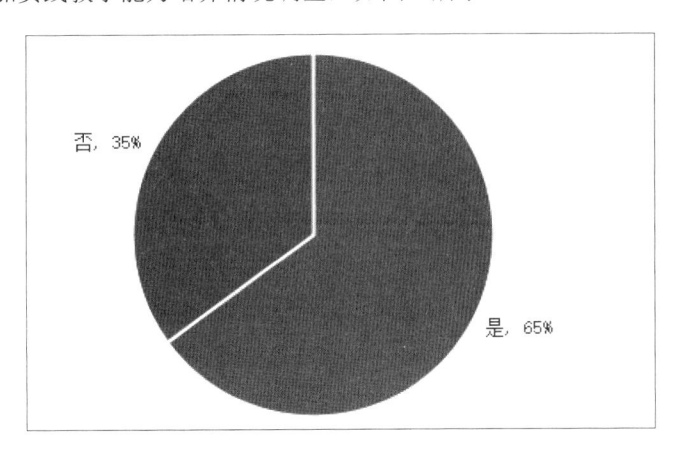

图二 近五年是否参加过实践教学能力培养

调查发现，有近35%的专业教师近五年没有参加过实践教学能力培养。一方面说明实践教学能力培养在高职院校并没有得到足够重视和普遍落实，另一方面可能与近两年新冠疫情的影响有关。这与职教20条要求"教师5年一周期的全员轮训"目标存在一定差距。

近五年没有参加实践教学能力培养的原因调查，如图三所示。

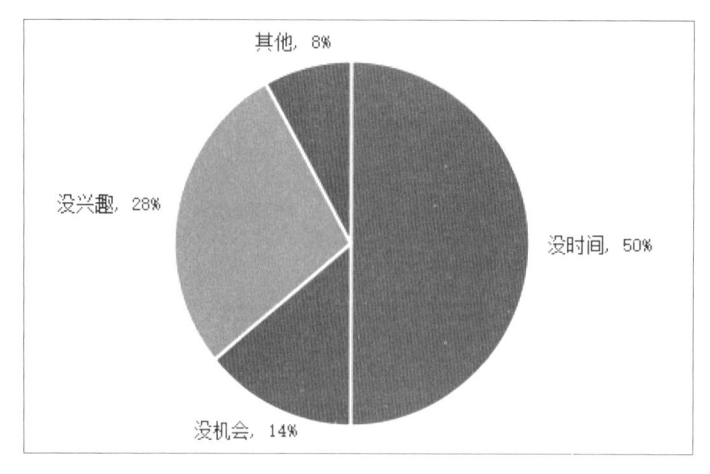

图三 近五年没有参加实践教学能力培养的原因

教师没有参加实践教学能力培养的主要原因是没时间、没兴趣和没机会。没时间，一方面说明部分教师工作比较繁忙，不论是"双高"校还是普通高职院校，生师比普遍远超教育部规定的专业教学标准是常态，这与国家规定的按在校生人数划拨办学经费的制度有较大关系。特别是生师比较大的专业，专业教师教学任务普遍较重，导致部分教师没时间或者没精力参加实践教学能力培养。没有机会参加实践教学能力培养的主要原因：一是2019年末以来的新冠疫情的影响造成培养机会特别是线下培养机会减少；二是部分学校办学经费紧张，不能保障教师参加实践教学能力培养的需要。没兴趣的原因，主要是部分教师没有认识到实践教学能力的重要性，自身动力不足，还可能与学校对实践教学能力培养的考核管理制度有关。

参加实践教学能力培养的形式调查，如图四所示。

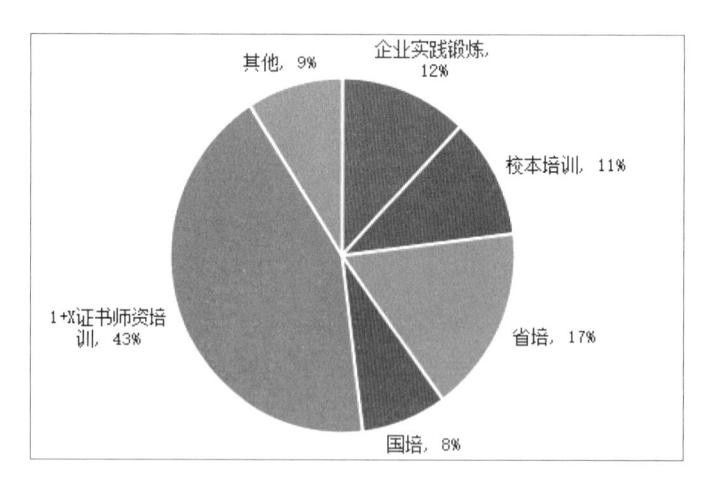

图四 参学能力培养的形式

从教师参加实践教学能力培养的形式上来看，1＋X证书师资培养数量最多占到43%，这与2019年以来教育部推行的1＋X证书制度有直接关系。一是说明1＋X证书制度试点推行确实比较广泛。二是说明新冠疫情常态化下 1＋X 证书师资线上免费培养受到试点院校和广大教师的普遍欢迎。三是 1＋X 证书师资培养的内容可能比较适合高职实践教学实际，能够补充或提升高职学生职业技能。国培、省培和企业实践锻炼等传统实践教学能力培养模式因受疫情影响，占比不高。但疫情过后，这些项目仍可能成为教师实践教学能力培养的主要形式。

参加实践教学能力培养的积极性调查，如图五所示。

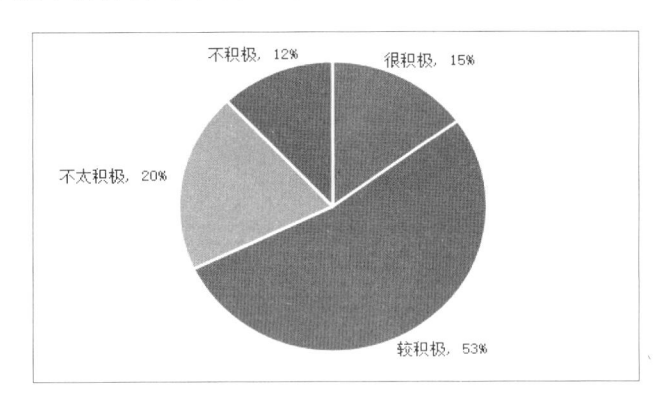

图五　参加实践教学能力培养的积极性

从调查可知，很积极、较积极占比近七成，说明多数高职专业教师特别是青年教师对实践教学能力培养存在迫切需求。但在访谈中问及部分对培养持消极态度的教师时，认为"多数实践教学能力培养项目意义不大，形式大于内容，培养效果不佳"是造成部分教师不积极参加实践教学能力培养的主要原因。

参加实践教学能力培养的首要预期目标调查，如图六所示。

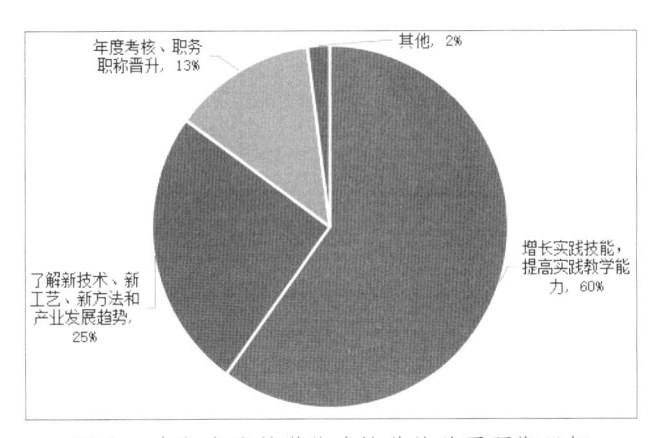

图六　参加实践教学能力培养的首要预期目标

调查显示，六成教师把"增长实践技能，提高实践教学能力"作为参加实践教学能力培养的首要预期目标，另有四分之一的教师参加实践教学能力培养的首要目标是"了解新技术、新工艺、新方法和产业发展趋势等"，说明绝大多数教师能够正确认识参加实践教学能力的目标和意义。少数教师功利主义倾向明显，参加培养是为了"为年度考核，职务晋升、职称晋级"。

参加实践教学能力培养满意度调查,如图七所示。

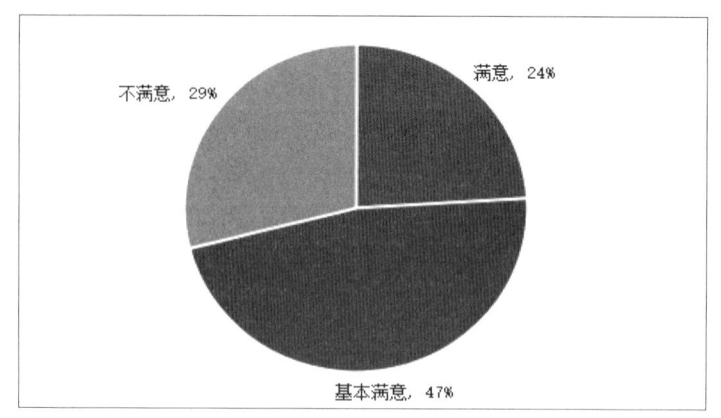

图七　参加实践教学能力培养的满意度

调查显示,教师对参加实践教学能力培养持"满意"和"基本满意"态度的比重分别为24%、47%,满意度并不算高。特别是近五成的"基本满意",说明培养普遍存在不足。近三成的教师持"不满意"态度,更说明高职教师实践教学能力培养存在一定的问题。这应引起相关部门的重视。

参加实践教学能力培养不满意度的首要原因调查,如图八所示。

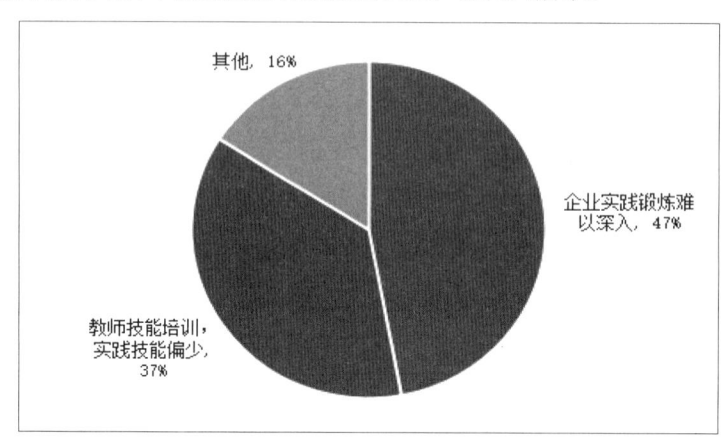

图八　参加实践教学能力培养不满意的首要原因

对实践教学能力培养持不满意态度的教师中,有五成的教师认为"参加企业实践锻炼难以深入",学到真技能,四成的教师认为"教师技能培训实践技能内容偏少",两项占比近九成。进一步印证了目前高职院校教师实践教学能力培养中的两大症结:一是深度校企合作推进难,导致教师参加企业实践锻炼难以实质性参与,学习效果无法保证。二是传统的"重理论、轻实践"师资培训模式依然普遍存在。

最好的高职院校教师实践教学能力培养方式调查,如图九所示。

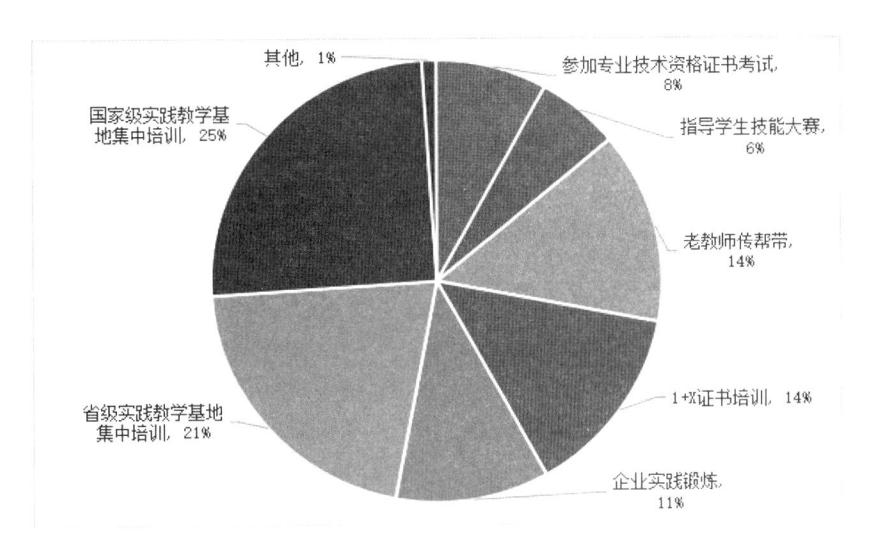

图九 最好的教师实践教学能力培养方式

调查显示，参加国家级、省级实践教学基地集中培养是高职教师的首选。其次是1＋X证书培养、老教师传帮带和企业实践锻炼，说明在国培、省培指标有限的情况下，1＋X证书培养这种新型社会评价组织培养模式获得认可，老教师传帮带的作用不可或缺，企业实践锻炼这种形式的积极作用。另一个方面说明，在目前高职院校服务能力有限，企业把高职院校学生作为廉价劳动力的局面并未根本改变的情况下，校企合作困境对教师企业实践锻炼的制约作用。"指导学生技能大赛"和"参加专业技术资格考试"不失为较好的教师实践教学能力培养方式，但因受教师认识能力限制，并未被广泛认可。

（二）高职院校教师实践教学能力培养效果的主要影响因素调查

从以上调查结果来看，目前我国高职院校教师实践教学能力培养现状并不理想，到底是哪些因素影响了高职院校教师实践教学能力培养效果呢？运用SPSS 22.0进行相关的统计处理后，得到表十四。为了进一步验证问卷的可信度，导出9个影响因子的克伦巴赫 α 系数为0.815，正确性达到"好"的标准，说明问卷的可信度较好。

表十四 教师实践教学能力培养效果的主要影响因素调查分析表

教师调查问卷统计资料（N=102）									
	教育行政部门参与度	行业企业参与度	学校参与度	培养评价与监管	培养内容	培养师资水平	培养实践条件	培养模式	教师个体因素
平均数	4.97	4.95	4.82	4.90	4.81	4.76	4.56	3.92	4.11
标准偏差	0.299	0.270	0.372	0.354	0.312	0.254	0.281	0.445	0.335

从表十四可知，以上9个影响因素，除"培养模式"平均值小于4，位于"一般重要—比

较重要"之间，其他8个因素均在"比较重要"以上，说明被调查教师认为以上9个因素均对教师实践教学能力有重要影响。重要性由强到弱排序分别为教育行政部门参与度、行业企业参与度、培养评价制度、培养内容、培养师资水平、培养实践条件、教师个体因素、培养模式。

1. 教育行政部门参与度

目前，我国职业教育基本属于政府主导的学校本位职业教育。离开教育行政部门的参与，我国高职院校教师实践教学能力培养难以取得成效。这一项得到被调查对象的一致认同，平均值为4.97，接近"最重要"，成为第一重要因素。无论是举办专门培养职业学校教师的职业技术师范大学，还是举办国培、省培等各类师资培训班，或是以下发行政文件形式推动实施教师企业锻炼制度，抑或在职称评审文件中具体增加教师到企业锻炼的专门条款，都明显存在政府的组织与推动。事实上，在目前的中国，对于以公办院校为主体，具有公益性质的高职教育，离开政府的强力推动，仅依靠市场的自发调节作用，很难保障职业教育办学效果，高职教育师资培养也不例外。

2. 行业企业参与度

行业企业参与度问卷调查平均值为4.95，排序第二。说明教师对行业企业参与高职院校教师实践教学能力培养重要影响的高度认可。作为与社会经济社会发展联系最为紧密的职业教育，与劳动力市场之间存在天然紧密联系。无论是德国的"双元制"、北美的CBE、澳大利亚的TAFE，还是英国的BTEC等职业教育模式，均以校企合作为依托，离开了企业的广泛深度参与，职业教育将无法突显办学特色，更无法摆脱处于高等教育末端的尴尬局面。前面提到在对实践教学能力培养持不满意态度的教师中，近五成的教师认为"参加企业实践锻炼难以学到真技能"，这是教师对行业企业参与高职教师实践教学能力培养不足的无奈反映。

企业永远是产生和应用新技术、新工艺、新规范、新方法、新标准的最佳场所，高职教师只有不断从企业汲取新的能量，才能实现自身的教学"常教常新"，才能真正缩小职业教育与工作世界的距离，真正提高学生职业技能和就业质量。目前，教育部推行的1＋X证书制度，就是继现代学徒制试点以后，行业企业参与职业教育教师实践教学能力培养的又一创新与尝试，对更新广大高职教师职业技能，提高实践教学能力必将起到积极作用。

3. 培养评价与监管

重要性排序第三的是"培养评价与监管"。高职教师实践教学能力培养是一项系统工程，需要政府、学校等相关主体的持续推进。高职院校管理层作为政府的代理人，对履行师资培养责任存在道德风险，需要政府的有效监管。高职教师作为高职院校的一员，也存在道德风险和逆向选择，不可能完全依靠职业道德的约束，实现自我成长和进步。这就需要建立一套科学的教师实践教学能力评价与监管制度，以减少或避免高职院校管理层和教师的逆向选择行为，促进高职院校管理层主动积极履行教师培养的职责。高职院校应根据学校实际建立健全教师实践技能评价制度，促使教师主动参与实践教学能力的培养活动，树立终身学习理念，与时俱进，自省自新，不断提高自身实践教学能力。

4. 学校参与度

重要程度排名第四的是"学校参与度"，表明教师对学校在教师实践教学能力培养中的作用的认可。我国现行的学校本位职业教育决定了高职院校在人才培养中的中心地位和主导作用。高职院校作为国家教育方针与政策的践行者，学校的积极参与和推动，当然会对高职教师实践教学能力培养产生重要影响。一是高职院校参与度，实际是高职院校管理层的态度反映，培养和提升高职教师实践教学能力需要高职院校管理层的大力支持。二是教师实践技能学习的积极性和主动性的发挥，除了靠教师的思想觉悟、职业道德、理想情怀、自我价值实现追求等内生动力外，也需要高职院校建立长效激励机制来提供外生动力。

5. 培养内容

"培养内容"的影响程度排名第五。因为内容决定形式，形式服从内容。教师实践教学能力的培养内容最关键，培养内容是否科学恰当，在很大程度上决定了培养效果。只有符合教师实际教学需要，满足用人单位人才需求的教学内容，才是好内容。离开正确内容的"花拳绣腿"，对教师实践技能的培养效果必将大打折扣。在前述调查中，近三成的教师对实践教学能力培养"不满意"，而在持"不满意"态度的教师中，四成教师认为"教师技能培训实践技能内容偏少"是其不满意的主要原因。因此，需要对培养内容进行科学分类并精心筛选。一是培养内容应是企业最新应用的新知识、新技术、新工艺、新规范、新材料、新设备、新标准或者是专业教师必须掌握的专业基本知识、基本技能、基本方法；二是培养内容要符合教师实际需要，做到针对性和精准化；三是培养内容要科学规划，循序渐进；四是培养内容要系统、全面，通过培养能够使教师全面系统掌握专业核心技能，达到融会贯通，左右逢源，为高技能复合型人才培养奠定基础。

6. 师资水平

重要性排序第六的是从事教师实践教学能力培养的"师资水平"。优秀教师是教师实践教学能力培养质量的基本保障，正所谓名师出高徒。作为培养高职教师的教师，更要德技双馨，这就要求相关部门在师资遴选时严格把关，宁缺毋滥。一是优先选择理论水平高、实践技能突出的"双师型"教学名师，传授理实一体化专业实践教学能力；二是选择行业企业技术专家、大国工匠、技术能手，发挥其技术特长，重点传授操作技能；三是适当选择职业教育专家讲授先进职业教育理念，指导教学模式和方法改革；四是注意发挥校本培养在教师实践教学能力培养中的基础作用，充分发挥校内专业带头人、资深骨干教师、实训指导教师的"传、帮、带"作用。

7. 实践条件

重要性排序第七的是用于教师实践教学能力培养的"实践条件"。实践条件是开展师资实践教学能力培养的物质保障。无论是教师到企业实践锻炼，举办各种形式的实践教学能力培训班，还是普通高校、职业技术师范大学教学班，都需要良好的实践教学条件，包括硬件设备和软件。

8. 教师个体因素

"教师个体因素"排在教师实践教学能力培养影响因素的最后。教师作为参与实践教学能力培养的主体和直接受益者，其自身的主观能动性是内生动力，其他因素均为外生动力。如果没有教师的主观能动性，再好的外部条件都不能发挥作用。前述调查显示，在教师没有参加实践教学能力培养的主要原因调查中"没兴趣"的比例占比为28%，在参加实践教学能力培养的积极性调查中"不积极"和"不太积极"占比达33%，是参加实践教学能力培养的首要预期目标调查中"为年度考核，职务晋升、职称晋级"的占比为13%，说明确有部分教师对实践教学能力培养持消极应付态度。应采取针对性的措施：一是通过加强师德师风教育，树立正确的世界观、人生观、价值观，激发职业成长原动力，引导教师争做四有好老师，教书育人，为人师表。二是通过优化培养内容、培养模式等增加教师实践教学能力培养的吸引力。三是通过健全激励机制，调动教师参与实践教学能力培养的主动性和积极性。

9. 培养模式

师资实践教学能力培养模式有国家级、省级实践教学基地集中培养，1+X证书培养，老教师传帮带和企业实践锻炼，指导学生技能大赛和参加专业技术资格考试等多种形式。国家级、省级实践教学基地集中培养以教育行政部门为主导，能够集中优势资源，存在的问题是容易僵化；1+X证书培养模式可调动社会评价组织开发教学内容的积极性和创造性，但需要政府加强监管，以应对企业自身的逐利性。老教师传帮带作为最为廉价、方便的传统校本培养方式，在教师实践教学能力培养中发挥着不可替代的重要作用，这种方式的关键是老教师的责任情怀和积极性调动。指导学生技能大赛是培养青年教师实践教学能力和综合能力的绝好方式，因为把师生放到同一竞技平台，学生技能竞赛看似学生竞赛，比的是学生技能水平，实际在很大程度上是教师之间的技能大比拼。没有指导教师高水平的实践技能，不可能有学生高水平的竞赛成绩。这种方式解决了教师实践教学能力培养的不可比问题。

二、高职院校教师实践教学能力培养体系构建

当今发达国家的高职教师专业实践教学能力培养基本上分两个方式：一是在入职前有一定年限的行业企业工作经验要求，入职后再进行专业实践技能继续教育。二是入职前不对行业企

业工作经验提出特别要求,入职后再进行专业实践继续教育。无论是哪种方式,高职院校教师实践教学能力培养体系建设都必须解决培养主体、培养内容与条件、培养模式、制度保障等问题。

(一)培养主体

1. 大学培养:坚持普通高等学校、技术师范大学、职业技术大学培养主体

因为良好的高等教育在检验受教育者综合能力的同时,还培养了其基本专业理论与实践技能。这是成为一名合格高职教师的基本素质要求。从当前我国实际来看,由于技术师范大学毕业生数量有限,加上职业技术大学尚无研究生培养资格,可以预见在未来相当长的时期内,拥有三年以上企业工作经历的普通高等学校研究生可能成为我国高职院校专业教师的主要来源。这种培养方式,系统性强,专业化程度高。缺点是毕业生专业实践教学能力不足。

2. 基地培养:发挥国家级、省级"双师型"教师培养培训基地的骨干作用

应以政府投资为主,"政、行、企、校"共同参与,依托行业代表性的规模以上企业,建立集实践教学、社会培训、企业真实生产和社会技术服务于一体的"双师型"教师培养培训基地。同时发挥政府宏观调控优势和重点行业企业人才、设备技术优势,聘请企业技术专家有计划、分层、分阶段、经常性对高职教师专业实践技能进行培养,以保持高职教师知识、技能及时更新。这可能成为持续提升我国高职教师实践教学能力的重要方式。这种培养方式具有集中优势资源、分批培养、见效快、质量可控等优点。缺点是投资大,维护成本高,培养规模有限。

3. 企业培养

(1)充分发挥企业实践锻炼对高职教师实践教学能力的独特作用

以校企合作为基础,在深化校企合作的基础上,进一步完善推行职业学校专业教师企业实践锻炼制度。这是密切高职教师与企业联系,保持高职教师专业实践技能教学内容常新的基本方式。政府相关部门和高职院校应进一步完善落实教师到企业实践锻炼的制度,为教师参加企业实践锻炼创造条件。同时,应加强对实践锻炼效果的监督和评估,以防止企业实践锻炼只有一纸企业实践证明,而没有进行实质性实践锻炼的"虚假"现象。这种培养方式的优点是亲临企业真实工作环境,如果教师足够努力,能够学到真本领。缺点是如果校企合作不深入,企业出于商业保密等方面的考虑,教师难以深入实践;另外,培养效果难以评估。

(2)充分调动社会资本参与职业教育实践教学资源的开发和师资培养

按照政府引导、企业参与的原则,发挥市场机制作用,进行高职教师参与实践教学能力培养。常见方式有职业技能等级证书培训、专业技能培训班等。这种培养方式的优点是如果政策得当,资本的逐利性能够促使培训企业有效整合优质教育资源,完成特定师资培养任务。缺点是由于企业以利润最大化为首要目标,需要政府的有效监管和科学引导,以保证培养质量。

4. 校本培养：充分发挥老教师和兼职教师的传帮带作用

专业实践教学能力丰富的老教师和企业兼职实践指导教师是一笔重要的隐形财富。青年教师特别是新入职教师，应主动向他们请教学习实践教学能力，并及时总结。因为在实践教学过程中类似于"学徒式"的系统学习是难得的机会。这是青年教师专业技能快速提升的重要渠道。这种培养方式的优点是以学校实际教学任务为载体，培养系统全面。缺点是培养内容一般为仿真实训项目，内容不够真实，与企业真实岗位工作有一定差距。

5. 自主培养：参与技能大赛，培养教师实践教学能力

通过举行技能大赛培养教师实践教学能力，包括教师参加各类专业技能比赛和指导学生技能大赛。教师教学能力比赛、微课比赛等技能比赛都包含有实践教学内容，教师参加此类技能比赛，与同行同台竞技，能够有效调动参赛教师学习实践教学技能的主动性和积极性。指导学生技能大赛是一项综合性、实践性很强的工作，对教师专业技能要求较高。通过指导学生技能大赛，能够促进教师主动、系统、深入学习与研究最新专业知识和技能，对教师专业实践教学能力起到检验和较大提升。这种培养方式的优点是团队协作、学训结合、教学相长，培养效果可通过获奖等级直接评估。缺点是能够参加教师比赛和指导学生大赛的教师数量有限。

（二）培养内容与条件

1. 实践教学标准

参照国家专业技术资格考试和职业技能等级证书考试标准，由教育部、人社部牵头，组织行业企业专家，联合开发高职院校各专业的教师实践教学标准，为高职教师实践教学能力培养提供依据。

2. 课程建设

由教育部、人社部牵头，组织行业企业专家，参照目前高职在线开放课程，以高等职业教育国家教学资源库为基础，按专业分批统一组织开发教师实践教学在线开放课程，重点培养高职教师实践操作技能。操作技能演示与讲解要以行业企业技术专家为主，突出专业实践教学技能环节的重点和难点，避免课程建设常见的"金玉其外，败絮其中"弊病。

3. 实践教材

由教育部、人社部牵头，组织行业企业专家，参照目前我国高职优秀实训教材，按专业分批统一组织编写教师实践教学技能培养教材。教材应比学生实训教材难度适当提高，并增加教学指导与建议内容，以培养教师的教学组织能力。

4. 实践教学条件

教师实践教学能力培养的实践条件建设途径：一是政府部门主导以大中型企业为依托，在

相关产业发展优势地区建设若干个区域性专业师资实践教学基地，聘请企业师傅，开展生产性实践教学，进行高职院校师资培养；二是政府部门主导，依托特色高校和企业，在高校内部建设区域性教师实践教学能力培养中心；三是学校自建师生共享实践教学基地；四是教师到企业实践锻炼，利用企业生产经营资源。

（三）培养模式

1. 学徒模式：教师企业实践锻炼

理论上讲，教师到企业实践锻炼，由企业师傅指导，直接利用企业生产经营设备，是教师实践教学能力培养的最优方式，不仅能够极大地节约教育投入成本，还能够保持实践条件的持续、及时更新。但限于当前校企合作的困境，仅依靠市场机制作用和高职院校的单方热情，这种方式难以实现，需要政府相关部门对职业院校教师企业实践锻炼制度做进一步完善，更需要高职院校和教师的不懈努力。毕竟，在大众化教育背景下，过度依靠政府来实现数量庞大的高职院校教师实践教学能力的持续提升是不现实的。作为办学主体的高职院校和作为学校主人翁的教师才是师资培养的直接利益相关者。

2. 学校模式

高等高职院校学生实践技能培养主要采用"校内模拟实训＋企业实习模式"。理论上讲，这种培养模式兼顾校内校外两类资源，是一种较好的模式。但从近年来高职毕业生的动手操作能力受到用人单位普遍诟病的现实，可判定这种模式也存在某些不足。但这些不足并非模式本身的问题，主要是应用环境存在问题。一是校内模拟实训教学质量难以保障。"重理论、轻实践"的不良倾向和教育经费短缺造成不少高职院校校内实训室建设投入不足，实训课程开设不足。已经建成的实训室有时因为部分教师抵制开设理实一体化课程而闲置浪费，即使开设的实训课程也会因任课教师的实践技能不足而大打折扣。这与目前我国高职院校广泛存在的"重科研、轻教学"的教师考核机制不无关系。二是企业实习难以落实，"放羊式"实习仍大量存在。由于校企合作困境，再加上升本、考研热潮的冲击使学生实习质量难以保证。

3. 短期培训班模式

主要包括国培、省培项目培训班和企业举办的实践教学能力培训班。国培、省培项目由国家、省级教育行政部门统一组织，在国家级、省级教师实践教学培养基地，集中优势资源对高职教师分批进行线下集中实践教学能力培训。企业举办的实践教学能力培训班能够发挥市场反应快、整合资源能力强的优势，是对高职教师实践教学能力培养的重要补充。

4. 导师模式

这种模式主要用于教师校本培养。由学校或教学院系聘任校内实践教学水平高的专职教师或者兼职教师作导师，发挥传帮带作用，对青年骨干教师实践教学进行指导。以点带面，重点培养一批底子厚、有激情、有潜力的教学新秀和专家型教师，尽快成长为教学骨干、专业带头人和教学名师，以带动整个教学团队建设。

5. 自学模式

主要是教师通过自学方式（如参加技能大赛、考取职业资格证书），自觉提高自身实践教学能力的一种非正式模式。动力主要来自教师职业成长和价值实现的需要，也与激励机制有关。高职院校管理层应充分关注教师职业成长，建立长效激励机制，引导教师发挥主观能动性，主动学习，不断提高实践技能。

（四）制度保障

1. 严格执行"双师型"教师的准入制度

企业是高职教师专业实践教学能力培养的最佳场所。对高职新入职教师提出"学历（硕士研究生）＋企业工作经历（三年以上）"的双重要求，能够较快地优化我国高职院校专任教师结构，符合当前我国高职院校"双师型"教师队伍建设的实际。不仅能够弥补高校毕业生普遍存在缺乏企业实践经验的缺陷，还可缓解当前高职教师企业实践锻炼效果不佳的实际困难。至于入职后教师的教学技能培养问题，因为不存在像专业实践技能那样的"技术壁垒"问题，则可通过入职前教学方法培训、入职后的续教育等方式较好地解决。一般来说，提升企业专业技术人员的教学技能要比提升理论课教师的企业实践技能要容易得多。

值得注意的是，一是要防止将"企业工作经历"等同于"专业实践能力"。建议借鉴发达国家职业教育师资队伍建设经验，按专业建立高职院校教师资格标准。在现有高等学校教师资格证书考试内容基础上，增加省级以上专业实践技能统一考核环节（考核内容至少包括专业核心知识和核心操作技能）。将高职院校教师准入标准调整为"学历（硕士研究生）＋企业工作经历（三年以上）＋高职院校教师资格证书考试（含理论考试＋省级以上专业实践技能统一考核＋试讲），以控制高职院校新入职教师的专业实践教学能力水平"。二是要防止教师招聘中的渎职和舞弊行为。可通过严格招聘流程和考试纪律，增加招聘条件要求，完善监督机制加以解决。

事实上，我国并不缺乏具有胜任高职院校专业教师的技术技能人才，主要是目前高职院校教师待遇较低，缺乏足够的吸引力，再加上目前我国事业单位人事制度、职称认定等政策与企业存在诸多不兼容之处，阻碍了企业优秀技术技能人才向高职院校顺畅流动。这应该引起各级教育行政部门和人事部门的充分重视。

2. 健全长效机制，充分调动广大高职教师提升实践技能的主动性和积极性

科学技术的迅猛发展和产业结构的快速调整，对知识更新、技能变革提出了前所未有的要求，也对高职教师的学习能力提出了更大挑战。这不仅要求高职教师有扎实的理论基础、较强的学习能力，还要尽快学习掌握专业领域新知识、新技术、新工艺、新规范，并传授给学生。

为了减少或避免教师的道德风险和逆向选择行为，应作好如下几点：

一是要建立健全教师实践教学能力评价制度，狠抓常规实践教学落实，以实践课程教学改革，特别是以校内课程实训为基础，加大对教师实践教学质量的考评，提高教师参与实践教学能力培养的主动性和积极性。

二是实行以省级教育行政部门主持的3～5年高职专业教师实践技能全员统一考评达标制度。对未达标的教师进行集中强化培养，直到考评达标或者退出，从而解决教师专业实践教学能力培养长期以来无法量化考核的弊病。但这项举措应与专业教师的绩效工资分配挂钩。

三是将教师企业实践锻炼、实践技能达标测试等作为职称评审的必要条件，发挥职称评审这个"牛鼻子"的关键作用。

四是继续大力推行"双师型"教师认定制度。鼓励支持教师取得相关专业技术资格证书和职业技能等级证书，自觉实现知识技能更新。

三、结语

多年来，我国高职教育虽然努力尝试学校与企业"双主体"办学，探索现代学徒制等人才培养模式，努力缩小学校教育与劳动力市场的距离，但企业处于人力资源的买方市场，多数企业即使自己不参与职业教育人才培养，通过"搭便车"方式仍能以较低成本寻找到所需人才。这就使企业失去了参与职业教育人才培养的原动力，导致校企合作困难。

因为缺乏企业的广泛深入参与，高职教育失去了学生实践教学的最真实环境和包括优秀师资、实践设备等在内的丰富的企业实践教学资源。这种情况下，高职院校只能试图通过建立一套校内实践教学体系来弥补校企合作的不足。作为校内实践教学体系基本要素的"双师型"教师队伍和实验实训设备成为职业院校建设的重点。实验实训设备可以通过增加投入轻易购得，但大多只是仿真设备，与企业实际应用中的先进真实设备相比存在较大差距。教师队伍由于受到人事制度的约束，想在短期内全面提升教师实践教学能力，形成实践技能过硬的"双师型"教师队伍绝非易事。

从目前我国的现实来看，坚定地依托校企合作这一平台，充分发挥企业在职业教育师资实践教学能力培养中的核心作用，采用"引进与培养相结合，专职与兼职相结合"，逐步提升高职院校教师实践教学能力，可能成为未来相当长时期内我国高职院校"双师型"队伍建设的基本路径。

第四节　高职教师实践技能现代学徒制培养模式

由于体制机制、经济发展水平、社会文化环境、人才供求状况等诸多因素的影响，我国高职教育"双主体"育人模式虽经多年探索与尝试，终因企业参与的动力不足而未达到理想效果。同样，以校企合作为基础的高职教师实践技能培养也未取得实质性突破，阻碍了我国高职院校"双师型"教师队伍建设和高职教育教学质量的持续提高。教育部等七部门《关于印发〈职业学校教师企业实践规定〉的通知》对职业学校教师企业实践提出了具体要求，明确指出"鼓励探索教师企业实践的多种实现形式"。众所周知，作为企业本位职业教育模式典型代表的现代学徒制因其与企业间天然的融合优势，在技术技能培养上具有不可替代的优势和旺盛生命力。因此，借鉴与发挥现代学徒制的优势，创新高职教师实践技能培养模式，对提升高职院校"双师型"教师队伍实践教学能力，提高高职教育人才培养质量具有重要的实践意义。

一、开展高职教师实践技能现代学徒制培养的现状与必要性

目前高职院校教师实践技能提升路径主要有培养在职教师、引进企业专业人才和聘任企业兼职教师等三种。第一，目前在职高职教师多数仍是从高校毕业直接到职校任教的应届毕业生，未经过系统的企业岗位实践，实践技能普遍欠缺。因受制于现存人事编制制度，对在职教师进行技术技能培养成为目前多数高职院校师资实践技能培养的重点和现实选择。但因"校企合作、工学结合"差强人意，其培养效果并不理想。第二，虽然直接引进企业专业人才是改善"双师型"教师队伍结构，提升教师实践技术水平的有效方式，但同样受到学校事业编制数量的限制而不可能大量引进。即使不受编制数量限制，直接从企业引进技术人员，因他们的理论知识和教学能力欠缺，也需要进行职业教育理论、技术和方法再培养才能达到"双师型"教师质量标准。此外，从企业引进教师所掌握的技术技能也会很快会因日新月异的技术进步而变得陈旧过时直至被淘汰。因此，他们也需要到企业进行技术技能"再培养"才能保持实践技能常新。第三，聘任企业兼职教师具有能够实现教学内容与企业新知识、新技术、新工艺同步的明显优势，似乎是一种优化教师队伍的理想方式，但学校教学模式与企业工作模式难以兼容的弊病成为学校本位职业教育兼职教师队伍建设难以逾越的障碍，聘任难、管理难将成为企业兼职教师队伍建设的常态。

综上分析可知，无论哪种教师实践技能培养方式都指向同一问题——校企合作，进一步来讲是企业参与校企合作的积极性。如果离开了企业的主动参与和配合，高职师资实践技能持续高效提升将难以实现。这不仅是高职师资队伍培养的顽疾，也是高职教育人才培养质量难以提

高的症结所在。但在目前我国学校本位的职业教育模式框架下，缺乏深度校企合作的动力基础，只有大胆借鉴并吸取企业本位职业教育模式先进经验，才能取得更好的成效。与企业高切合点的现代学徒制不仅是培养学生的先进模式，也可成为高职教师实践技能培养的重要借鉴。

二、高职教师实践技能现代学徒制培养模式的可行性

（一）现代学徒制的基本特征

一是指向某一职业或职业群，学习合格者取得相应职业资格证书。现代学徒制是针对现代工业与服务业中技术技能人才培养的学徒制，是以更好地培养技术技能人才为根本目的。二是行业领导，企业主导。现代学徒制是企业本位职业教育模式，企业出于自利需要，主动参与是现代学徒制最基本的特征。三是学徒的准员工身份。入职学徒即成为企业的准员工，按照约定享有相应劳动报酬等权利，承担相应义务。这是学徒顺利完成学业的身份保障。四是工作本位学习。在企业工作场所的真实岗位工作过程中开展教学，即边工作、边学习，在工作中积累工作经验和提升技术技能水平。五是签订合同或协议。学徒与雇主签订培训合同或协议，明确培训目标、内容、职责和期限。六是法规制度保障。现代学徒制作为现代职业教育模式，应以工学结合、校企合作为基础，其长效运行机制需要政府法规制度的强有力保障。

（二）现代学徒制学生培养模式效果欠佳的主要原因

当前高职教师实践技能欠缺是制约我国高职院校提高人才培养质量的关键要素之一。尽管以学生为培养对象的现代学徒制目前在我国进展效果有待实践检验，但借鉴现代学徒制经验，以基于师徒关系的训练模式来培养教师的实践技能无疑是一条可行路径。只是培养对象不同的同一种人才培养模式，怎么可能会出现明显的效果差异呢？这首先要分析现代学徒制学生培养效果欠佳的主要原因：企业参与校企合作的动机主要来源于企业与高校之间知识和能力的异质性、节省交易费用和独占知识技术三个方面。企业之所以缺乏参与现代学徒制模式人才培养的积极性，主要是在当前环境下，企业难以从学生学徒人力资本投资中得到回报或投资风险高于企业预期。具体原因：一是目前我国企业外部自由劳动力市场造成高职学生跳槽率高，技能人才流动性大，企业难以留住自己辛苦培养的学徒员工。为了降低风险，多数企业宁愿花费较高代价从同行企业"挖人"或从人才市场招聘员工后进行企业内部职前培训，也不愿意参与现代学徒制人才培养。二是我国人才市场总量供大于求，企业无须进行现代学徒制投资，仍可在人才市场招聘到较合适的员工，从而造成普遍存在企业引进人才"搭便车"现象。三是与学术型大学学生相比，高职学生并无明显优势，可塑性和发展潜力不大，短期内难以给企业带来收益。有能力实行学徒制人才培养的企业一般为大中型企业，对学徒员工要求较高。即使投资现代学徒制，多数企业更倾向于与高水平学术型大学合作。这与目前我国高职院校办学层次低、招生质量差、人才培养质量不高直接相关。四是在企业看来，高技能人才的培养并非只有校企合作形式的现代学徒制一种方式。企业完全可以通过加强入职员工岗前职业培训（包括师带徒培养）

和在职继续教育来提高员工的技能水平，以满足其技能人才的需求。事实上，这也是目前我国企业普遍自觉采用学校人才培养的替代与提升模式。

（三）高职教师实践技能现代学徒制培养模式的可行性

1. 路径选择

职业教育是"从学校到工作过渡"的系统，系统中第一道门槛为从普通教育到职业教育的过渡；第二道门槛为从职业培训到工作的过渡。从国际范围来看，由于受传统文化、社会制度、经济发展水平等多种因素的影响，从学校到工作过渡模式大致可归纳为四种：直接过渡模式、几乎不受调控的过渡模式、受调控且同时进行的过渡模式和推迟的过渡模式。我国的职业教育是基于学校本位的职业培训体系而建立，总体上属于第四种模式。但在全球范围内，职业教育是一项庞大而复杂的教育实验，一个国家或地区的职业教育并非只有一种形式和一条道路可走，我国借鉴德国"双元制"职业教育，探索试验的现代学徒制实际上属于受调控且同时进行的过渡模式。

从国家战略层面来看，高职院校在借鉴现代学徒制的同时，完全可以在以下两个环节上下力气，也能达到良好的人才培养效果。一是坚定实施符合我国国情的学校本位职业教育，通过加强"双师型"师资培养、实践教学等办学条件提升来提高人才培养质量，尽量缩小学校教育与工作世界之间的距离，培养更多企业需要的高质量的准高技能人才；二是借鉴"直接过渡模式"，加强企业内部培训，让职业学校毕业生在企业受到良好职业培训，最终达到企业所需的高技能人才标准。

事实上，高职学校教育只是高技能人才培养链条上的重要一环，再好的学校教育也不可能取代企业在人才培养上的重要角色。只是现代学徒制能够高效地实现高技能人才的学校与企业同步培养，有效缩短学校教育与工作世界的距离。但鉴于目前我国校企合作的困境，高职院校完全可以另辟蹊径，借鉴现代学徒制经验，探索出一条具有中国特色的职业教育教师实践技能培养模式。通过强化教师实践技能培养这种间接方式来实现技术技能传播的放大效应，从而达到以点带面，普遍提高学生职业技能水平，全面提升高职人才培养质量的最终目的。

2. 优势与不足

（1）优势

相对高职学生培养而言，采用现代学徒制模式培养高职教师存在以下优势：一是多数高职教师学历和技能水平较高。有能力参与企业技术研发、设备改造等项目，可能为企业创造短期和长期效益，可更好地调动企业参与师资实践技能培养项目的积极性。二是高职教师人数少。与规模巨大的高职学生相比，教师人数较少，企业岗位更易容纳，也便于教学开展，不会对企业正常生产经营活动造成大的影响。三是教师素质高。与高职学生相比，教师均接受过良好教育，综合素质较高，且年龄较大，更能自觉融入企业工作，也便于企业管理，消除企业安全、管理等方面的顾虑。四是教师实践技能提高对企业师傅的工作无直接威胁。与学生学徒不同，教师学徒学习实践技能主要是为了提高实践教学能力,而不是为了从事与企业师傅相同的工作,几乎不存在同业竞争问题。这可消除师傅向教师传授实践技能的后顾之忧。

(2)不足

一是与以培养企业长期员工为目的学生学徒制不同,教师学徒制的培养目的是提高高职院校在职教师实践技能水平。这可能会影响企业参与学徒制师资培养的主动性和积极性。二是教师特别是公办高职院校教师的"体制内"国家工作人员身份,通常在企业培训期间工资待遇仍由所在高职院校发放,这可能会影响企业和师傅对教师学徒的有效监管。三是教师的学习动机可能不如学生强烈。因此,教师学徒制的实行需要加强思想教育、职业道德教育以及科学的教师实践技能考核评价制度作支撑。

客观来说,世界上根本不存在一种完美无缺的教育模式,现代学徒制也不例外。只要措施得当,建立健全相关长效机制,就可能最大限度地弥补制度缺陷,达到满意效果。

三、对策与建议

受文化传统和政治经济体制等因素影响,与德国等国家的内生型学徒制不同,我国推行实施的学徒制属于借鉴型现代学徒制,是一种政府主导的现代学徒制发展战略。但现代学徒制的顺利实施是一项复杂的系统工程,需要政府、学校、企业、教师、师傅等利益相关者的协调联动,才能避免现代学徒制人才培养的困境,真正实现高职教师实践技能培养模式的创新。

(一)政府

摆脱教育部门唱独角戏的尴尬局面,建立跨部门协作机制,加强行业组织的自我建设。整合教育部、人社部、财政部等部门资源,分享教育部、人社部学徒制改革试点经验,发挥行业组织桥梁纽带作用,集中优势力量,搞好学徒制师资实践技能培养工作。

建立教师学徒实践技能培养标准和企业师傅从业资格认定标准。制定各专业教师技术技能培养标准,明确企业师傅和受训教师教学内容、目标等明确,做到有的放矢。制定承担师资培养任务的企业师傅的从业资格标准。相关部门应从学历、学位、专业、职业资格等级、工作年限、道德水平、工作意愿等方面对企业师傅的从业资格进行考核认定。

统一要求高职院校和有条件的企业设立教师实践技能培养专门机构或专门人员,负责高职教师实践技能培养工作的组织实施。

制定高职教师实践技能长期发展规划,统一将高职教师实践技能学徒制培养纳入国培、省培和校培项目。

给"政、校、企、行"多方参与现代学徒制师资实践技能培养搭建平台,营造良好运行环境,形成多方协同联运长效机制。一是积极分担培训成本。通过资金补助、资金奖励、税收优惠等方式降低企业成本负担。财政设立专项师资培养经费,按培养合格教师人数、时间等直接拨付给培养企业。二是进一步简政放权,改革人事制度,给高职院校教师的"学"与企业师傅的"教"提供政策支持。三是建立健全企业政策激励制度。对积极参与高职教师学徒制实践技能培养的企业给予税收减免和奖励。四是健全以高职院校职称评审和聘任制度为核心的激励机制，调动高职教师进行实践技能培养的主动性和积极性。将参加企业实践技能培训情况作为教师职称晋升的必要条件。将企业师傅培养师资工作作为企业人员专业技术晋升的计分项目。五是健全规章制度，调动高职院校管理层参与教师实践技能培养的主动性和积极性。

健全实践技能培养效果的科学评价体系。

教师：针对教师实践技能日常难以量化考核的特点，举办教师实践技能与教学技能大赛，起到以赛促学、以赛促培的目的。一是在职称评审指标要求企业实践和职业技能大赛获奖；二是比照全国学生职业技能大赛一样，举办教师职业技能大赛和教学技能大赛，考评教师职业技能；三是完善国家级职业技能考评，把获得相应资格作为相应级别的专业技术职称晋升的重要计分项目。

师傅：加强对企业师傅培养教师工作的监督和指导。将师傅承担培养教师工作数量和质量作为主要评价标准，将参与学徒制培养的教师和学校作为主要评价主体。

学校：加强对高职院校组织教师学徒制培养的指导和监督。把各学校教师和学生参加技能大赛获奖情况作为对学校评估、评优、项目审批的重要依据。

企业：加强对企业参与教师学徒制培养工作的指导、监督和评价。将经费投入量、师资培养数量、质量作为主要评价指标，鼓励支持有条件的企业创设一批学徒制教师企业实践岗位。

（二）学校

一是充分利用目前学徒制发展政策。借助国家大力发展现代学徒制学生培养的政策"东风"，充分利用"政、校、企、行"协作和双主体办学平台，大胆开展师资实践技能现代学徒制培养试点改革，尽量实现师资培养和学生培养兼容，最大限度地减少制度摩擦成本。

二是加强教师培养分类规划与指导。学校应根据自身实际和专业特点，对师资进行科学分类，制订科学的师资实践技能培养规划和培养目标，并加强实施指导。

三是加强保障。研究出台师资实践技能学徒制培养办法，成立由教务、人事、校企合作、教学等部门联合组成的师资实践技能管理中心。设立教师实践技能培养专项经费；为参加学徒制培训的教师统一办理意外伤害保险；明确教师在企业接受学徒制培养期间的工资、福利待遇、培训费、差旅费等费用的报销标准。

四是加强思想教育。加强对教师世界观、人生观和价值观教育，提高教师职业道德水平，发挥教师主观能动性，提升教师学习实践技能的主动性和积极性。

五是加强日常检查。成立专门检查组，对参加实践技能学徒制培养的教师的学习情况进行不定期检查，并做好与企业沟通，发现问题及时纠正，以保证培养效果。

六是加强以职称评价为主的引导和评价结果利用。充分发挥职称评审导向作用，将参加企业实践技能培养作为必要条件的同时，增加职业资格、技能大赛等项目的计分比重，让积极参加实践技能学徒制培养、技能水平高、教学效果好的优秀教师脱颖而出。

（三）企业

转变思想观念，发挥主体作用。企业作为高职教育的重要办学主体和师资实践技能培养的最终受益者，应积极深化校企合作，积极参与学徒制师资实践技能培养，主动履行人才培养的社会责任与义务。

建立健全培训机构和规章制度。一是要建立健全职工培训机构，完善其人才培养功能，将高职教师实践技能培养作为重要任务。二要选派德技双馨的优秀技术骨干担任培训师傅，明确师傅的责任和待遇，并将师傅承担的教学任务纳入考核，发放专项工作津贴。三要主动与高职院校沟通，为师资实践技能培养提供必要的物质条件。四是完善师资培养相关规章制度，构建调动师傅工作积极性的长效机制，为师资培养提供制度保障。

充分利用高职教师专业优势，吸引优秀教师参与设备改造、企业技术攻关等项目，直接服务企业生产经营。

（四）行业组织

行业组织是校企合作的天然桥梁和纽带，对企业行为有着特殊的影响力。行业组织应充分发挥自身优势，为学徒制师资实践技能培养贡献力量。

发挥行业专业优势，积极参与学徒制教师实践技能培养标准、企业师傅认定标准的制订和培养教材的编写。

配合政府部门和高职院校，积极参与学徒制师资实践技能培养全过程监督和指导。

积极参与企业、学校开展学徒制师资实践技能培养情况、企业师傅师资培养质量的评价。

（五）教师

一是树立终身教育理念。转变传统教育教学观念，主动参与学徒制师资实践技能培养，强技能，长才干，把自己历练成一名德技双馨的真正"双师型"教师。

二是尊重师傅，虚心求学。摈弃"重知识、轻技能"的落后思想，从零开始，虚心向企业师傅学习先进实践技能，向企业学习先进经营管理经验，以提高实践教学水平。

三是做好计划，持之以恒。明确学习目标，按照学习计划，持续更新实践技能，做到理论与实践相结合，与生产劳动相结合，保持实践技能水平与企业新知识、新技术、新工艺、新设备、新标准等同步，始终保持实践教学内容的先进性。

四是学徒教师应严格遵守相关规章制度，充分发挥自身优势服务企业，积极承担企业职工教育与培训、产品研发、技术改造与推广等工作，实现校企双赢，密切校企合作关系。

（六）师傅

一是树立全局观念，提高责任意识。企业师傅应从国家教育战略高度充分认识高职教师实践技能培养对高技能人才培养和产业转型升级的重要意义。

二是放下包袱，开动机器。面对高学历和理论知识丰富的高职教师学徒，企业师傅要充满自信，发挥自身实践技能优势，取己之长补其所短。

三是潜心教学，追求卓越。企业师傅应发挥工作场所教学优势，遵循职业教育教学规律，潜心研究职业教育教学方法，改革教学模式，不断提高教师实践技能培养效果。

四、结语

高职教师实践技能现代学徒制培养是一项复杂的系统工程，不可能一蹴而就，需要政府、行业、企业、学校、教师和师傅等利益相关者的协同努力，才能逐步完善中国特色高职教师实践技能现代学徒制培养模式，突破高职教师实践技能提升的藩篱，全面提高高职教育教学质量。

第五节 教师教学创新团队申报书举例

一、形成背景

财务管理专业教学团队是在学校双高校建设背景下，随着 Z 学院专业发展逐步优化组成。该团队由省级教学名师领衔，共有教师 9 人，职称结构为：教授 1 人，副教授 3 人，高级工程师 1 人，讲师 4 人；学历结构为：博士 1 人，在读博士 3 人，硕士 5 人；团队教师平均年龄 39.2 岁，"双师型"教师比例达 100%，年龄、职称、学历结构合理。

团队教师坚持立德树人，把培育和践行社会主义核心价值观、工匠精神融入教育教学全过程，积极推进"三全"育人。通过实施双师工程、教授工程、博士工程、名师工程、青蓝工程和双语工程等六大人才建设工程，团队建设取得了显著成效，教师队伍结构不断优化，创新能力得到显著提升。近 5 年来，团队教师获得全国职业院校信息化教学比赛一等奖、省级会计技能大赛一等奖、省级教学能力比赛一等奖、省级教学成果奖等荣誉 12 项，还培养了一批获得省级技能大赛一等奖等奖项的优秀学生。

二、主要特色和创新点

（一）教师团队课程开发和信息化教学能力强

近年来，团队教师立项建设省级精品在线开放课程 1 门，获得省级教学能力比赛一等奖 1 项，获得国家级信息化教学设计比赛一等奖 1 项，省级微课比赛一等奖 1 项。通过参加在线课程建设和信息化教学比赛，教师团队的课程开发和信息化教学水平得到明显提高。

（二）教师团队国际化教学能力强

职业教育国际化既是经济全球化背景下的必然趋势，也是适应区域经济社会发展的客观要求，更是深化职业教育改革的内在需要。办好"国际可交流"的高水平高职院校，实现国际化人才培养目标，有赖于师资队伍的国际化；提升师资队伍国际化能力是实现本科教育国际化的重要抓手。教师团队有4名教师拥有较强的"双语"教学能力，具有中丹、中澳等中外合作及马来西亚留学生班、国际贸易实务留学生班的财务管理类专业课程双语授课经验，又具备爱尔兰学院财务管理专业教学与建设能力。师资团队承办国际化师资国培项目3个，并荣获江苏省高职院校教师培训优秀项目1项。

（三）教师团队专业建设创新能力强

1. 团队建设模式创新

借鉴现代学徒制经验，探索形成"123"双师团队建设模式（如第三章第二节图一所示），夯实团队建设基础。

"1"是指依托"校、企、行"合作这一平台；"2"是指两个结合，即"培养、引进、聘请"相结合，专职与兼职相结合；"3"是指三种培养形式，即"送出去、动起来、师带徒"。

2. 实践教学平台建设模式创新

深化校企合作，积极试点1+X证书制度、探索"校中厂"人才培养模式，构建形成"内外结合、分层双轨递进"实践教学平台（图十），提升实践教学条件，为团队教学改革提供必要条件。

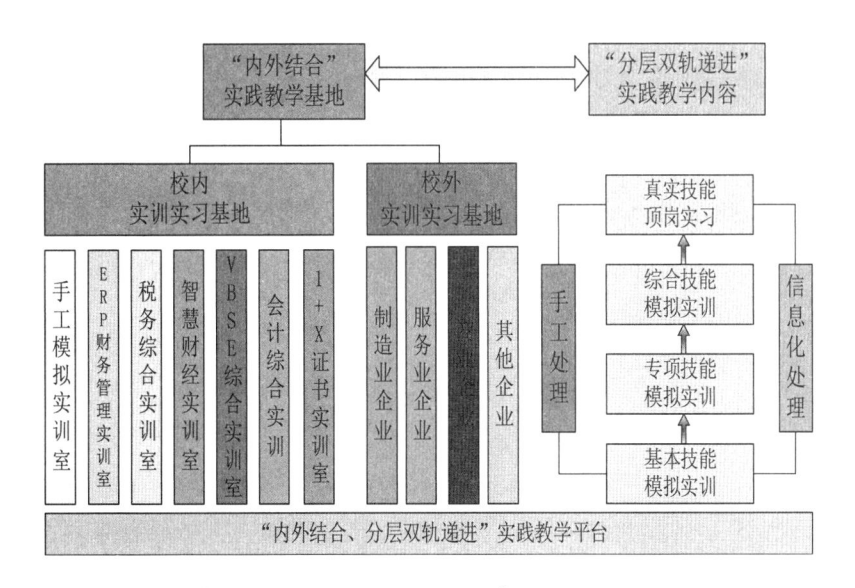

图十 "内外结合、分层双轨递进"实践教学平台示意图

"内外结合"是指校内、校外实践教学基地结合，积极规划建设X证书实训室；"分层"是指根据教学规律，将实践教学内容从简单到复杂分为基本技能、专项技能、综合技能和真实技能四个层次；"双轨"是指实践教学分为手工模拟、信息化教学两种方式，同步或先后进行；"递进"是指职业技能培养，从低级到高级，循序渐进，有序推进。

3. 课程体系建设创新

重视课程体系建设，积极试点推进1＋X证书制度，优化人才培养方案，形成"岗、课、证、赛"深度融合的专业核心课程体系（图十一），为高技能财务管理人才培养奠定基础。

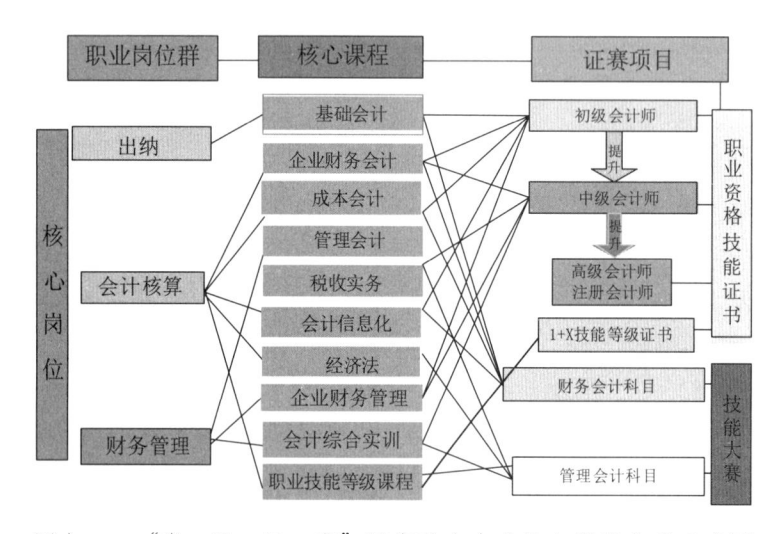

图十一 "岗、课、证、赛"深度融合专业核心课程体系示意图

"岗、课、证、赛"融通——专业核心课程内容与典型职业岗位（群）、国家职业资格证书、国家职业技能等级证书、技能大赛考核内容对接融通，提升人才培养效率和质量。

4. 课程开发与设计理念创新

以精品在线开放课程建设为抓手，借助校企合作平台，组织精干力量，潜心课程开发，形成"校企合作、行动导向"课程开发与设计理念（图十二），为课程建设提供理论与实践指引。

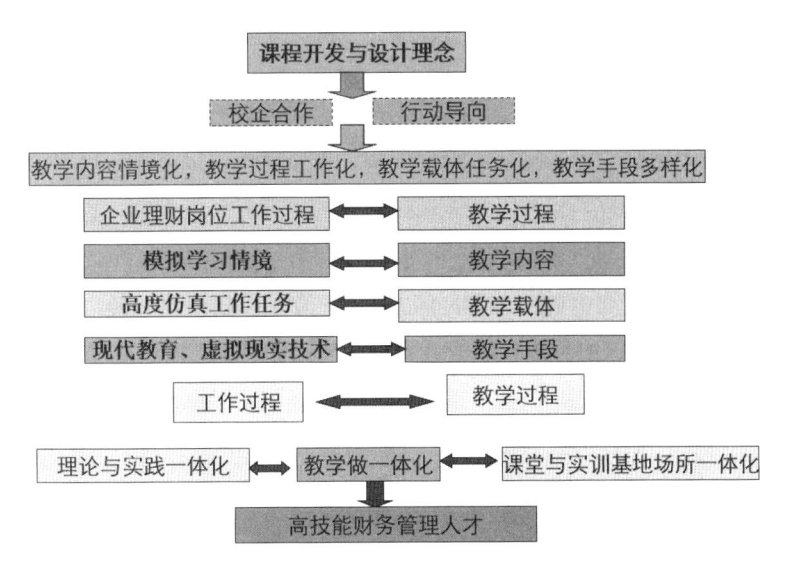

图十二 "校企合作、行动导向"课程开发理念示意图

5. 教学模式创新

改革教学方法与手段,优化教学过程,形成"教、学、做"一体化"四段式"教学模式(图十三),提高课堂教学效果。

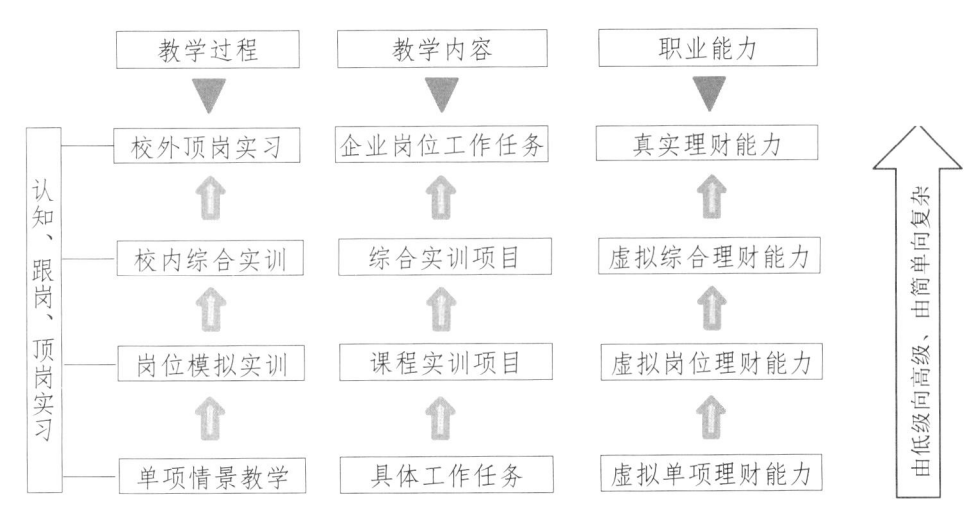

图十三 "四段式"教学模式示意图

"四段式"是指根据认知规律,由低级到高级、由简单到复杂,将教学过程分为单项情境教学、岗位模拟实训、校内综合实训和校外顶岗实习四个阶段,相应的教学内容和职业能力也分为四个阶段。认知、跟岗、顶岗实习贯穿于整个教学过程。

三、师德师风情况

团队教师将师德规范转化为内在信念和行为品质,融入教育教学改革的每一个环节,言传身教,爱岗敬业,努力做好学生的榜样;无怨无悔,作学生的良师益友;用"心"教学,讲求实效;重视能力提升,实现教学相长,争做德技双馨的"四有"好教师,为财会行业培养更多高素质技术技能人才。

团队带头人高凡修教授自参加工作 24 年以来,一直工作在教学一线,热爱和忠诚于职业教育事业,具有良好的职业道德和现代职业教育理念,业务方面追求精益求精。工作兢兢业业,任劳任怨,敢于拼搏,乐于奉献,以强烈的事业心和严谨的治学态度,赢得了学生、家长和企业的好评。

四、校企合作

1. 校企合作,共建专业

坚持"合作共赢、共同发展"基本理念,建立校企合作理事会,完善校企合作的机制建设。聘请企业专家成立专业教学指导委员会,定期召开专业建设论证会,听取对专业人才需求情况、毕业生专业技能要求以及综合素质培养等方面的意见和建议,共同制定人才培养方案。设立金达信创新班,加强学生创新创业能力培养,为企业培养选送优秀人才。与益海嘉里财务共享中心等 10 多家企业深度合作,建设校外实训基地。

2. 产学研结合,服务企业

成立绩效评价研究所,骨干教师广泛参与,服务于企事业单位工作绩效评价。近年来,依托江苏省金达信会计师事务所有限公司,每年承接企事业单位绩效评价项目到账资金 20 多万元。既服务于地方经济建设,又提高了教师的专业技能和教学能力。

3. 校企共同开发教学资源

按照企业新技术发展要求,不断更新教学内容,与企业技术人员共同开发了"财务会计""成本会计实务""纳税基础与实务""管理会计实务"等多门课程教学资源;与企业专家合作,共同立项建设《管理会计实务》《成本会计实务》等校级新型活页式教材。

4. 主动寻求企业合作,积极参加 1+X 证书试点

与 X 证书培训评价组织和相关企业合作,积极参与财务共享服务、业财一体信息化应用和智能财税等职业技能等级证书试点,探索书证融通教学改革,将行业企业新技术、新工艺、新规范、新要求融入人才培养方案,有效提高人才培养质量。

五、团队建设计划

(一)团队建设规划总体目标

1. 建设规划

依托W市智能制造产业高地优势,创新"校企共享、扶优培育"团队与资源配置模式,创新"示范引领、容错试错"创新能力培养模式,优化提升"123"双师团队建设模式、1+X书证融通课程体系、"内外结合、分层双轨递进"实践教学体系、"教、学、做"一体化"四段式"教学模式,形成标识性"三教"改革成果。

2. 目标定位

坚持"四有"标准,建立"协作共生、结构优化"团队建设理念,"以专业建设为中心,以质量工程为抓手,以校企合作为纽带,科研引领,大赛拉动"的"四轮驱动式"专业建设模式,"德技并修、崇尚实践"的教书育人理念,创建教学为本、科研引领、国际视野的"双师型"教师创新团队。

(二)团队建设规划具体目标

1. 教师能力建设

第一年的教师能力建设目标如下。

(1)制度建设

制订团队建设方案,建立健全团队管理制度,落实团队工作责任制,明确成员工作职责。

(2)技术技能积累

选聘1~2名企业专家担任产业导师,进一步优化校企合作、专兼结合的"双师型"团队。通过"走出去、引进来"等方式,选派1~2骨干教师到企业实践锻炼,4~6名教师参加教学设计实施能力和信息技术应用能力专项师资培训或学术交流活动。加强青年教师培养工程,争取1名青年教师入选校级青蓝工程培养项目。

(3)教学能力提升

强化教师教学能力培养与锻炼,充分发挥以赛促教、以赛促改的积极作用,鼓励教师参加教学能力比赛和微课比赛,争取获得省级二等奖以上奖励或者教师指导学生参加会计技能大赛,争取获得省级一等奖。推行1+X证书制度,积极参与探索书证融通试点改革,多数教师每人获得1个以上X证书师资培训合格证。

(4)科研能力提升

重视科学研究对教学改革的引领、带动作用,争取有1项省部级课题立项或者人均发表中文核心以上论文0.5篇或者新建或改建1个省内领先的专业实训室,完善实训平台。

(5)社会服务能力提升

加强校企合作、产学研合作,提高教师创新能力和社会服务能力,争取横向课题资金到账

10万元。提高示范、辐射、引领作用，争取承接省培或国培师资培训班1个。

第二年的教师能力建设目标如下。

（1）制度建设

优化团队建设方案，建立健全长效激励机制，激发团队成员工作的主动性、积极性和创造性。

（2）技术技能积累

继续选聘1～2名企业专家担任产业导师，进一步优化校企合作、专兼结合的"双师型"团队。继续选派1～2名骨干教师到企业实践锻炼，4～6名教师参加教学设计实施能力和信息技术应用能力专项师资培训或学术交流活动。争取1名青年教师入选省级青蓝工程培养项目。

（3）教学能力提升

教师参加教学能力比赛和微课比赛，争取获得省级一等奖以上奖励；教师指导学生参加会计技能大赛，争取获得省级一等奖。积极参与探索书证融通试点改革，专职教师每人可承担1个1＋X证书的培训教学任务。

（4）科研能力提升

发挥团队合作优势，争取有1项省部级课题立项，人均发表中文核心以上论文0.5篇，争取有核心期刊教研论文发表。新建或改建1个省内领先的专业实训室。

（5）社会服务能力提升

争取承接省培或国培师资培训班2个。争取横向课题质量有所提升。

第三年的教师能力建设目标如下。

（1）制度建设

优化团队建设方案，建立健全长效激励机制，激发团队成员工作的主动性、积极性和创造性。

（2）技术技能积累

继续选聘1～2名企业专家担任产业导师，进一步优化校企合作、专兼结合的"双师型"团队。继续选派1～2骨干教师到企业实践锻炼，4～6名教师参加教学设计实施能力和信息技术应用能力专项师资培训或学术交流活动。加强青年教师培养工程，争取1名青年教师入选省级青蓝工程培养项目。

（3）教学能力提升

教师参加教学能力比赛和微课比赛，争取获得省级一等奖以上奖励或者教师指导学生参加会计技能大赛，争取获得省级一等奖或者新建或改建1个省内领先的专业实训室。教师能够将X证书新技术、新技能、新方法融入实践教学。

（4）科研能力提升

争取1项省部级课题立项，论文发表质量有所提升。争取新建1个省内领先的专业实训室。

（5）社会服务能力提升

争取承接省培或国培师资培训班2个以上。争取横向课题质量有所提升。

2. 课程体系建设

第一年的课程体系建设目标如下。

（1）课程标准与人才培养方案建设

推进1＋X证书制度，完善课程标准，优化财务管理专业"岗、课、证、赛"融合、书证融通人才培养方案和课程体系，及时将新技术、新工艺、新规范纳入课程标准和教学内容。逐步将X证书融入人才培养方案，完善实训课程项目，优化会计综合实训课程内容。

（2）课程与教材建设

发挥课程建设的龙头作用，与行业企业专家合作开发建设1门校级以上精品在线开放课程或者开发1部新型活页式教材，推动教学模式和考评模式改革。基于超星平台，全面提升所有专业课程的信息化建设水平，为全面实现线上线下结合、开放、自主学习创造条件。

（3）实践教学平台建设

以1＋X证书制度实施为契机，结合会计技能大赛改革，新建1个综合实训室，进一步丰富实践教学平台。

（4）教学模式改革

推行"教、学、做"一体化"四段式"教学模式，完善附加式X证书培训模式，增强培训效果。

第二年的课程体系建设目标如下。

（1）课程标准与人才培养方案建设

继续推进1＋X证书制度，完善课程标准，形成较完善的财务管理专业"岗、课、证、赛"融合、书证融通人才培养方案和课程体系。按照重双基、强实践原则，进一步提高会计综合实训教学质量。

（2）课程与教材建设

继续推动教学模式和考评模式改革，与行业企业专家合作开发建设1门市级以上精品在线开放课程或者开发1部新型活页式教材。基于超星平台，全面提升所有专业课程的信息化建设水平，为全面实现线上线下结合、开放、自主学习创造条件。

（3）实践教学平台建设

根据X证书与企业行业工作岗位需要，新建或改建1个实训室，进一步改善实践教学条件。加强网络和实训云平台，建设独立服务器，实现部分专业课程在线"云实训"。

（4）教学与课程评价模式改革

继续深化试点附加式和同步式X证书培训模式，探索部分核心专业课程教考分离。

第三年的课程体系建设目标如下。

（1）课程标准与人才培养方案建设

继续推进1＋X证书制度，完善课程标准，形成科学完善的"岗、课、证、赛"融合、书证融通人才培养方案和课程体系。

（2）课程与教材建设

继续推动教学模式和考评模式改革，开发建设1门市级以上精品在线开放课程或者开发1部新型活页式教材结项，力争建成1门省级精品在线开放课程。基于超星平台，专业课程的信息化建设水平有明显提升。

(3) 实践教学平台建设

新建或改建 1 个实训室，争取主干专业课程实现在线"云实训"。

(4) 教学模式改革

试点采用同步式 X 证书培训模式，探索部分核心专业课程教考分离。

3. 教学创新建设

第一年的教学创新建设目标如下。

(1) 教学模式创新

在 X 证书课程教学中试点实施团队分工协作的模块化教学模式，发挥成员个体优势，提高教学效果。坚持立德树人根本任务，试点"课程思政"改革，争取 1 门课程立项为校级课程思政建设项目。充分运用课程教学软件，新增 1 门课程开展"教、学、做"一体化教学改革试点。

(2) 教学方法手段创新

在实行全课程信息化教学基础上，推进信息技术与教育教学融合创新，探索"行动导向"教学、情景式教学新教法，使每位教师形成特色教学风格，教学效果有明显提升。探索国际化人才培养有效方法，不断提高国际合作教育人才培养质量。

(3) 标准创新

分工协作参与人才培养方案制（修）订、课程标准开发，形成一套书证融通的专业人才培养方案和课程标准初稿。

第二年的教学创新建设目标如下。

(1) 教学模式创新

推动模块化教学模式在 X 证书培训课程和实训课程教学中的应用。持续试点"课程思政"改革，争取 1 门课程立项为校级课程思政建设项目。充分运用课程教学软件，新增 1 门课程开展"教、学、做"一体化项目化教学改革试点。

(2) 教学方法手段创新

继续推进信息技术与教育教学融合创新，探索"行动导向"教学、情景式教学新教法，使每位教师形成特色教学风格，教学效果有明显提升。探索国际化人才培养有效方法，不断提高国际合作教育人才培养质量。

(3) 标准创新

继续进行人才培养方案制（修）订、课程标准开发，形成一套较完善的书证融通的专业人才培养方案和课程标准。

第三年的教学创新建设目标如下。

(1) 教学模式创新

继续推动模块化教学模式在会计综合实训课程中的应用，实训教学质量有明显提升。坚持立德树人根本任务，争取 1 门课程校级课程思政建设项目结项。"教、学、做"一体化项目化教学改革试点取得成效。

（2）教学方法手段创新

继续推进信息技术与教育教学融合创新，探索"行动导向"教学、情景式教学新教法。探索国际化人才培养有效方法，不断提高国际合作教育人才培养质量。争取有相关教研论文发表。

（3）标准创新

分工协作参与人才培养方案制（修）订、课程标准开发，形成一套科学书证融通的专业人才培养方案和课程标准，并起到一定的示范带动作用。

第四章　课程建设

课程建设是高职院校专业建设的核心和主旋律，也是推动师资队伍建设的重要手段。重要的专业需要若干门主要的课程作为支撑。离开了课程建设，专业建设将失去内涵，就会成为空壳，也就没有了存续价值。以精品在线开放课程建设为中心，持续推进校级、市级、省级和国家级精品在线开放课程建设将成为高职院校课程建设的必由之路。

第一节　课程建设的主要问题与对策

一、课程建设的主要问题

（一）与职业岗位需求对接存在偏差

目前，因为校企合作没有取得实质性突破，高职会计专业课程建设仍普遍存在企业、行业参与度不足的问题，高职院校教师只是通过调查走访或开座谈会的形式听取了解到企业会计人才需求情况。由于企业、行业与学校属于不同的工作系统和体制，截至目前，还很少有企业、行业专家实质性参与到高职课程建设当中（包括教材、精品在线开放课程、教学资源库等），高职课程建设是由高职骨干院校教师"闭门造车"的状况并未实质性改变，课程与职业岗位需求不能很好地对接。因此，要真正提高高职课程与企业职业岗位需求对接，必须创设宽松的制度与机制环境，调动企业、行业专家主动参与到高职课程建设中，实现课程的动态更新。

（二）部分内容陈旧过时

近年来，由于会计国际化趋同改革的步伐加快，我国产业转型升级正处于爬坡过坎的关键时期，会计准则、会计指引、财经法规变动较快，由于缺少行业企业专家的全力参与推动，会计课程内容更新速度难以跟上会计准则、会计指引、财经法规的变化。由于体制机制原因，部分教师缺乏课程建设与改革的积极性，也影响了课程内容的及时更新。

（三）实践教学内容不足，落实困难

教育部一再强调高职实践教学内容不少于50%，但据调查不少院校只是停留在教学方案中的数字比例达标，真正实际落实到行动中，能够实际实现的学校并不普遍。实践教学落实难依然是目前高职院校普遍存在的通病。究其原因：一是校内实践教学条件不足，造成教学方案中的实践教学计划无法落实。二是校外实践教学单位联系本就存在困难，再加上开展校外实践教学，学生存在安全隐患，造成不少学校望而却步。三是开展实践教学对教师实践技能要求较高，不少教师难以应对实践教学，阻碍了实践教学的顺利开展，更重要的是会严重影响实践教学效果。

（四）专业课程之间衔接不好

目前高职会计专业还没有国家层面正式发布的专业教学标准，造成各学校专业课程体系良莠不齐，"因人设岗、因人设课"的现象较普遍存在，因此缺乏统一的标准和规划，难以做到专业课程之间内容无缝衔接，往往会出现课程内容重复或欠缺等违背高职教学规律的情况，影响了教学质量。

二、对策与建议

（一）构建"岗、课、证、赛"深度融合的专业核心课程体系

以企业会计岗位需求为依据，以精品在线开放课程建设为抓手，以会计技能大赛为导向，构建形成"岗、课、证、赛"深度融合的专业核心课程体系（如第三章第五节图十一所示），实现专业课程教学内容与会计岗位标准对接，学历证书与会计职业资格证书对接，课程教学与会计技能大赛对接。"岗"是指将会计工作岗位分为出纳、会计核算和财务管理三个核心岗位群，"课"是指确定的核心专业课程，"证"是指初级会计师、中级会计师等职业资格证书，"赛"是指会计职业技能大赛。这完全与2019年初国务院印发的《国家职业教育改革实施方案》（国发〔2019〕4号）中的"1＋X证书制度"一致。通过核心课程体系的整合与优化，实现"以岗定课，以证促学，以赛促教，以赛促建"的专业建设良性循环。

（二）形成科学的课程设计理念

以培养学生职业能力为重点，充分体现课程的职业性、实践性和开放性；校企合作共同开发基于工作过程的行动导向课程，实现教学内容的情境化、教学过程工作化、教学载体任务化、教学手段多样化。教学过程即企业岗位工作过程，以实训项目作为教学内容，以高度仿真的工作任务为教学载体，以现代教育和虚拟现实技术为手段，工作过程与教学过程合一，实现理论与实践一体化、教学做一体化、课堂与实训基地场所一体化（如第三章第五节图十二所示），为高素质技术技能人才培养创造条件。

（四）"选用为主，自主开发为辅"教材建设路径

课程教材作为教学内容的重要载体，教材质量对教学质量具有较大影响。目前，我国高职教材出版市场，良莠不齐。因此，严控课程教材质量，探索"选用为主，自主开发为辅"的课程教材建设路径具有重要现实意义，如图一所示。国家高职会计专业教学资源库集合了丰富的优质教学资源，但也存在因资源更新不及时，造成教材内容老化等问题。建议主干职业技能核心课程优先选用国家教学资源库教材或者较高版本的国家级规划教材。直接选用国家会计专业技术资格考试教材，以实现课证对接。也可根据学校实际，校企合作开发立体化教材，以弥补优质教材的不足。

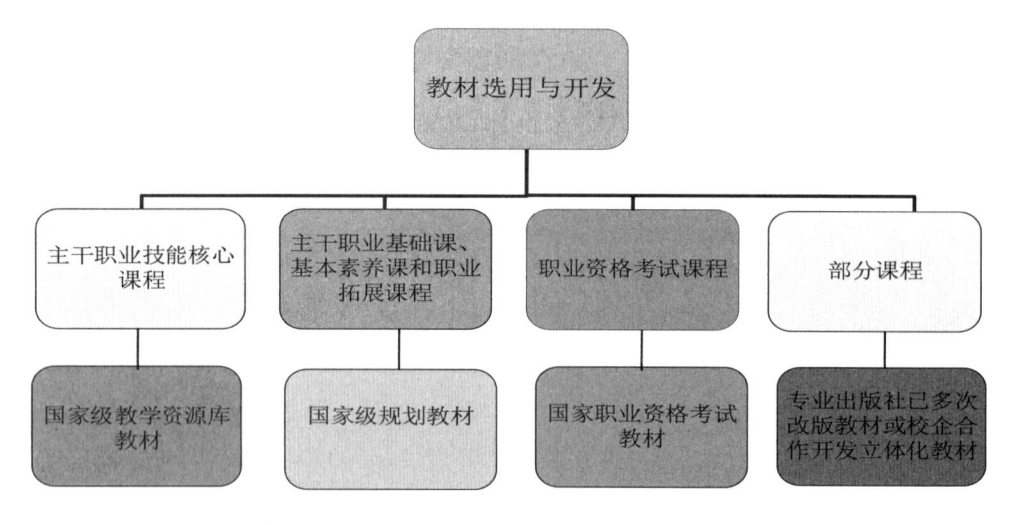

图一 "选用为主，自主开发为辅"的教材建设路径示意图

第二节 基于工作过程的高职课程改革

基于工作过程的高职课程继承和发展了课程改革的经验和成果，契合了高职教育作为新的教育类型的特征，体现了高职课程的职业性、实践性和开放性，对课程资源提出了更高的要求。高职课程改革应关注包括课程开发和课程实施条件在内的整个课程资源系统，才能取得实质性进展。

一、课程开发策略

（一）典型开发，示范带动

基于工作过程的高职课程开发可分为"分析职业过程、了解职业教育条件、确定职业行动

领域、描述职业行动领域、评价选择行动领域、转换配置学习领域、扩展描述学习领域和扩展表述学习领域"等八个步骤,其核心过程"行动领域—学习领域—学习情景"是一个复杂的系统工程。课程开发难度较大,不仅需要较大的人力、物力和财力的投入,更需要行业专家的深入参与和密切合作。仅仅靠个别学校或个别研究团队开发课程很难取得好的成效。为了节约教育资源,提高课程开发的效率,可学习借鉴德国课程开发的先进经验,由国家完成"行动领域"到"学习领域"的转换即"课程标准"的开发,由高职院校教师来完成"学习领域"到"学习情境"的转换。

高职课程开发可由教育部牵头和指导,高职院校的教师为主体,通过研究项目招标的方式,由国家示范性职业技术学院和重点合作企业共同承担课程开发项目,发挥国家示范(骨干)校、双高校的学科优势和示范作用,充分调动校企双方的积极性和创造性,开展深度校企合作,共同开发各专业的"课程标准"。教育部及时总结开发经验和成果,再向全国普及推广,作为各高职院校的课程指导方案,各学校再依据指导方案,结合当地经济发展的实际,调整和开发符合当地经济建设需要的课程,完成"学习领域"到"学习情境"的转换。可降低全国职业院校课程开发的成本,节约教育资源。

(二)防止职业岗位分析和工作任务分析脱离实际工作的倾向

职业岗位分析和工作任务分析需要实践一线专家的深度参与,基于目前我国高职院校企合作不够深入的现实,不少学校在课程开发中存在职业岗位分析和工作任务分析闭门造车的倾向。只是将原有学科体系的课程内容进行了形式上的重新组合,并未真正深入企业一线调查研究,邀请或聘请行业专家参与课程开发,难免会造成工作任务分析笼统、粗糙,难以突破原有学科课程体系的框架。

二、"双师型"师资队伍

基于工作过程的高职课程不再把知识传授和技能训练作为教学的核心任务,而是把完成具体的工作任务、提高学生的职业行动能力作为教学目标。这就对教师的工作能力提出了新的、更高的要求。高职院校专业教师必须是走进课堂是"教师",进入车间是"技师",熟悉企业一线,注重应用的学深艺高的"技能型"人才。由于大学是按照学科体系来培养未来职业学校的教师,学生所积聚的是抽象的、学科体系的结构性知识,使得这些未来的教师在职业学校的教学实践中难以跳出学科体系的教学模式。目前我国多数高职院校的师资水平距离实行基于工作过程的课程改革还有较大差距,因此,必须加强师资队伍建设。

(一)师资培养模式

1. 坚持以现有师资培养为主,行业引进为辅,工学结合的社会培养模式

从我国职业教育师资队伍的构成和人事制度改革现状来看,通过大量引进行业专家充实高

职师资队伍的做法是不现实的，必须坚持以现有师资培养为主，行业引进为辅，工学结合的师资培养模式。目前我国高职师资从数量上看并不缺乏，只是缺乏同时具备较高理论和实践水平的真正意义上"双师型"师资。需要强调的是，通过考试方式具备双师证的教师，不经过一定的实践锻炼，不一定具备真正的双师水平。相反，没有取得双师证的专业教师只要经过相应的实践锻炼，也能成为合格的具有较高理论和实践水平的"双师型"教师。

2. 引进行业高水平的专家进入高职师资队伍

存在的问题：目前高职教师的收入水平不高，对行业专家缺乏足够的吸引力。况且，随着行业技术的快速发展，引进的行业专家原来所掌握的知识技能也会很快过时，仍需要不断地进行知识和技术更新，更需要进行实践锻炼。

采用这种师资培养模式的关键是校企合作、工学结合。一是政府出台切实可行的有利于形成校企合作长效机制的优惠政策，激励企业吸纳职业学校教师到企业进行实践锻炼，建立"学习—实践—教学—再实践—再教学"循环上升的终身职业能力提升模式。二是教育主管部门和学校修改或出台职称评定文件，增加相应的行业实践锻炼条款，引导教师主动学习行业最新的知识技能，紧跟行业发展的步伐。鼓励教师脱产、半脱产到企业挂职顶岗锻炼，在合作企业担任实训指导教师，不断积累教学所需要的职业技能、专业技术和实践经验。

3. 重视校本培养

一是有计划地安排教师在校内实验室、实训室进行专业实践锻炼，安排教师主持或重点参与校内实践教学设施建设或提升技术水平的设计安装工作。二是发挥老教师的"传帮带"作用，充分利用现有的人力资源，有针对性地安排高职称的名师在教学、实训、科研方面对青年教师进行指导。三是学校建立教师校本培养的长效机制，健全规章制度，积极采取激励措施，充分发挥教师自我培养的积极性。

（二）师资培养途径

1. 建立高水平的技术型大学

无论是社会培养模式、校本培养模式都不能很好地保证高职教师的培养质量。从长远来看，要控制高职教师的培养质量，应借鉴德国的先进经验，建立专门培养高职教师的高水平的技术型大学，作为高职师资的教学和实践基地。

2. 重视行业兼职教师资源的利用

高职院校长期聘任行业专家从事高职教学，是一个有效途径。既可弥补实践性师资的不足，又可充分利用社会资源。但是解决兼职教师资源的稳定性是最大的难题。一是目前的高职兼职教师课酬普遍不高，对行业专家缺乏足够的吸引力。二是行业专家多为在职工作人员，一般在原单位均为骨干力量，工作繁忙，到学校做兼职教师工作时间难以保证。三是真正能胜任高职教学的行业专家不多。要解决好兼职教师资源不稳定问题，从根本上保证实现校企深度合作。在目前企业参与校企合作动力不足，工学结合处于瓶颈期的情况下，兼职教师资源的稳定性是难题。可考虑聘任有丰富工作经验的离退休人员，这可在一定程度上弥补兼职教师的不足。

三、理论实践一体化的教材

基于工作过程的高职课程体系与现行的以学科为中心的课程体系差距较大，专业教师需要紧跟行业技术的发展，熟悉并掌握每一个工作环节，重新编写以工作任务为导向的专业教材，并且这类教材对实习实训、校企合作、工学结合提出了很高的要求。截至目前，全国范围内对此方面进行的理论探讨比较多，实践层次的探索却仅限于少数高职院校。现有的大多数教材是为教师的教而设计的，不适合行动导向教学模式，因此我们要在借鉴国外相关教材的基础上，开发出具有自身特点的新教材。教材的编写，一定要体现以知识和技术的必须、够用为原则，注重学生能力培养，要体现项目任务驱动的教学模式，以培养技术应用型人才为目的，符合学生身心发展水平，并能促进其发展，为不同的学生提供发展空间。

建议国家教育部门以国家示范性高职院校为依托，组织专家学者按照基于工作过程的思路重新编写"理论实践一体化"教材，打破目前理论教材和实训教材并立的局面，实现职业教育教材的真正合二为一。通过调整教学时间来调整理论教学和实践教学的关系，实现"理论与实践并行"或"理论为实践服务"的课程结构向"理论与实践一体化"课程结构转变。

四、完善实训条件

（一）建立一体化专业教室

打破单一的学习模式、课堂化教学环境，创设尽可能与工作实际接近的教学环境，实现学校环境与工作环境、校园文化与企业文化的有机融合，基本条件就是要建立多功能的一体化专业教室。一体化教室的特征不再是仅包括课桌、讲台和黑板的传统意义上的教室，而是既可以满足上理论课的需要，同时又能进行操作练习。教室中除了有传统的教室装备的理论学习区，还有动手操作的实操学习区，教室里备有相应的资料柜和物品柜。在动手实践时间里，学生分成小组工作。教师先向学生布置工作任务，讲解必需的基础知识，接着组织学生到工作区开展工作，工作中出现的个别问题可在现场或在讨论区进行讨论，讲解工作中出现的普遍问题则回到教学区进行讲解。

（二）建立一体化专业实训基地

广泛开展校企合作、工学结合的教学模式。通过共建、共享、共赢，将实训基地建设成为开放式的生产车间，能完成在校学生培养、职业院校师资培训、企业员工岗位培训、职业资格与技术能力等级认证、产品加工、产学研等功能，实现功能系列化、环境真实化、人员职业化、设备生产化、管理企业化。教学场所更要充分体现其职业性，让学生在真实的职业场所环境中接受综合职业行为能力的课程培训。这就要求实训基地由原来具有单一功能向多功能一体化实训基地转化，由原来的验证性实训向构建实训发展，由原来的学科体系向行动体系发展，由刚性设施向动态设施发展。

五、行动导向教学方法

行动导向教学是根据完成某一职业工作活动所需要的行动、行动产生和维持所需要的环境条件以及从业者的内在调节机制来设计、实施和评价职业教育的教学活动，学科知识的系统性和完整性不再是判断职业教育是否有效、适当的标准。行动导向教学的目的在于促进学习者职业能力的发展，其核心在于把行动过程和学习过程相统一。目前，行动导向教学实践中常用的教学方法包括四阶段教学法、引导式教学法、项目教学法等。在教学过程中，学生是学习的主体，教师是学习过程的组织者和协调人。教师针对与专业紧密相关的职业"行动领域"的工作过程，按照"资讯—决策—计划—实施—检查—评估"这一完整的"行动"方式来进行教学，在教学中与学生互动，让学生通过"独立地获取信息、制订、实施、评估计划"这一"做"的实践，掌握职业技能，习得专业知识，从而构建属于自己的经验与知识体系。

六、先进的教学手段

（一）渐进式全程实训教学模式

突出实践教学在人才培养工作中的作用，将实践教学贯穿于学生专业学习的全过程。体现基于职业岗位分析和具体工作过程的课程设计理念，设计融学习过程于工作过程的职业情境，以真实工作任务或产品为载体，设计和更新教学实训项目，体现教学过程的实践性、开放性和职业性。以校内实训室和涵盖多种不同行业性质的校外实训基地为依托，以"产学研"相结合为有效途径，实行随堂模拟实训、阶段性模拟实训和综合模拟实训相结合，从课堂延伸到课堂外的渐进式全程实践模式。这样，对于每门专业核心课程均有随堂模拟实训、阶段性模拟实训和综合模拟实训三个阶段的实训机会，符合从简单到复杂，从新手到技术专家的学生认知发展规律，有助于锻炼学生综合运用多门课程、不同学科的知识解决问题的能力，培养学生良好的职业道德、职业判断能力和实践能力。

（二）创建虚拟的企业工作环境

通过按企业工作情境布置的实训室，在课堂上为学生建立一个虚拟工作环境，从而让学生在仿真工作情境下，完成实际工作任务。相关资料、工作任务均来源于企业一线，由任课教师从实际企业中收集筛选出来，课程中采用的工作设备、器具等与实际工作中的完全相同，而学生所需完成的任务与实际会计工作，在内容、步骤、方法等方面完全一致，有效实现课程以岗位职业能力培养为核心的培养目标。

（三）充分利用多媒体设备

在课堂教学中充分利用多媒体教学设备，包括使用风格统一、内容丰富、高度仿真，并能动态展示操作过程的电子课件，在实训环节插播简短的操作示范录像，以实物投影仪现场展示操作过程及操作结果等，从而调动学生的眼、耳、手，有效地吸引学生的注意力，教学效果直观。

（四）有效利用网络教学资源

利用网络课程将教学由课堂延伸到课外，通过课程教学网站，以及任课教师在校园网上的个人教学网页，将全部教学资源电子化提供给学生在校园内随时登录使用，丰富的网上资源给学生的自主学习提供了便利条件。

（五）重视教学扩展资源的收集

根据课程的特点收集整理相关的法规、制度、政策、案例、工具书、参考书、视频资源、历届学生优秀作品等，积累一定的教学资料，以实物形式陈列于实训室。同时，其中部分教学资源上挂教学网站，为教师教学和学生学习提供丰富的扩展资源。

七、多元化的教学评价体系

科学的教学评价应是以提高学习效率为目的，为学生终身发展提供服务的发展性评价。评价过程应当体现以人为本的思想，建构个体的职业发展途径，尊重和体现个体差异，激发个体最大限度地实现其自身价值。教学效果评价可采取理论评价与实践评价相结合、过程评价与结果评价相结合的方式，重点评价学生的职业技术能力。努力构建形成性评价与终结性评价相结合，自我评估与教师评价相结合，阶段考核与综合测评相结合，笔试、口试、操作相结合，开卷、闭卷相结合，课堂考核与技能比武相结合，课内作业与课外课程设计相结合，校内老师评价与企业、社会评价相结合的多元化教学评价体系，有效调动学生的学习积极性，引导学生职业能力的全面发展。

第三节 精品课程建设

精品课程是指具有一流教师队伍、一流教学内容、一流教学方法、一流教材、一流教学管理等特点的示范性课程，包括不同建设与评审阶段的精品课程、精品资源共享课程、精品在线开放课程。精品课程的建设是集教育理念、教师队伍、教学内容、教学方法和手段、教学制度于一身的整体建设，是一项复杂的系统工程，只有循序渐进，常抓不懈，才能保持精品课程的可持续发展，使精品课程起到长期的示范性作用。高职院校担负着培育高等技术应用型"银领"人才的重任，实施精品课程建设，保持精品课程的可持续发展，对于打造"银领工程"，提高高职院校的教学质量和人才培养质量，建设创新型国家具有重要的现实意义。

从2003年教育部开始评审首批国家级精品课程以来，精品课程的建设经历了精品课程、精品资源共享课程和精品视频公开课程、精品在线开放课程等阶段，都取得了很大成绩。以国家级精品课程为借鉴，各省和各高校又纷纷建设了大批省级精品课程和校级精品课程。但是，已建成的精品课程出现了后续经费不足、教学条件难以长期保持等发展后劲不足的问题。本节主要从指导原则、课程定位、机制建设、师资队伍建设、教学内容建设、教材建设、实验实训基地建设、教学方法和手段的使用等方面，对精品课程的可持续发展问题做几点探讨。

一、遵循正确的指导原则

遵循正确的指导原则是高职院校精品课程可持续发展的前提。这里，指导的主要原则有思想性原则、科学性原则、系统性原则、目标性原则等。

（1）思想性原则

精品课程建设必须体现现代教育思想。现代教育思想的核心是创新，是培养创新型人才，教学内容、教学原则、教学方法或教学手段都要围绕这一核心思想。首先要坚持正确的世界观和方法论；其次教学应该注重课程思想教育，体现课程的基本原理和教育思想。再次，坚持教书和育人相结合。

（2）先进性原则

精品课程应在师资队伍、教学内容、教材、教学方法和手段、教学管理等方面具有特殊优势，对整个教学和管理工作能够起到明显的示范带动作用。

（3）科学性原则

精品课程建设要科学定位，师资队伍、教学内容、教材、教学方法和手段、教学管理等都要遵循高职院校的教学规律，围绕"职业性"和技术的"应用性"两个重点来建设。

（4）系统性原则

精品课程建设是一项系统工程，要用系统的、相互联系的眼光看待精品课程建设。首先，精品课程建设包括师资队伍、教学内容、教材、教学方法和手段、教学管理等要素，涉及教学内容的各个层面，它们在精品课程建设过程中是一个统一体。其次，要有大课程或全课程意识，把精品课程作为专业建设和培养合格人才的重要组成部分。再次，对于精品课程的管理要有系统观念，要从事前（申报之前）、事中（建设过程）和事后（申报成功之后）全过程加强管理。要清醒地认识到，精品课程如果申报成功，只是精品课程建设的第一个阶段。为了保持它的先进性和科学性，发挥其长期稳定的示范作用，后期还需要不断完善和提高。

（5）目标性原则

精品课程建设要以高职院校的培养目标为中心，实行目标管理。首先，精品课程建设既要服从本课程既定的教学目标要求，又要主动适应区域经济建设和社会事业发展对高等技术应用型人才培养需求。必要时，要适当调整课程的教学目标。其次，实行目标管理责任制。精品课程建设必须与目标管理和经济责任制的建立与健全配套衔接，事先将管理目标层层分解，明确规定有关方面或个人应承担的责任义务，并赋予其相应的权利，使相应的管理措施能够落到实处，成为考核的依据。

二、准确定位

准确定位是高职院校精品课程可持续发展的指南。高职教育是培养适应生产、建设、管理、服务第一线需要的高等技术应用型专门人才，是以就业为导向，以素质为本位，以能力为核心的高等职业教育。高职院校课程有别于"学科型"和"研究型"的普通高等教育，精品课程建设应当围绕专业培养目标，针对就业"岗位群"，坚持理论与实践并重，强调"职业性"和技术的"应用性"。精品课程的定位应体现"职业性、技术的应用性和示范性"，既不要效仿"宽口径，厚基础"的普通本科教育，又不能降低档次雷同于中等职业教育。

三、建立长效激励与评价机制

建立长效激励与评价机制是高职院校精品课程可持续发展的机制保障。

一是建立健全精品课程建设管理制度。学校或教育主管部门对精品课程的立项、中期考核、课程验收、课程复审等环节都有严格的工作程序，特别是要严格按程序进行挂牌精品课程复审。对已授予精品称号的课程，每2～3年组织专家按程序进行复审。复审通过者，维持精品课程称号；复审未通过者，将给予黄牌警示，并要求进行整改，一年后重新复审。若第二次复审仍未通过，则取消其精品课程称号。

二是实行滚动资助制度与延续资助计划。建设项目的实施周期一般为3～4年。所谓滚动资助制度，是对中期考核合格者，学校或教育主管部门应给予"继续资助"；对考核优秀者，给予"升级资助"；对考核不合格者，下半期"不再资助"或"降档资助"。为保证精品课程的持续提升，配合滚动式资助制度，学校和教育主管部门应实施精品课程建设"延续资助计划"，即对那些已建成的精品课程，学校或教育主管部门拨出专款，资助其形成的先进教学理念和独特教学方式的持续实施。

三是建立健全教学质量监控体系。科学、合理的质量监控体系是提高人才培养质量和办学效益的有力保障，应进一步完善校系两级教学质量监控体系，使精品课程的每一个教学环节都有严格而具体的规定。特别要加强实践教学环节的管理，及时修订、制订各种实践性教学环节的教学大纲、教学计划和指导书，对其教学时间安排、实验条件、实验器材、实验指导教师，实验目标、要求、内容、方法步骤，以及考核标准和办法等都要有具体明确的规定。结合课程特点，改革考核方式。在实行考教分离的基础上，增加平时的考核次数，对部分课程实行无纸化考试，对实践课程进行单独考试，以全面公正地考核学生的动手能力和应变能力，引导师生对实践性教学环节高度重视。使实践教学活动制度化和程序化，做到教学过程井然有序，考核方法公正、合理，逐步提高实践教学的效果和质量。

四、改革和优化教学内容

不断改革和优化教学内容是高职院校精品课程可持续发展的重心。

高职院校精品课程内容的优化应以职业岗位需要为导向，以推行全面素质教育为主线，以实际应用为基础，以职业资格标准为参考，以增强学生职业能力和社会竞争能力为重点。教学内容要反映最新的科技成果，理论知识以"必需、够用"为度，适当减少难度较大的理论内容，增加应用性、适用性强的实践教学内容。同时还要注意处理好本课程与相关课程的关系，保证相关课程之间的无缝衔接。

要积极探索适合高职教学特点的教学模式。可采用"2＋1模式"，即教学培养方案由校企双方共同研究制定。学生前两年主要在学校学习，当然也包括到企业的认知实习、见习等，第三年在企业学习。前两年的学习内容主要包括理论知识、模拟实习、职业资格证书考试等。第三年根据教学和企业的实际，可安排学生直接在企业基层单位顶岗工作，或者半天上课，半天工作。半天上课的内容由企业根据需要增设，一般由企业一线的工程技术或管理人员主讲。

五、优化教师队伍

不断优化教师队伍是高职院校精品课程可持续发展的关键。高职院校精品课程师资队伍建设应紧紧围绕"双师型"队伍建设展开，形成以"双师型"教师为主体、职称结构、学历结构和年龄结构搭配合理的教师梯队。

一是建立健全有效的激励机制和培养机制。淡化理论课教师和实践课教师的界限，逐步实现教师"一专多能"。学校可通过走出去、请进来、与企业合作培养、参加行业职业资格培训等多种途径，努力提高教师的专业实践能力，提高教师"双师"素质。为主讲教师创造一个良好的生存和发展环境，充分调动他们的积极性和创造性。

二是遵循市场经济规律，建立完善的人才流动机制。可直接从大中型企业引进生产和经营一线工程技术和管理人员充实教师队伍，特别是实践课程教师队伍，形成稳定合理的教师梯队，保持主讲教师队伍的长期持续优化。

三是加强教风与师德建设。教师的高尚师德、优良教风和敬业精神不仅直接关系到教学质量，同时对学生世界观、价值观、人生观的形成有着直接影响。因此，要加强思想政治工作，不断改善教风状况，进一步提高全体教师的职业道德水平，充分发挥教师的良好品质对学生产生的潜移默化作用。

六、优化立体化教材

不断优化立体化教材是高职院校精品课程可持续发展的重要依托。教材是课程建设主要的教学资源，是教学改革成果的固化，精品课程应有系列化的优秀教材作支撑。教材建设要逐步实现层次化、立体化和精品化，为学生提供一个更加广阔的自主学习空间。精品课程教材建设主要有以下途径：

一是选用国家规划的优秀高职院校教材。目前，这种教材一般在理论环节占优势，实践环节往往不够充实。选用教材时，应特别注意实验指导教材的质量。

二是选用国家指定的职业资格考试或鉴定教材。专业核心课程可选用国家指定的职业资格考试或鉴定教材。这种教材侧重于实践技能的培养，也有一定的理论知识，具有很高的权威性，特别适合作为高职院校的核心专业课教材。但要注意，选用国家指定的职业资格考试或鉴定教材应结合课程内容的整合，处理好教材之间内容的衔接问题。

三是校企合作开发教材。面对技术日益发展和知识的快速更新，学校要及时把新技术、新工艺、新知识引入课堂，企业也要不断地培训他们的员工，提高员工素质。这为校企合作开发教材提供了可能。学校可在校企合作的基础上，开展更深层次的产学研合作，充分利用学校教师的理论优势和企业技术人员的实践技术优势，合作开发适合高职教学特点的优质教材。

四是自编教材。这对教师的理论和实践能力有较高的要求。在师资水平允许的情况下，可考虑由主讲教师自编与多种媒体辅助教学有机结合的立体化教材，并由主讲教师尽量与行业组织、学科专家共同编写。教师应利用在企业锻炼的机会，注意收集生产实践中的第一手资料，将其吸收、充实到教材中，以增强教材的"职业技术"特色。

七、巩固和加强实验实训基地

不断巩固和加强实验实训基地是高职院校精品课程可持续发展的重要物质保障。精品课程配套实验实训基地建设是专业实践教学建设的重点。培养动手能力强的高等技术应用型人才，没有完善的实验实训基地，只能是一句空话。巩固和加强实验实训基地应从校内、校外两个方面考虑。

对于校内实验实训基地建设，要充分考虑到精品课程实训要求，按生产一线或就业岗位环境，将单个实验（训）室的建设，向综合性、创新型实践基地发展。

认真研究和总结校企合作办学、产学合作经验，创新办学模式，按照互利共赢的原则建立长效校企合作机制，不断加强校外实验实训基地建设。可考虑由学校自建、企业自建、校企共建等灵活多样的模式建设稳固的校外实验实训基地，努力把实习与承担实习单位的实际工作任务结合起来，做到互惠互利。充分利用校外基地人力资源和基地生产设备设施等资源优势，使其成为稳定的优质教学资源，以弥补校内实践教学基地的不足。

八、改进教学方法和手段

先进的教学方法和手段的广泛应用是高职院校精品课程可持续发展的技术保障。

建设开放型的动态多媒体资源库是实现教学方法、教学手段改革与课程体系改革有机结合，真正转变以课堂、教材为中心的传统教学模式的必然途径。建设开放型的动态多媒体资源库有助于精品课程教师和访问者之间实现交互，有助于教学资源在一定程度上实现自动更新和完善，是实现精品课程可持续发展的技术保障。

动态多媒体资源库教学资源主要包括教学大纲、教学计划、教材、试题库、素材库、实验指导书、电子教案、多媒体课件与录像、电子图书、参考文献目录等。要重点保障校园网、电子图书馆、多媒体教室等数字化教学条件建设，为广大师生使用现代化教学手段和信息技术创造条件，使精品课程的教学资源能够实现更大限度的共享，有效地推动高职院校精品课程的可持续发展。

第四节　财务管理课程实践教学方案设计

一、课程简介

财务管理是高职会计、财务管理等财会类专业的一门专业核心课程。实践教学是财务管理课程教学的一个重要组成部分，对学生理财能力的培养具有重要作用。通过财务管理课程教学，使学生牢固树立财务管理的基本观念，掌握财务管理的基本理论与方法，能够胜任中小企业财务管理岗位工作，考取助理会计师、会计师、理财规划师等职业技术资格证书。本课程计划课内学时126课时，其中理论教学53学时，实践教学73学时。

二、课程设计理念与思路

（一）设计理念

以培养学生职业能力为目的，充分体现课程的职业性、实践性和开放性；校企合作共同开发基于工作过程的课程；以财务管理岗位工作过程为主线设计教学内容；创设基于工作过程的学习情境；按职业能力成长规律，设计三段渐进式教学模式，如图二所示。

图二 课程设计理念

（二）课程设计思路

按照职业岗位能力的任职要求和职业能力分析，应以行动为导向，以工作任务为基础，紧紧围绕完成会计岗位典型工作任务的需要来选择教学内容，设计学习情境。充分运用现代化教学手段，实现教学内容情境化，教学过程工作化，教学载体任务化，教学手段多样化。企业理财岗位工作过程即教学过程，教学载体是 27 个学习情境，工作任务是高度仿真的 62 项工作任务。充分利用现代教育技术作为教学手段，实现理论与实践一体化，教、学、做一体化，课堂与实训场所一体化，从而为高技能应用型会计人才培养创造条件，如图三所示。

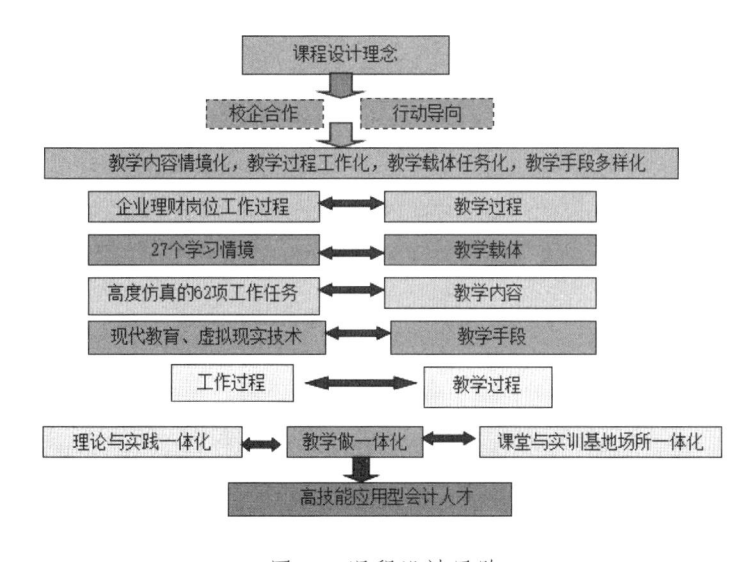

图三 课程设计思路

三、内容选取

（一）总体思路

根据职业资格标准，与行业企业专家共同确定岗位核心职业能力；根据岗位职业能力要求，确定课程培养目标；根据岗位需求和课程培养目标，选取教学内容。

一是根据岗位需要和职业资格标准，与行业企业专家共同研讨确定岗位核心职业能力。

分析助理会计师、会计师、理财规划师和注册会计师的职业资格标准，结合财务管理岗位需求，分析确定财务管理岗位核心职业能力，包括筹资管理能力、项目投资管理能力、证券投资管理能力、营运资金管理能力、利润分配管理能力、财务预算管理能力、财务控制能力和财务分析能力。

二是根据岗位职业能力要求，确定课程培养目标。

根据财务管理岗位职业能力要求，确定财务管理课程培养目标。树立正确的理财观念；能够进行筹资、投资、营运资金管理和利润分配管理决策；能够运用财务预算和财务控制方法，进行财务规划与控制；能够正确进行财务分析，为企业决策提供参考和依据；具备较强的创新能力、沟通协作能力、信息技术能力以及良好的职业道德，形成良好的职业素质。

三是根据岗位需求和课程培养目标，选取教学内容。

根据岗位需求和课程培养目标，将筹资管理、项目投资管理、证券投资管理、营运资金管理、利润分配管理、财务预算管理、财务控制和财务分析等内容作为教学的核心内容，不仅有利于学生职业能力的形成，提高学生职业适应性，而且为学生考取助理会计师、会计师、理财规划师、注册会计师等职业资格打下基础，如图四所示。

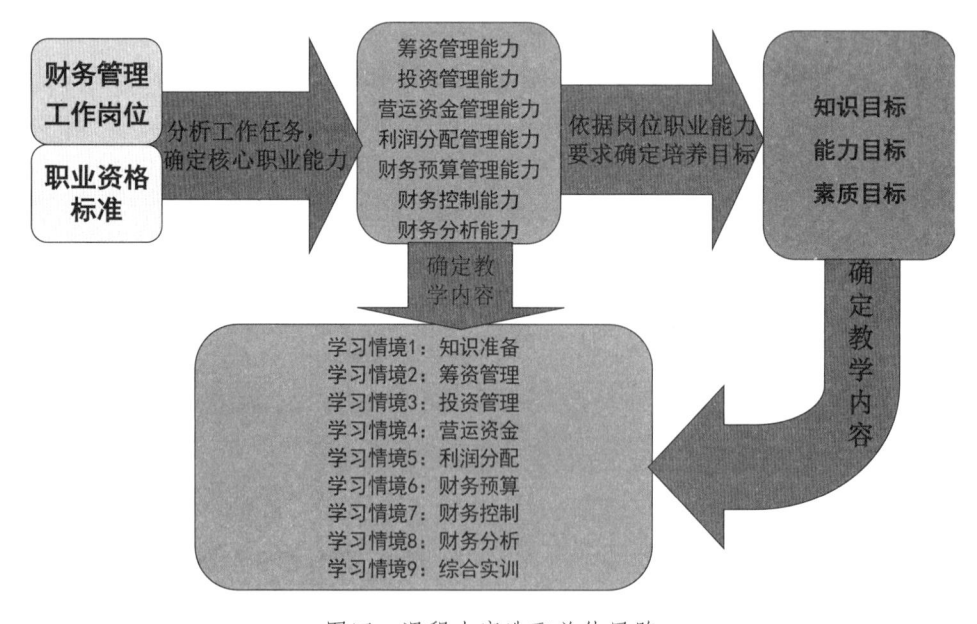

图四　课程内容选取总体思路

（二）教学内容及课时分配

实训、实践教学的内容及课时分配如表一所示。

表一 实践教学内容及课时分配表

序号	学习情境	实训项目	工作任务	校内实训课时	校外实践课时
1	基础知识	1.1 选择财务管理目标	1.1.1 财务管理目标的选择	1	2
		1.2 财务管理环境	1.2.1 财务管理环境认知		
1	基础知识	1.1 选择财务管理目标	1.1.1 财务管理目标的选择	1	2
		1.2 财务管理环境	1.2.1 财务管理环境认知		
		1.3 树立货币时间价值观念	1.3.1 复利现值和终值	2	—
			1.3.2 普通年金现值和终值		
			1.3.3 预付年金现值和终值		
			1.3.4 递延年金现值和终值		
			1.3.5 永续年金现值和终值		
		1.4 培养风险价值观念	1.4.1 资产风险和收益衡量	2	—
			1.4.2 资产组合风险和收益		
			1.4.3 系统风险的衡量		
2	资金筹集	2.1 权益资金筹集	2.1.1 资金需要量预测	1	4
			2.1.2 权益资金筹资决策		
		2.2 债务资金筹集	2.2.1 短期债务资金筹资决策	1	
			2.2.2 长期债务资金筹资决策		
		2.3 资本成本与资本结构	2.3.1 个别资本成本计算	2	
			2.3.2 综合资本成本计算		
			2.3.3 杠杆效应的计算		
			2.3.4 最优资本结构的确定		
3	项目投资	3.1 单纯固定资产投资决策	3.1.1 项目计算期的确定	1	2
			3.1.2 项目现金净流量计算		
			3.1.3 财务可行性决策		
		3.2 完整工业项目投资决策	3.2.1 项目计算期的确定	1	
			3.2.2 项目现金净流量计算		
			3.2.3 财务可行性决策		
		3.3 固定资产更新改造决策	3.3.1 项目计算期的确定	1	
			3.3.2 项目现金净流量计算		
			3.3.3 财务可行性决策		

续表一

序号	学习情境	实训项目	工作任务	校内实训课时	校外实践课时
4	证券投资	4.1 股票投资决策	4.1.1 股票估价	2	2
			4.1.2 股票投资收益率计算		
		4.2 债券投资决策	4.2.1 债券估价		
			4.2.2 债券投资收益率计算		
		4.3 基金投资决策	4.3.1 基金估价		
			4.3.2 基金投资收益率计算		
5	营运资金	5.1 现金管理	5.1.1 最佳现金持有量决策	2	2
		5.2 应收账款管理	5.2.1 信用政策决策		
		5.3 存货管理	5.3.1 经济订货批量		
			5.3.2 ABC 分类管理法		
6	利润分配	6.1 选择股利政策	6.1.1 股利政策选择	1	2
		6.2 制定分配方案	6.2.1 分配方案制定		
		6.3 股票股利与股票分割	6.3.1 股票股利		
			6.3.2 股票分割		
7	财务计划	7.1 日常业务预算	7.1.1 销售预算的编制	4	2
			7.1.2 生产预算的编制		
			7.1.3 直接材料采购预算编制		
			7.1.4 直接人工预算的编制		
			7.1.5 制造费用预算的编制		
			7.1.6 销售及管理费用预算的编制		
			7.1.7 存货预算的编制		
		7.2 财务预算	7.2.1 现金预算的编制	2	
			7.2.2 预计利润表的编制		
			7.2.3 预计资产负债表的编制		
8	财务控制	8.1 标准成本制度	8.1.1 成本差异计算与分析	1	2
		8.2 责任中心业绩评价	8.2.1 成本中心业绩评价	1	
			8.2.2 利润中心业绩评价		
			8.2.3 投资中心业绩评价		
9	财务分析	9.1 财务指标分析	9.1.1 偿债能力分析	3	2
			9.1.2 营运能力分析		
			9.1.3 盈利能力分析		
			9.1.4 资本保值增值能力分析		
			9.1.5 发展能力分析		
		9.2 财务综合分析	9.2.1 杜邦分析法	1	
			9.2.2 沃尔比重评分法		

续表一

序号	学习情境	实训项目	工作任务	校内实训课时	校外实践课时
10	综合实训		10.1 项目综合实训	12	—
			10.2 企业经营模拟实训	12	—
课时合计				53	20

四、教学模式

按职业成长规律，将教学过程由低级到高级划分为单项情境实训、校内模拟综合实训和校外实训基地综合实训三个阶段，形成"三段渐进式"教学模式，如图五所示。

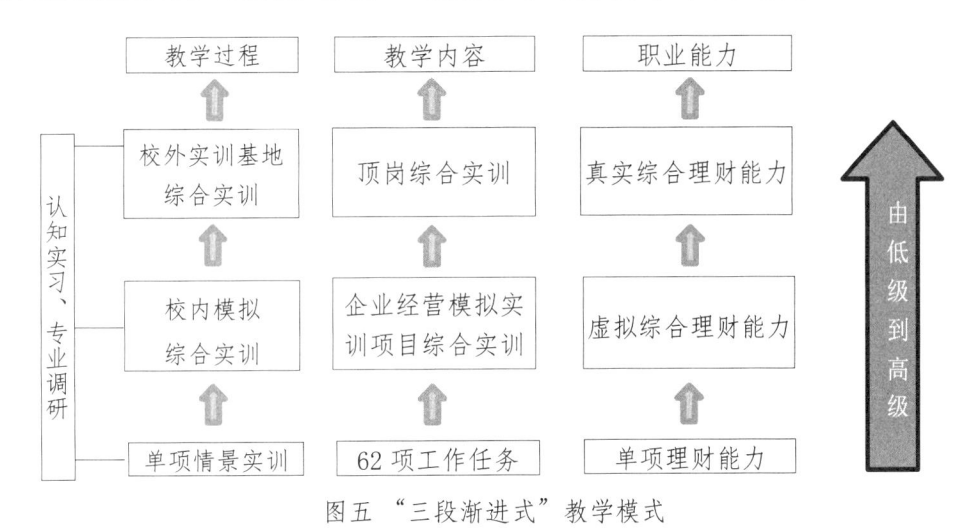

图五 "三段渐进式"教学模式

第一阶段： 单项情境实训

单项情境实训阶段的教学内容是 62 项工作任务，重点培养学生的单项理财能力。此阶段，每项工作任务都采用基于工作过程的教学模式，将每个班分为 6～10 个学习小组，按照"资讯—决策—计划—实施—检查—评价"6 个阶段进行，充分体现以学生为主体，以教师为主导，充分调动学生的积极性和创造性，有利于学生职业能力的培养。

具体教学过程如图六所示。

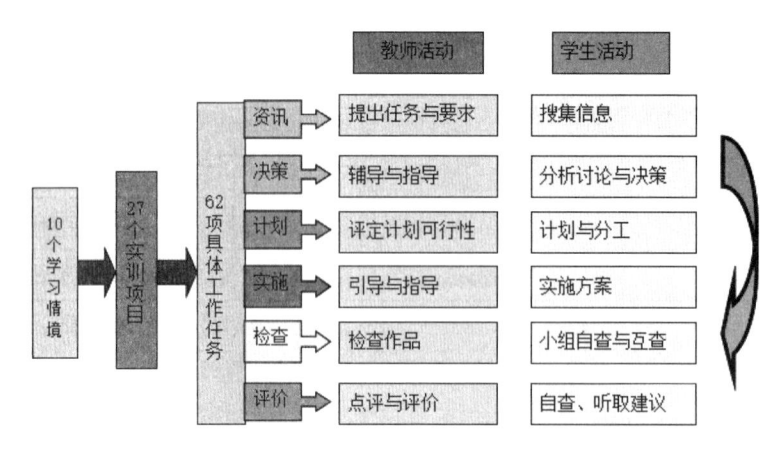

图六 单项情境教学过程

第二阶段：校内模拟综合实训

校内模拟综合实训阶段又可分为项目综合实训和企业经营模拟实训两项内容，重点培养学生的虚拟综合理财能力。项目综合实训通过创设虚拟企业，模拟完整的企业财务管理工作情境，完成从资金筹集到财务分析各环节的综合工作任务。企业经营模拟实训通过直观的企业沙盘，提供了一个完整的仿真学习环境，让学员在游戏般的训练中体验完整的企业经营过程，培养学生财务决策的全局观念和团队协作精神，感受企业发展的典型历程，感悟正确的经营思路和管理理念，实现知识从分散到综合的初步转化和迁移。

第三阶段：校外实训基地综合实训

校外实训基地综合实训阶段采用顶岗实习的方式，以达到理论与实践完全融合，重点培养学生的真实综合理财能力。

企业认知实习、专业调研贯穿于三个教学阶段，可增强学生的感性认知，激发学生的学习兴趣。

通过三个阶段的学习，实现职业教育与工作岗位的零距离对接。

五、教学形式

（一）案例分析

在财务管理教学中采用具体案例的方法进行知识和技能的传授，通过剖析财务管理案例，把所学的理论知识应用于实践活动中，将理论与实践相结合，以提高学生分析和解决财务问题的能力。

（二）模拟实训

1. 自主构建 Excel 模板进行财务决策

将理论课中学过的各种数学模型利用 Excel 提供的各种工具转换成计算机模型，并自动进行财务决策。这种方式既大大提高了教学的信息化程度,也提高了学生利用 Excel 自主建模的能力,为学生就业后从事财务管理工作打下坚实基础。

2. 网中网财务管理实训教学软件操作

学生通过操作财务管理教学软件,能够体验不同工作岗位的角色,完成单项实训和综合实训。

3. 证券模拟操作

通过证券模拟软件和网络股票模拟操作,熟悉股票投资的全过程,体验股市的高风险、收益的不稳定性。为将来从事证券工作准备条件。

4. 企业经营模拟对抗训练

学生分别组成若干个管理团队,互相竞争,每个小组的成员将分别担任公司的重要职位(CEO、CFO、市场总监、生产总监等),每组要亲自经营销售良好、资金充裕的企业,并要连续从事 2～3 个会计年度的经营活动,企业结构和经营管理的结果将全部展示在模拟沙盘上,复杂、抽象的财务理论以最直观的方式让学生去体验,这将有助于学生了解企业的业务流程和科学决策程序。

(三)校外实习

一般有假期实习、基地实习和毕业实习。假期实习是利用寒暑假有计划地组织学生调查研究一些实际问题或到企业工作;基地实习是定期组织学生到一些企业建立稳定的校企合作关系的实习基地实习;毕业实习是在大三的最后一个学期安排一个月的时间让学生到单位进行全职实践。

(四)毕业设计

以毕业论文的形式实践财务管理的专业知识,具体取决于毕业设计的选题,在选题范围内实践财务管理知识。

六、教学方法

根据课程特点,不断地进行教学方法的探索和改革,注重吸收国内外先进的教育教学成果,并根据实际情况不断进行创新,取得了很好的实践效果。针对不同的教学内容和教学阶段,课程教学主要采用任务驱动教学法、案例教学法、情境式教学法和角色扮演教学法等。

(1)任务驱动教学法

由 62 项工作任务来驱动教学,以教师为主导、学生为主体,创设虚拟理财情境,按照"提出任务—分析任务—自主协作完成任务—交流评价"的教学过程进行教学，完成工作任务的过程就是教学过程，实现"教、学、做"的统一。

（2）案例教学法

通过与企业行业共同开发或借鉴经典财务管理案例，每项工作任务都以典型案例引出，经过一个"引出案例—明确任务—分析案例—解决问题—任务拓展"的完整过程，以提高学生分析问题、解决问题的能力。

（3）情境式教学法

教师根据教学内容所描绘的情境，设计出形象鲜明的影像、图片，辅之以生动的文字，并借助音乐的感染力，再现教学内容的情境表象，使学生如闻其声、如见其人、如临其境，师生在此情境下进行一种情境交融的教学活动。本课程创设高度仿真的 10 个学习情境，大大提高了学生的学习兴趣和学习效果。

（4）角色扮演教学法

让学生以小组为单位，在学习情境中扮演筹资、项目投资、证券投资、利润分配、财务预算与控制、财务分析等不同工作岗位的职业角色，以提高学生的社会活动能力和分工协作能力。

（5）行业企业专家进课堂

根据教学内容，采用定期或不定期邀请行业企业专家来学校授课、举办讲座，为学生介绍学术前沿知识以及企业财务管理的新技术、新方法和经验感受。这样不仅能使该课程教学及时抓住财务管理学术研究领域的前沿动态，而且能让学生间接感受企业财务管理职场的实际问题，有利于激发学生的学习积极性和创造性。

七、教学手段

充分利用现代信息技术，改变过去传统单纯在课堂上灌输知识的教学方法，把多媒体授课、网络辅助教学，以及利用先进的实践教学软件教学有机结合，提高学生的学习兴趣，扩大了课程信息量，有助于学生对知识的理解和掌握。

（1）设计虚拟理财情境，实行情境化教学

创设虚拟公司和虚拟理财环境，让学生在财务管理实训室或利用财务管理实训软件模拟完成现实财务管理岗位工作，以生动形象的情境激起学生学习情绪，实现知识能力有效迁移。

（2）利用 Excel、财务专用计算器

充分开发利用现代化教学手段和工具，课程组自行开发了基于 Excel 的财务管理系统，引入财务计算器作为计算工具，实现财务管理决策的自动化和无纸化。在教学过程中，根据工作任务的不同，采用手工计算、创设 Excel 模板计算和利用财务计算器计算三种计算方式，丰富了教学手段，提高了教学的信息化水平。

（3）利用多媒体教学手段

本课程教学在财务管理实训室进行，师生人手一机，提高了教学效率和效果。

（4）建立和利用课程网站教学平台

本课程建有精品在线开放课程网站，师生可充分利用网络课程教学平台，方便学生自主学习和师生交流互动。

八、考评方式

考评方式灵活多样，平时评价与集中评价相结合，教师评价与学生评价相结合，校内评价与校外评价相结合。考评内容包括校内单项情境实训考评、校内项目综合实训考评、企业经营模拟综合实训考评和校外实习考评四部分，分别占50分、15分、15分和20分。评分依据分为实训态度、实训中的表现、协作精神、作业质量、分析解决问题的能力、创新能力等六部分，分别占10分、20分、10分、30分、15分、15分。具体计分办法如下：

单项情境实训考评实行分组考评，考评实行百分制，教师考评和学生互评各占评价分数的50%。

单项情境实训成绩=62项工作任务的算术平均分数×50%

项目综合实训考评实行分组考评，考评实行百分制，教师考评和学生互评各占评价分数的50%。

项目综合实训成绩=项目综合实训分数×15%

企业经营模拟综合实训考评实行分组考评，实训成绩由系统自动产生，第一名得15分，每降低一名减1分。

校外实习考评由实习基地指导教师和校内领队教师相结合的方式按个人考评。考评实行百分制，每项实习任务100分。

每项校外实习任务成绩=实训基地指导教师评分×70%＋校内领队教师评分×30%

校外实习成绩=9项校外实习任务算术平均分数×20%

学生实训总成绩=单项情境实训成绩＋项目综合实训成绩＋

企业经营模拟综合实训成绩＋校外实习成绩

第五节 课程实训教学案例

实训课程是高职院校课程建设的薄弱环节，下面给出财务管理课程的几个实训教学案例。

案例一："操作方式多元化"的债券投资决策

（一）引导案例

银河公司的投资决策

银河公司是一家实力非常强的企业,多年来,其产品一直占领国内销售市场。2018年年初,公司领导召开会议,决定利用手中闲置的资金3000万元对外投资,以获得投资收益。在会上,大家围绕这一决定纷纷发言,经营经理说:"购买国债,收益稳定,风险小。"销售经理说:"现在经济股市在低位运行,可购买一些价值低估的股票,可获得较高收益。"财务经理说:"购买债券风险小,但收益低;购买股票收益高,但风险大,我们可以进行有效组合,一部分购买债券,一部分购买成长性较好的股票来降低风险,获得较好收益。"生产经理说:"可购投资基金,委托专家理财,风险较低,收益较高。"最后,总经理决定,由财务经理拟订投资组合方案,进行对外投资。

假如你是银河公司的财务经理,你会做出怎样的选择?本实训任务就是学习如何进行债券投资决策。

(二)课前预习与准备

【能力目标】

1. 能够计算债券的投资收益率;
2. 能够在不同情况下进行债券投资决策评价。

【知识目标】

1. 了解债券投资的目的、特点与程序;
2. 掌握债券投资的估价方法。

【实训方式】

手工方式、运用专用财务计算器实训、构建 Excel 模板实训。

【操作准备】

普通计算器、专用财务计算器、配有 Excel 2013 以上版本的计算机。

(三)实训过程

【实训案例】

某企业于 2018 年 5 月 1 日购买了一张面值 1000 元的债券,当时的市场利率为 6%。

【实训要求】

帮助该企业就以下条件,做出是否购买该债券的决策。

1. 债券到期日为 2023 年 5 月 1 日,票面利率为 8%,每年计息一次,债券的价格为 1050 元。
2. 债券到期日为 2023 年 5 月 1 日,票面利率为 8%,每半年计息一次,债券的价格为 1050 元。
3. 债券到期日为 2023 年 5 月 1 日,纯贴现债券,债券的价格为 800 元。
4. 票面利率为 8%,每年计息一次的永久债券,债券的价格为 1300 元。

【知识链接】

债券估价的基本模型

$$PV = \frac{I_1}{1+i} + \frac{I_2}{(1+i)^2} + \cdots + \frac{I_n}{(1+i)^n} + \frac{F}{(1+i)^n}$$

1. 平息债券的价值模型

$$PV = I \cdot (P/A, I, n) + F \cdot (P/F, I, n)$$

2. 纯贴现债券的价值模型

$$PV = F \cdot (P/F, I, n)$$

3. 永久债券的价值模型

$$PV = \frac{I}{i}$$

【解决方案】

1. 手工计算

（1）平息债券每年计息一次

$PV = 1000 \times 8\% \times (P/A, 6\%, 5) + 1000 \times (P/F, 6\%, 5)$

$= 80 \times 4.2124 + 1000 \times 0.7473$

$= 1084.29$（元）

可见，该债券的价值大于其价格，该债券是值得购买的。

（2）平息债券每半年计息一次

$PV = 1000 \times 4\% \times (P/A, 3\%, 10) + 1000 \times (P/F, 3\%, 10)$

$= 40 \times 8.5302 + 1000 \times 0.7441$

$= 1085.31$（元）

可见，该债券的价值大于其价格，该债券是值得购买的。

（3）纯贴现债券

$PV = 1000 \times (P/F, 6\%, 5)$

$= 1000 \times 0.7473$

$= 747.30$（元）

可见，该债券的价值小于其价格，该债券不值得购买。

（4）永久债券

$$PV = \frac{1000 \times 8\%}{6\%}$$

$= 1333.33$（元）

可见，该债券的价值大于其价格，该债券是值得购买的。

2. 使用 BA Ⅱ Plus 金融计算器计算

（1）平息债券每年计息一次（表二）

表二 BA Ⅱ Plus 金融计算器操作过程

操作	按键	显示
将所有变量设为默认值	2nd [RESET] ENTER	RST 0.00
输入付款期数	5 N	N= 5.00◁
输入利率	6 1/Y	1/Y= 8.00◁
输入付款额	80 PMT	PMT= 80.00◁
输入期末余额（终值）	1000 FV	FV= 1000.00◁
计算现值	CPT PV	PV= －1084.25*

平息债券每年计息两次（表三）

表三 BA Ⅱ Plus 金融计算器操作过程

操作	按键	显示
将所有变量设为默认值	2nd [RESET] ENTER	RST 0.00
输入付款期数	10 N	N= 1000◁
输入利率	3 1/Y	1/Y= 3.00◁
输入付款额	40 PMT	PMT= 40.00◁
输入期末余额（终值）	1000 FV	FV= 1000.00◁
计算现值	CPT PV	PV= －1085.30*

纯贴现债券（表四）

表四 BA Ⅱ Plus 金融计算器操作过程

操作	按键	显示
将所有变量设为默认值	2nd [RESET] ENTER	RST 0.00
输入付款期数	5 N	N= 5.00◁
输入利率	6 1/Y	1/Y= 6.00◁
输入期末余额（终值）	1000 FV	FV= 1,000.00◁
计算现值	CPT PV	PV= －747.26*

（4）永久债券可用手工或普通计算器计算

3．构建 Excel 模板计算

（1）债券估价模型（表五）

表五　债券估价 Excel 模板

	A	B	C	D	E
1	项目	平息债券每年计息一次	平息债券每年每年计息两次	纯贴现债券	永久债券
2	期限（年）	5	5	5	无到期日
3	每年计息次数	1	2	0	1
4	票面年利率	8.00%	8.00%	0.00%	8.00%
5	市场利率	6%	6%	6%	6%
6	票面价值	1000	1000	1000	1000
7	市价	1050.00	1050.00	800.00	1300.00
8	债券价值	1084.25	1085.30	747.26	1333.33
9	结论	应购入	应购入	不应购入	应购入

在 Excel 模板中，双线方框内的区域为数据输入区，加粗字体区域为数据输出区。只需在数据输入区输入相关数据，数据输出区的数据即可自动计算产生。

（2）相应单元公式（表六）

表六　债券估价 Excel 模板相应单元格公式

	B	C	D	E
8	=PV(B5/B3, B2*B3, —B6*B4/B3, —B6)	=PV(C5/C3, C2*C3, —C6*C4/C3, —C6)	=PV(D5, D2, , —D6)	=(E6*E4/E3)/(E5/E3)
9	=IF(B8>B7,"应购入","不应购入")	=IF(C8>C7,"应购入","不应购入")	=IF(D8>D7,"应购入","不应购入")	=IF(E8>E7,"应购入","不应购入")

【问题拓展】

登录深圳证券交易所或上海证券交易所，搜寻相关资料，计算两种债券的价值，并与市价进行比较，评价其投资价值。

案例二："基于工作过程"的财务分析

（一）学习情境的设计

此次财务分析的学习情境如表七所示。

表七　财务分析学习情境

学习情境9	财务分析	学时	4
学习目标		1. 掌握财务分析的基本方法。 2. 能运用指标分析法、杜邦分析法等方法进行财务分析	
教学资源		教材、教案、多媒体课件、工作任务单、任务资讯引导单、典型案例、图书馆资料、网络资源、相关企业资源等	
教学方法与策略		通过角色扮演法和任务引导法，引导学生进行资料和信息的查询以及理财方案的制订	
载体与任务		以虚拟企业的具体经营背景为载体，完成工作任务单指定的具体任务	
教学活动	步骤	教师活动	学生活动
	1. 资讯	提出任务和要求，并引导学生进行自习	根据工作任务单和任务资讯引导单，通过多种途径，利用多种资源资讯学习相关知识和信息
	2. 决策	辅助指导与引导	各小组充分讨论，做出决策方案
	3. 计划	与学生交流，评价计划的可行性	根据决策方案进行具体计划与分工
	4. 实施	引导与指导	在虚拟企业中实施决策方案，并完成工作任务报告
	5. 检查	检查决策方案的实施情况	自查决策方案的实施情况
	6. 评价	对学生作品进行点评与评价	自评、互评、听取建议或与老师讨论交流
考核方式		从理财素质、现场操作、任务报告、理财成果等方面进行考核，教师对小组的评价、教师对个人的评价、学生自评相结合，将过程考核与结果考核相结合	

教学实施方案

此次财务分析的教学实施方案如表八所示。

表八 教学实施方案

学习情境 9		财务分析
教学目标		1. 能够对财务报表进行单项分析； 2. 掌握财务报表的分析方法； 3. 掌握财务分析指标；
教学目标		4. 能运用杜邦财务分析体系进行财务状况综合分析； 5. 能完成财务分析报告的撰写
教学时数		理论教学 6 课时，实践教学训 6 课时
教学组织与实施	步骤	任务
	明确任务	1. 财务分析的概念、内容； 2. 财务分析方法； 3. 财务指标分析； 4. 财务综合分析
	教学准备	1. 指导学生收集下列信息 （1）《企业财务通则》和行业财务制度； （2）企业财务管理体制和岗位设置； （3）企业财务部门的工作流程与岗位职责； （4）企业财务管理岗位应具备的知识和能力； （5）信息收集渠道有实地调查、网络、报纸、杂志等。 2. 引导学生获取完成具体任务的专业知识和职业技能 （1）企业经济业务核算能力； （2）企业会计报表编制与分析能力； （3）知识迁移能力； （4）查阅资料和调查分析能力； （5）语言表达能力； （6）沟通与交流能力； （7）团队合作能力。 3. 准备教学实施工具 （1）相关法律、法规、政策等资料； （2）企业仿真财务数据等； （3）教材（讲义）、教学课件、教学案例及教学参考书； （4）实训室、实训基地及实训报告书； （5）计算器及办公用具； （6）多媒体教学设施； （7）视频和网络教学资料等

续表八

学习情境 9		财务分析
教学组织与实施	教学设计	1. 明确工作流程 （1）明确企业财务分析的概念、内容； （2）明确企业财务分析方法，确定完成任务的步骤和程序； （3）明确企业财务指标分析的内容，确定完成任务的步骤和程序； （4）明确杜邦分析法的工作流程，确定完成任务的步骤和程序。 2. 教学活动设计 （1）角色体验：学生分组充当股东、债权人和公司管理人员，召开小组会议讨论各自进行财务分析的侧重点，使学生明确根据目的不同选择不同的财务分析方法与财务指标。 （2）实训操作：通过对某上市公司进行财务分析实训，培养学生的实战能力。 3. 安排学习时间 见学习情境设计表（表七）
	教学实施	1. 学生按照既定计划，按步骤完成工作任务 （1）财务分析的概念、内容 • 财务分析的概念 • 财务分析的内容 （2）财务分析方法 • 比较分析法 • 比率分析法 • 因素分析法 　连环替代法 　差额分析法 • 趋势分析法 （3）财务指标分析 • 偿债能力 • 营运能力 • 盈利能力 • 发展能力 （4）财务综合分析 • 杜邦分析体系 2. 学生提交工作成果——企业财务分析报告 3. 工作成果归档
	教学检查	1. 由相邻两组学生互相检查对方的成果是否正确、规范，每组由一名学生代表汇报检查情况，主要问题：企业财务数据的筛选，各种财务指标的确定，分析方法的选择，风险防范措施，分析报告编制的规范性，计算结果的准确性和分析结论的准确性。 2. 教师抽查 由教师检查两个小组的成果，并进行讲评

续表八

学习情境 9		财务分析
教学组织与实施	教学评价	1. 学生进行自我评价 （1）不足 （2）收获 2. 教师评估 （1）指出学生存在的问题和解决方法 （2）总结比较 3. 学生互评 （1）学生互相学习 （2）提高学生综合能力 4. 综合评价 （1）对学生的参与程度、所起的作用、合作能力、团队精神、取得的成绩等综合评定 （2）对学生所做的每个步骤进行量化，得出一个总分

案例三："工学结合"的项目投资决策

（一）实训目的

通过本次教学活动，让学生对投资项目决策的基本程序和方法有进一步的理解和认识，学会分析影响项目投资的主要因素，掌握项目现金流量的估算方法与决策指标的运用，能够对项目的可行性进行简单分析评价。

（二）课时与地点

4课时，校外实训基地等单位。

（三）学习内容准备

1. 项目投资决策程序
2. 项目投资应考虑的因素
3. 项目的现金流量估算方法
4. 项目决策的评价指标

（四）任务要求

每个教学班都要建立学习小组，实训活动分组进行，小组负责人组织本组实训活动，每个小组讨论确定本组的计划投资项目（如饭店、干洗店、美容店、花店、超市、食品店、工厂、房地产公司等）。

合理预测和估算项目的寿命期、现金流量，假设资本成本为6%，计算投资回收期、净现值、内含报酬率等指标,并做出决策。

项目分析报告呈交方式:每个小组完成一篇完整的项目分析报告(字数3000左右),提交给课程辅导老师。在教学点进行课堂或论坛交流,最后由每个小组对项目的调研、论证及决策情况做详细陈述汇报,由其他小组进行评议,最后由教师点评总结。

(五)考核方法

以实习基地指导教师、校内领队教师和小组互评相结合的方式按小组考评。考评实行百分制,实习基地指导教师、校内领队教师和小组互评各100分。

校外实习任务成绩＝实训基地指导教师评分×50％＋校内领队教师评分×25％＋小组互评平均分×25％

案例四:"虚拟情境"下的ERP综合实训

(一)实训目的

学生可通过此课程将所学习的理论与企业经营管理实际有机地结合起来,在仿真实践环境中亲历一个企业完整经营的流程,承担实际业务角色,亲自操作资金流、物流、信息流极其协同;理解企业实际运作中各部门的相互配合,体验团队的力量和自己的作用;提升其策略性思考的能力,以及与下属沟通的技巧。

"ERP模拟对抗"课程可帮助学生了解企业并在模拟实践中建立一种共同的语言,提高每个人的商务技巧,从而使每个人都能支持模拟企业既定的战略决策,共同致力于生产力和利润的提高。该课程培训可以帮助学生了解企业内部所有重要的员工都理解企业的经营运作、企业的竞争力以及企业资源的有限性,帮助学生了解各部门管理人员做出有效的资源规划及决策。这是一门有效促进学生了解企业,形成团队沟通的课程。

(二)实训内容

介绍ERP沙盘模拟概貌、要求、运营规则。

带领大家进行初始年度演练,制定各小组竞争战略,并进行第一年模拟。

在对第一年模拟进行点评的基础上,各组CEO对第一年的竞争策略和经营情况进行总结,说明本企业是如何预估长、短期资金需求,掌握资金来源与用途。在综合考虑竞争对手的前提下,对企业经营前景进行预测,教师进行点评。

进行第二、第三年模拟,各组CFO分别对第二、第三年的财务策略和财务状况进行总结,说明如何运用财务指标进行内部诊断,协助管理决策,教师进行点评。

开始第四、第五年模拟,各组派代表分析本企业各项财务指标及如何以有限资金转亏为盈、创造高利润,教师进行点评。

开始第六年模拟经营并进行点评。

对各小组的整体运作情况进行分析总结。

（三）实训要求

通过预测市场趋势，评估内外部环境，制定中短期经营策略。

通过制定产品策略，加强生产管理，包括设备更新与生产线改良，调配市场需求、交货期和数量。

对竞争环境进行分析，制定市场定位、产品组合和市场开拓规划。

通过分析企业资金运作状况，制定投资计划、融资计划，进行回收周期的评估、现金流量的管理与控制、财务报表的编制和分析。让学生学习调动资金、控制成本及效益，认识变现计划与部门成本控制的重要性，对成本进行准确计算及良好管理，学会节约资金使用成本。让学生学习掌握企业最佳采购模式、企业合理库存的管理，配合市场需求与产能从事全盘生产流程规划及策划生产的产能与弹性。

（四）说明

1. 课时分配（表九）

表九　ERP 虚拟情境实训

内容	总学时	讲授课时	实训课时
ERP 沙盘模拟对抗的理论及运作规则	16	4	—
ERP 沙盘模拟对抗实训		—	12

2. 教学手段

该模拟课程的基础背景设定为一家已经经营若干年的生产型企业。此课程将把参加训练的学生分成 6 组，每组 6 人，每组各代表一个不同的虚拟公司。在这个实训中，每个小组的学生将分别担任公司中的重要职位（总经理、财务总监、市场总监、生产总监、采购总监等）。6 家公司是同行业中的竞争对手，他们从先前的管理团队中接手企业，在面对来自其他企业（其他学生小组）的激烈竞争中，共同面临将企业如何向前发展壮大的挑战。在这个课程中，学生必须根据企业的综合实力，在进行分析、预测的基础上，做出众多的决策。每个独立的决策似乎容易做出，然而当它们综合在一起时，许多不同的选择方案自然产生。采用 ERP 沙盘教学工具、学生手册等教具进行实训操作，通过分析工具最终对 ERP 沙盘模拟对抗赛成绩进行自动综合评测。

3. 考核方式和方法

ERP 综合实训考评实行分组考评，实训成绩由系统自动产生，第一名得 15 分，每降低一名减 1 分。

第五章 实践教学条件建设

实践教学条件是高职院校专业建设的主要物质基础。如果没有良好的实践教学条件作为保障，只靠"黑板上开机器"和"纸上谈兵"，再好的师资条件也不能发挥其应有作用，更不能有效支撑"三教"改革。实践教学条件建设是一个包括实践教学平台、运行机制等要素建设在内的系统工程，构建"项目化、跨平台、双轨分层递进"的实践教学体系，需要充分调动利益相关者的积极性和创造性，才能取得好的效果。

第一节 实践教学条件现状与成因分析

经过示范校、骨干校、优质校和"双高"校建设，目前高职院校会计专业实践教学条件普遍得到提升。但由于受到体制机制等因素制约，高职会计专业实践教学平台仍存在投入不足、资源利用率不高、更新不及时等问题。

具体调查情况如表一所示。

表一 实践教学平台建设存在的突出问题调查表（多选）

项目	频数	所占比例
经费投入少，设备数量不足	130	94.20%
设备利用率不高	71	51.45%
设备维护、更新不及时	76	55.07%
教师参与实践教学平台建设的积极性不高	55	39.86%
教师参与实践教学的积极性不高	78	56.52%
其他	5	3.62%

从表一可知，有九成以上的教师认为"经费投入少，设备数量不足"是实践教学平台建设存在的突出问题。可见，对绝大多数高职院校来说，经费问题仍是制约实践教学平台建设的最大瓶颈。有五成以上的教师认为"教师参与实践教学的积极性不高"是第二个突出问题。这说

明会计专业课教师较普遍的工作状态，教师工作积极性问题可能与学校激励机制有关，应引进高度重视。如果教师不愿意利用实践教学设备开展实践教学，再好、再充足的设备也只能成为实验室中昂贵的"摆设"。"设备维护、更新不及时"是第三个突出问题，这反映出当前高职院校实践教学管理中的短板之一，多数学校实践设备管理难以适应实践教学需要成为常态。超过半数的教师认为"设备利用率不高"是第四个突出问题。有限的实践教学资源却未能得到充分利用，这成为高职院校特别是公办高职院校的"通病"和"怪象"之一。"教师参与实践教学平台建设的积极性不高"是第五突出问题，这可能与学校的教师考核办法有关。

到底是什么原因导致以上突出问题出现呢？具体调查分析如表二所示。

表二　实践教学经费投入少、设备数量不足的原因调查（多选）

项目	频数	所占比例
学校经费紧张	113	81.88%
管理层对实践教学重视不够	124	89.86%
教学部门不积极争取建设经费	16	11.59%
教师不愿意使用实践教学设备	8	5.80%
其他	3	2.17%

从表二可知，近九成的教师认为"管理层对实践教学重视不够"成为实践教学经费投入少、设备数量不足的第一原因，说明教师们普遍认为目前高职院校管理层的决策对实践教学平台建设影响最大，以教学为中心的教学理念可能在不少高职院校未得到真正落实。约八成教师认为"学校经费紧张"是第二重要原因，说明多数教师承认高职院校经费紧张的实际，但关键是好钢是否用在了刀刃上？

从表三可知，设备利用率不高的第一原因是"教师不愿意晚上或学生业余时间上实践课"，这从另一个侧面反映出部分高职教师工作积极性不高的现实。"实践教学时间安排不合理"成为第二原因，这反映出部分院校实践教学管理存在不足之处，可能是管理人员有意顺应"教师不愿意晚上或学生业余时间上实践课"的民意和心声。"教学设备数量不足，无法多班平行开展实践教学"是第三原因，这主要是目前会计专业生源普遍充足，每届招生在三个班以上的情况比较普遍，不少学校的实践设备难以容纳如此规模的平行班级上课，造成部分教师干脆放弃了上实践课的念头。

表三　设备利用率不高的原因调查（多选）

项目	频数	所占比例
实践教学时间安排不合理	64	46.38%
教师不愿意晚上或学生业余时间上实践课	98	71.01%

续表

项目	频数	所占比例
教学设备数量不足，无法多班平行开展实践教学	47	34.06%
其他	6	4.35%

从表四可知，"实践教学经费缺乏"是造成设备维护、更新不及时的主要原因，这反映了多数高职院校的教学经费紧张的实情。造成设备维护、更新不及时的第二原因是"实践教学管理人员配备不足"，这反映出多数高职院校没有配备专职实践教学管理人员，实践教学管理人员一般由专业教师兼任的实际。由于专业教师并非设备维护与管理专业人员，隔行如隔山的技术鸿沟，造成设备管理能力不足成为必然。近三分之一的教师认为造成设备维护、更新不及时的第三原因是"实践教学管理人员缺乏积极性"，说明不少教师认识到人为因素成为导致实践教学设备维护、更新不及时的重要原因。

表四 设备维护、更新不及时的原因调查（多选）

项目	频数	所占比例
实践教学管理人员配备不足	89	64.49%
实践教学管理人员业务能力不足	24	17.39%
实践教学管理人员缺乏积极性	45	32.61%
实践教学经费缺乏	121	87.68%
其他	3	2.17%

从表五可知，"职称评审文件对实践教学项目建设无明确要求""学校考核文件对实践教学项目建设无明确要求"是造成教师参与实践教学平台建设积极性不高的主要原因。可以看出，考评制度在调动教师参与实践教学平台建设方面具有不可替代的积极作用。"实践教学项目建设出力不讨好"反映出目前高职院校实践教学平台建设的政策性、技术性和复杂性，多数教师为了规避这种风险与收益不对等的任务而选择避而远之。

表五 教师参与实践教学平台建设积极性不高的原因调查

项目	频数	所占比例
职称评审文件对实践教学项目建设无明确要求	89	64.49%
学校考核文件对实践教学项目建设无明确要求	71	51.45%
实践教学项目建设出力不讨好	76	55.07%
其他	5	3.62%

从表六可知，分别有八成和近六成的教师认为"实践课程课酬与付出不相称""实践课程上课难度大"是造成教师参与实践教学积极性不高的两大主要原因。因为上好一堂实践课，需要准备实验（训）材料，并且备课工作量较大，更为特别的是实践教学课程经常会出现课本中未涉及但又必须解决的难题，因此不少教师对实践课是望而却步。按照常理，应该是"优劳多得，多劳多得"，但不少学校竟然将实践教学课课时系数定得比理论课系数还要低，这必然会挫伤认真上实践课的教师的积极性。约两成的教师认为"教师不擅长上实践课"为第三大原因。年龄偏大、信息技术较差和懒惰的教师，开展实践教学确实存在一定难度。事实上，指望所有专业教师都能胜任实践课是不现实的。

表六 教师参与实践教学积极性不高的原因调查

项目	频数	所占比例
实践课程上课难度大	82	59.42%
实践课程课酬与付出不相称	114	82.61%
教师不擅长上实践课	31	22.46%
实践教学设备经常出现故障	12	8.70%
其他	9	6.52%

第二节 "项目化、跨平台、双轨分层递进"实践教学体系构建

实践教学体系和运行机制建设是高职院校内涵建设的重要内容，对高技能人才培养起着关键作用。《教育部关于深化职业教育教学改革 全面提高人才培养质量的若干意见》《职业学校学生实习管理规定》等相关文件均强调高职教育实践教学体系建设的重要性。近年来，随着国家级、省级示范（骨干）校等建设项目的实施，高职会计专业实践教学条件普遍得到较大改善。但是，由于受到体制机制、资金投入、会计职业特殊性等因素的影响，会计专业的实践教学体系建设并没有取得实质性突破，仍然不同程度地存在实践教学与理论教学脱节、校内实训基地教学与校外实训基地教学脱节、实践课程之间脱节、实践教学内容与企业会计岗位实际工作内容脱节、实践教学内容与学生接受能力脱节、实践教学考评方法与学生实际脱节等"六脱节"现象，制约了高级会计技能人才培养质量的持续提高，影响了学生的就业质量。本节结合高等职业教育创新发展行动计划（2015—2018年）项目高职会计骨干专业改革与建设经验，提出高职会计专业"项目化、跨平台、双轨分层递进"实践教学体系建设方案。

一、探索"123"双师团队建设模式

作为学习促进者的教师是实践教学体系建设的关键要素,决定着实践教学体系建设的成败。经过多年的探索与实践,形成了"123""双师型"教学团队建设模式,如第三章第二节图一所示。该模式中,"1"是指"双师型"团队建设必须依托"校、企、行"合作这一重要平台,离开这一平台的资源支撑,真正的"双师型"队伍培养将成为空谈。"2"是指两个结合,第一个结合是指师资队伍来源于培养、引进和聘请三种渠道,实现优势互补。通过培养或引进教学名师、专业带头人、骨干教师,充分发挥其"传、帮、带"作用,整体提升教师队伍实践教学水平;适量聘请行业企业能工巧匠、技术能手、行业企业专家作为兼职教师,以优化师资队伍结构。第二个结合是指专职教师与兼职教师相结合,优化教师队伍结构。充分发挥行业企业兼职教师的实践技能强项,以弥补校内专职教师实践技能不足。"3"是指教师培养采用送出去、动起来和师带徒三种培养方式。"送出去"是指有计划地选派教师参加国家级、省级高等职业教育骨干教师培训,出台政策措施鼓励教师利用业余时间到企业财务岗位实践锻炼,参加学历提升和进修学习,以提升教师的综合素质和实践教学水平;"动起来"是指采取激励措施,充分发挥教师的主观能动性,让教师主动参加会计相关职业资格考试,参加教师技能大赛,指导学生参加会计专业相关职业技能大赛,潜心从事教学与科学研究,积极投身社会服务,以实际行动服务地方经济建设,以达到综合提高教师实践教学能力的目的;"师带徒"是指借鉴现代学徒制经验,尝试采用现代学徒制模式进行教师实践技能培养,让校内专职教师拜行业企业会计专家为师,发挥师徒关系契约纽带作用,提高教师实践技能学习效果,以实现教师实践教学技能与企业财会岗位实际工作无缝对接。

二、构建"内外结合、双轨分层递进"实践教学平台

实践教学的实施需要必要的实验实训条件作为支撑。提升实践教学条件,需要深化校企合作,充分利用社会资源,努力探索"校中厂"人才培养模式,构建形成"内外结合、双轨分层递进"实践教学平台,如第三章第五节图十所示。实践教学平台是高职院校开展实践教学,突显职教特色的物质基础,对缩小学校教育与工作世界之间的距离具有不可替代的重要作用。目前,职业院校是否拥有完善的实践教学平台成为衡量高职院校专业建设水平的重要标识。

"内外结合"是指校内实训基地与校外实训基地相结合,充分利用学校和企业教学资源。会计工作的保密性和岗位稀缺,决定了会计专业实践教学方式不可能以校外顶岗实习为主,只能以校内模拟实训为主。校内实训基地主要包括会计手工模拟实训室、会计电算化实训室、会计综合模拟实训室、企业经营模拟实训室等,配置有网中网8门课程(模块)、用友ERP－U8 V10.1、用友ERP－U8 V10.1考试平台、中教畅想企业经营模拟沙盘等。挑选制造业、商贸、会计师事务所等不同行业的企业结成紧密的校企合作关系,形成一批稳固的校外实训基地。实训基地能够满足学生认知实习、顶岗实习实践教学的要求,与校内实训条件相互补充,促进学

生职业能力的培养，有利于学生职业技能的提升，为学生零距离上岗创造了条件。

"分层"是指将技能训练过程分为基础技能模拟实训、岗位技能模拟实训、综合技能模拟实训和真实技能顶岗实习四个层次。基础技能实训是根据会计岗位的需要，专门训练会计从业人员必备的点钞、珠算、小键盘操作、会计书法、会计基本核算流程、财经应用文写作等基础技能。岗位技能模拟实训是以虚拟企业为背景，以核心专业课程为基础，训练出纳、会计核算、成本核算、会计报表编制、纳税申报、会计电算化、财务管理、审计等岗位的单项基本职业技能。综合技能模拟实训采用"混岗"和"分岗"模式，分别由学生担任主管会计、出纳、成本核算、存货核算、销售核算、往来核算等不同的岗位角色，协作完成或独立完成中小型工业企业和商业企业一个会计期间的综合业务工作。真实技能顶岗实习是组织学生到校外实训基地顶岗实习，参与企业真实工作，协助企业财务人员完成或独立完成真实的会计工作。

"双轨"是指对于每项岗位实训任务，采用手工和计算机两种实训手段。同一项会计实训任务先进行手工处理，然后再进行电算化处理，并将手工处理结果与电算化会计处理系统的结果相印证。既提高学习内容的可比性和教学效果，也训练了学生的信息化能力。

"递进"是指实训教学内容按照高职教学规律和学生认知规律，"由低到高，由易到难"顺序安排，学生的学习过程是一个"基础技能模拟实训－岗位技能模拟实训－综合技能模拟实训－真实技能顶岗实习"的循序渐进过程。

三、构建"岗课证赛"深度融合的专业核心课程体系

学生职业技能培养必须通过科学设计的课程作为支撑，通过课程教学的实施来实现。以岗位需求为依据，以精品课程建设为抓手，以职业技能大赛为导向，构建形成"岗课证赛"深度融合的专业核心课程体系（如第三章第五节图十一所示），实现专业课程内容与岗位标准对接，学历证书与职业资格证书对接，课程教学与职业大赛对接，解决实践技能培养的依据问题。

"岗"是指按照基于工作过程的课程开发理念，在充分进行专业调研与分析的基础上将高职会计专业职业岗位群的核心岗位分为三个岗位：出纳、会计核算和财务管理。"课"是指依据核心岗位学习领域确定出纳实务、会计职业基础、企业财务会计、成本会计、管理会计、税收实务、会计电算化、经济法、企业财务管理和会计综合实训等十门核心专业课程。"证"是指初级会计师、中级会计师、高级会计师和注册会计师等职业资格证书，专业核心课程内容与职业资格证书考试内容相对应，能够支撑学生参加会计职业资格证书考试。"赛"是指会计职业技能大赛，专业核心课程的设置和教学要完全满足学生参加会计职业技能大赛需要，有利于提升学生的核心职业能力。

四、构建实践课程教材体系

实践课程教材是开展实践教学的主要依据，其质量直接影响实践教学质量。目前，我国高

职实践教材出版市场鱼龙混杂,实践教材良莠不齐。因此,严格控制实践课程教材质量,探索构建"国家级教材为主,一般教材和自主开发教材为辅"的实践课程教材体系(如第四章第一节图一所示)具有重要意义。

国家高职会计专业教学资源库集合了丰富的优质教学资源。为了保证教学质量,便于开展"教、学、做"一体化教学,建议主干职业技能核心课程优先选用国家高职会计专业教学资源库建设教材,主干职业基础、基本素养和职业拓展课程优先选用出版次数较多的国家级规划教材。对于职业资格考试教材,选用国家职业资格考试教材,以实现教学内容与国家职业资格考试内容完全对接;对于教学急需但短缺的其他教材,可选用专业出版社教材,也可根据学校实际校企合作开发立体化教材,以弥补优质实践教材的不足。

五、探索"四段式""四结合"人才培养模式

良好的教学条件只是实践教学的必要条件,实践教学质量的提高还必须有科学先进的人才培养模式。

1. "教、学、做"一体化"四段式"教学模式

以职业技能大赛和职业资格证书考试为指引,探索"教、学、做"一体化"四段式"教学模式(如第三章第五节图十三所示),提高实践教学效果。按照由低级到高级、由简单到复杂的认知规律,将学生实践技能培养过程分为单项情境教学、岗位模拟实训、校内综合实训和校外跟岗与顶岗实习四个阶段,相应的教学内容分为具体工作任务、课程实训项目、专业综合实训项目和企业岗位工作任务四个类别,分别对应培养四种职业能力:虚拟单项理财能力、虚拟岗位理财能力、虚拟综合理财能力和岗位真实理财能力。认知实习贯穿于教学全过程,以增强学生对职业环境和职业岗位的感性认识。

2. "四结合"职业资格考试培训模式

自2017年会计从业资格证书考试取消后,初级会计师成为高职会计专业学生重要的入职资格证书。对目前文化基础普遍薄弱的多数高职学生来说,毕业之前顺利考取初级会计师资格并非易事。因此,引企入校,探索"四结合"职业资格考试培训模式(图一),提高学生职业资格证书获取率,以期提升学生就业质量成为高职会计专业建设者必须考虑的重要命题。

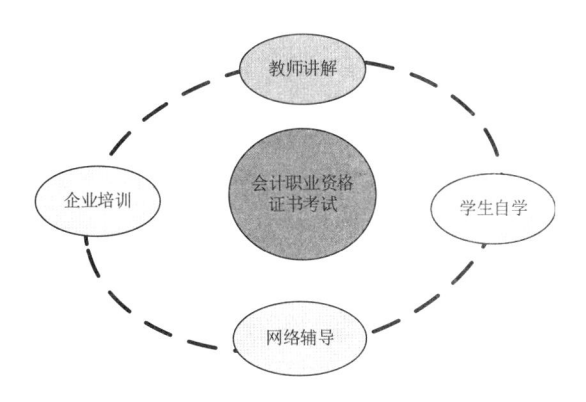

图一　"四结合"职业资格证书培训模式示意图

"四结合"是指将校内专任教师课堂讲解、学生课下自学、参加网络辅导和行业企业顶岗工作实践四种方式相结合。校内专任教师课堂讲解是学生学习专业知识和技能的基础，学生课下自学和参加网络辅导是对课堂所学内容的巩固和提高，专行业企业顶岗工作实践可作为以前三种方式的补充，也更加符合培养会计专业应用型人才的目标。

六、构建科学的实践教学质量评价体系

根据代理理论，政府、学校、教师、行业、企业、社会评价机构既是高职教育不同层级的"管理者"，又分属于不同层次的"代理者"，由于信息不对称，逆向选择和道德风险难以避免。构建教学质量评价体系，科学评价教学质量可以减少逆向选择行为和道德风险的发生。和普通人一样，作为教育受益者的学生也存在学习惰性，需要通过教学质量评价这种约束与激励机制来调动其学习积极性和创造性。应加强基本知识和基本职业技能培养，重视课程形成性考核和实践性考核，改革课程考评方式，才能形成科学的实践教学质量评价体系，如图二所示。

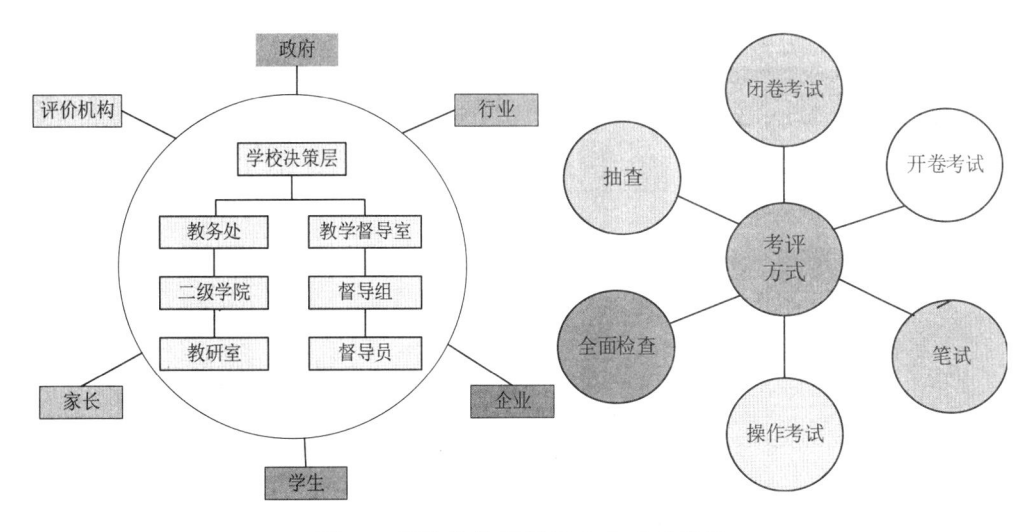

图二　实践教学质量评价体系示意图

一是要建立"校－院－教研室"三级实践教学质量评价体系。学校教务处负责全校实践教学质量监控管理，主要执行机构为教务处长领导下的教学督导室。各二级学院负责本部门实践教学质量监控管理，二级学院院长领导下的督导组为具体执行机构。二级学院各教研室负责各专业的实践教学监控管理，具体由教研室主任领导下的督导员负责。实践教学质量监控应争取让学生、企业、行业、政府、社会评价机构和学生家长等利益相关者更深入广泛地参与，才能取得更好的效果。比如，对于实践教学质量评价，作为教育主体的学生可能最有发言权；学生在企业顶岗实习表现，企业的评价应最客观、公正；对学校的专业实践教学质量，行业的评价最具有权威性；政府通过职业技能大赛和教学质量评估等形式，能够对学校实践教学质量做出较为客观的综合评价；社会第三方评价机构进行的独立评估可能更具有说服力；家长从孩子的学习和就业情况也能对学校的实践教学质量做出大致评价。

二要注重课程考评改革，因课制宜，采取灵活多样的考评方式。注重过程性评价和基本知识、基本技能考核，提倡现代化考评方式的应用，强化岗位操作技能考核，将形成性考核与终结性考核相结合，提高日常课堂教学、课后作业、社会实践、期中考试等项目在课程考核中的分数的比重，以提高学生日常学习的积极性。

通过以上6个方面的建设，通过优化整合实践教学资源，最终构建形成具有较强可操作性的高职会计专业"项目化、跨平台、双轨分层递进"实践教学体系，如图三。

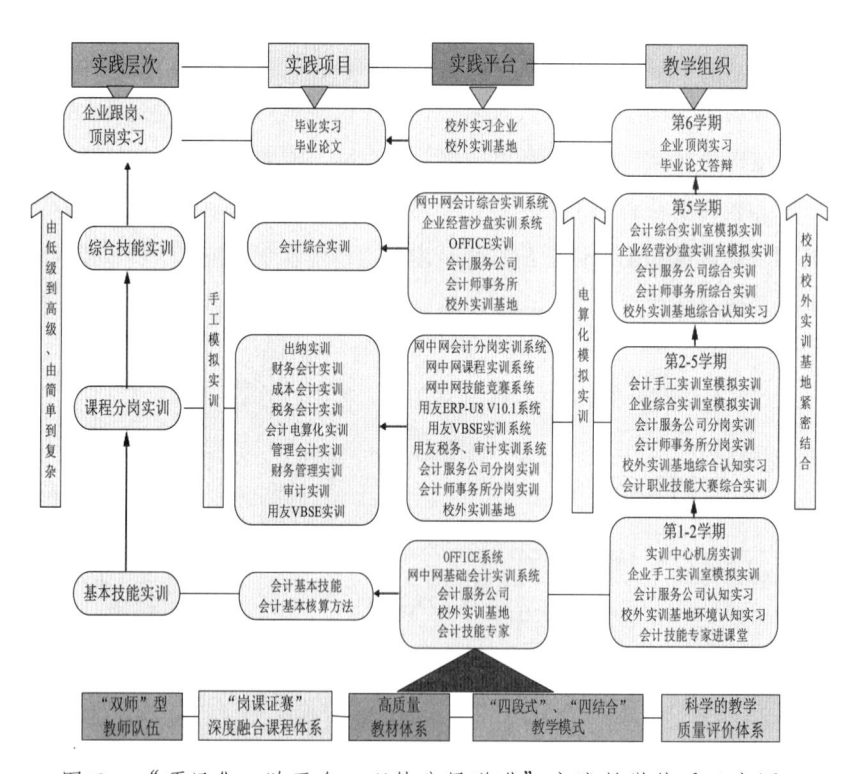

图三 "项目化、跨平台、双轨分层递进"实践教学体系示意图

高职会计专业实践教学体系建设是一项复杂的动态的系统工程，不可能一蹴而就，需要广

大高职会计教育工作者的长期不懈努力才能逐步完善提高。应遵循以下建设理念：一是会计专业实践教学应以校内仿真实训教学为主，不要过度依赖校外顶岗实习。这是由会计职业较高的保密性特点所决定。二是落实才是硬道理。再好的实践教学方案如果不能落实到位，也只能是空谈。三是学生"学得会"才是王道。应针对高职学生实际，优化教学内容，加强学生基础知识和基本技能培养，让学生乐意学、学得会。四是制度建设是实践教学体系有效运行的关键，核心是调动教师的积极性。应重视发挥职称评审制度"指挥棒"和绩效工资分配方案基础导向作用。

第三节 建立健全实践教学管理体系

高职实践教学作为高职技能培养的核心环节，涉及面较广，更需要加强管理，以提高资源利用效率，保证教学质量。

一、管理模式的选择

目前，高职院校实践教学管理模式主要有集中管理和分散管理两种模式。对于公共课程教学宜采用集中管理模式，由公共教学单位（系部）负责集中管理，以便于统一调配教学资源，提高资源利用率。对于专业课程教学应以教学单位（系部）为主，宜将教学资源分散到各教学单位，由教学单位自行管理，以提高管理的专业化水平。但无论是采用哪种管理模式，都应由教务管理部门或实训管理中心加强监管和指导。对于实验实训设施的维护保养，可由学校教务或实训管理中心统一组织实施，以节约资源，减轻教学单位经费负担。

二、健全的规章制度

科学合理的实践教学规章制度是实践教学高效开展的重要保障。因此，相关部门应结合学校实际，逐步完善实践教学规章制度，以保障实践教学有序进行，师生人身安全，国家财产安全。

三、数量充足的高素质管理人员

目前，高职院校普遍存在实验实训管理人员岗位人员配备不足的问题。实验实训管理人员疲于应付校内外实践教学，造成实验实训设备粗放管理。主要原因还是学校领导层观念没有转变，对实践教学重视不够。只要待遇跟上，"专兼结合"不失为组建实践教学管理人员队伍的好办法。

四、科学的评价机制

教务管理部门或实训中心应依据相关考评制度,对各实验实训室的实训课时、物品登记管理、仪器设备维修登记、设备日常运行记录、各种文档资料整理存档,以及卫生情况和安全检查等指标进行全面量化考核。这既是对实验实训管理人员业绩的考核,又与单位考核挂钩,以调动教学单位的积极性。

五、建立完善的校企合作机制

推动"校企合作"人才培养平台建设,是创新与优化人才培养模式的关键。把产学研作为人才培养模式改革的重要切入点,开展多种形式的产学研结合、校企合作,深化政府职能部门、相关行业协会及企业参与办学的合作机制,在联合制订专业人才培养方案、联合培养人才、组织教师培训、共建实习基地等方面建立稳定的合作关系,促进学校教育与会计职业实践相结合,促进专业教育与技能培训沟通与衔接,强化学生职业能力培养,不断增强办学活力。

一是建立健全校企合作机构,保证校企合作有效运行。成立以主管院长、行业企业会计专家为主任,系部负责人、会计骨干教师为成员的校企合作办学委员会和专业建设委员会。委员会主要分析、研究校企合作的模式、方法,找准办学定位,明确办学方向,全面指导协调校企合作各项工作。各教研室主任负责制定与企业合作办学的教学、教务工作,并配备一名专职校企合作联络员,负责校企合作工作的开展。

二是构建长效合作机制,全面推进校企合作。第一,建立校企双赢的利益驱动机制和沟通机制。通过校企合作,使行业企业和学校高层管理、财会人员、专业教师进行沟通交流,有效发挥校企双方在人才培养方面的优势,形成合力,共同推进学校发展,提高企业竞争力,搭建互利双赢平台,使学校、企业和学生三方受益。第二,强化制度建设与保障机制。在政府加强宏观层面促进校企合作的法规制度建设的基础上,校企双方也应建立微观层面上的操作性校企合作具体制度,使校企合作有规可依,有章可循。

三是拓宽校企合作领域,丰富校企合作内涵。第一,积极探索校企合作模式,充分发挥校企合作委员会、专业建设委员会等校企合作机构在专业建设规划、人才培养方案、理论教学与实践教学计划、学生就业与跟踪培养等方面的积极作用。按照"互惠互利,深度参与"的原则建设校外实践教学基地。第二,充分利用企业师资、设备等资源优势,提高学生实践技能,加强专业教师动手能力的培养。第三,发挥学校人才优势,帮助行业企业在职财会人员进行专业知识培训或考证培训,为行业企业提供会计咨询服务、会计制度的设计与指导。

六、问题反思

（一）以人为本

要解决高职会计专业实践教学平台建设问题，其核心是人的问题，是如何调动广大高职教师的工作积极性，发挥其主观能动性的问题。落实行动导向的课程改革是解决实践教学与理论教学脱节的突破口；以校企行合作为纽带，校企共建实训基地是消除校内实训基地教学与校外实训基地教学脱节的关键；按照注重效果、循序渐进的原则，重在落实以基本技能实训、核心专业课程实训、专业综合实训为主的实践教学项目是解决实践课程之间脱节的基本方法；选取优秀教材，及时更新实践教学内容，聘请行业企业会计专家担任实践课教师是解决实践内容与企业会计岗位实际工作内容脱节的良方；为了适应文化基础普遍薄弱的高职学生的基本现实，调整实践教学内容，降低教学难度，加强基本知识、基本技能训练，加强操作技能考核，是解决实践教学内容与学生接受能力脱节的必由之路；建立高职教师与行业企业之间的畅通交流机制，是从根本上解决校内专任教师与校外兼职教师脱节的突破口。

（二）长效机制建设

解决高职会计专业实践教学管理机制问题，制度建设是保障，制度落实才是王道。一是政府加大对实践教学资源建设和使用情况的监管；二是加强教师操作技能培训，首先让教师学会操作，才能从根本上解决校内实训基地的"重建设，轻利用"问题。建立健全落实激励机制，才能解决教师参与实践教学改革动力不足的问题。建立高职教师与行业企业之间畅通的人才"双向"交流机制，才能从根本解决兼职教师队伍不稳定的问题。把教学质量主要评价权交给真正的顾客——学生，才是解决教学质量考评公平性的问题。

（三）工作重心选择

当然，硬件、软件、管理问题解决之后，还有一个会计专业学生实践教学的工作重心是在校内还是在校外的问题需要弄清。会计工作的职业特殊性决定了会计专业学生实践教学不能过多依赖于校外顶岗实习，而应在校内模拟实训上下大功夫，以弥补学生校外实习的不足。

总之，课证融合、教学做一体、难度适中、满足就业、兼顾发展是高职会计专业课程改革的核心；内外结合、以内为主、分层双轨递进、双师团队、重在管理、校企行合作是高职会计专业实践教学体系的必由之路；领导重视、制度完善、教师主动、学生主体、激励为主是高职会计专业实践教学平台高效运行的根本保障。

第四节　高职院校实践教学体系运行机制

实践教学体系是一项包括实践设施、师资队伍、实践教材、管理制度、教学模式等系统工程。近年来，高职教育实践教学条件普遍得到了较大改善，但由于受到体制机制、资金投入、师资水平、校企合作、教学理念、管理水平等因素的影响，高职实践教学体系仍普遍存在运行效率不高的问题，严重制约了高端技术技能型人才培养质量的持续提高。因此，在当前高职生源危机、部分本科高校向高职教育转型发展的大背景下，系统分析设计适合我国高职教育特点的实践教学体系高效运行机制具有重要理论与实践意义。

一、影响实践教学体系中利益相关者积极性的因素

高职院校实践教学体系利益相关者是指实践教学资源的分配、建设、管理、使用者，主要包括教师、政府、学校、企业、学生。实际上，实践教学体系运行问题本质是实践教学资源的合理配置和高效利用问题。因此，利益相关者参与的积极性是高职实践教学体系运行效率的决定性因素。到底是什么原因削弱了利益相关者参与实践教学体系的积极性，从而造成实践教学体系运行效率低下的尴尬局面呢？

（一）影响高职教师积极性的主要因素

高职院校教师考评制度不够完善，难以调动教师的工作积极性。虽然，目前多数高职院校均有存在教师考评制度不够完善，普遍存在"重形式、轻效果"的不良现象，难以真正落实，久而久之必然会挫伤想通过努力工作得到所期望回报的教师的工作积极性。"重科研、轻教学"的职称评审制度更是过度强化了科研工作的重要性，使广大高职院校教师的主要精力偏离了基本职责——教学工作，使他们的"主业"变成了"副业"，必然会影响教学质量。

僵化的"大锅饭"式的薪酬分配制度更增加了教师的不公平感，使教师产生心理冲突，影响了工作积极性。实践教学是培养高职学生职业技能的重要环节，应得到足够的重视和强化。事实上，要上好实践课不仅需要教师过硬的理论水平和操作技能，更需要教师的精心组织和协调，实际付出远多于纯理论课教学。但因实践课具有形式灵活多样，不便于量化、监管和考核等特点，不少高职院校不但没有增加课酬标准，反而把实践课酬标准定得比理论课的课酬标准还低。这挫伤了教师参与实践教学的积极性和创造性，不少业务能力较强的青年教师甘愿停留在传统教室的三尺讲台而默默无闻，这不能不说是职业教育的悲哀。

虽然"去行政化"是我国教育机构改革的趋势之一，但目前多数公立高职院校官僚氛围浓

郁,"学而优则仕"的等级观念明显。原本是学校主体的一线教师成了学校官僚体制的最底层,得不到足够的重视和与付出相匹配的报酬,普通教师普遍存在不公平感,影响了教师的工作积极性。

多数学生文化基础薄弱,纪律观念淡薄,学习积极性不足。多数教师尽管使出浑身解数,却难以取得预期的教学效果,因此挫伤了他们的教学积极性。

与本科学校相比,高职院校经费投入不足,教师的福利待遇不高,与本科院校有较大差距,这在一定程度上也影响了教师的工作积极性。

以上消极因素必然还会影响教师自身的职业发展,影响他们参与实践教学平台建设、实践教学改革、校企合作、实践教材编写等工作的积极性和创造性,最终伤及高职教育教学质量。

(二)影响政府积极性的主要因素

政府部门和公众之间存在一种特殊的代理关系,当目标发生冲突时,机构代理人往往可能选择损害公众利益、国家或政府利益而维护机构(或个人)利益。政府主管部门作为高职院校的监管部门,对高职院校实践教学体系建设存在逆向选择和道德风险在所难免。这必然会影响政府主管部门参与、监督和指导高职院校实践教育体系建设的主动性和积极性。

(三)影响高职院校积极性的主要因素

高职院校作为全额财政支付的国家事业单位虽然存在诸多优势,但体制机制僵化带来的弊端也不容忽视。由于信息不对称,高职院校的各级管理者均作为政府向社会提供准公共产品的一种代理者,也不可避免会存在逆向选择和道德风险,存在急功近利、好大喜功和偷懒等不良行为。造成因管理不善,实践教学资源配置不合理,实践教学设施利用率低等问题。

(四)影响企业积极性的主要因素

企业作为一个追求利润最大化的经济组织,更看重能从学校得到的回报。高职院校除了能在实验实训设施建设、教师实践能力培训、实践教材建设等方面给企业带来直接利益外,还能带给企业的主要是企业需要的毕业生和教师给企业员工的培训。与更高层次的本科院校相比,无论是在人才培养、科技创新,还是在师资水平方面,多数高职院校均无明显优势可言。事实上,近年来高职院校积极开展的校企合作之所以举步维艰,难以取得实质性突破,也与以上原因不无关系。可见,高职院校缺乏比较优势,是影响企业参与高职实践教学体系建设积极性的主要因素。

(五)影响学生积极性的主要因素

学生在实践教学体系中的积极性主要表现为实践课程学习的积极性。主要影响因素:一是多数高职学生文化基础较差,学习习惯不良,学习目标不明确,专业信心不坚定,学习能力较弱、兴趣不浓。二是由于受到师资队伍形成的历史原因,高职师资总体水平不高,再加上受到经费等条件限制，高职教师接受实践技能培训的机会较少，造成高职教师动手操作能力和生产实践经验普遍欠缺，影响了对学生的指导和教学效果。目前高职院校普遍较高的生师数量比，也影响了实践教学效果。三是由于经费投入不足，多数高职院校实践教学设施普遍不足，再加上实践课教师数量不足，造成实践教学任务落实更加困难。四是高职教材难度与高职学生较薄弱的文化基础不相称，造成相当多的学生想学也学不会，最后逐渐厌学，甚至彻底放弃学习的不良后果。五是部分高职院校松散的班级管理方式与目前高职学生状况不相适应，造成班级学风不端，难以形成争优创先、团结向上的班级文化和学习氛围。六是教师的教学积极性和传统教学评价方式也会影响学生学习的积极性。

二、高职实践教学体系运行机制分析与构建

（一）动力机制

1. 政府部门

职业教育的公益性是政府参与企业教育的直接理由。一是履行公共管理职能，实现教育资源的合理配置，提高人才培养质量，促进高职院校的快速健康发展。二是加强对财政资金投放和使用情况的指导、监管和评估，保证财政资金有效使用，杜绝资金浪费。

2. 学校

国家鼓励职业教育领域的对外交流合作，支持引进境外优质资源发展职业教育，鼓励有条件的职业教育机构赴境外办学，支持开展多种形式的职业教育成果互认。高职院校根据专业建设需要，主动参与作为高职教学体系核心内容的实践教学体系建设与管理是履行高端技能型人才培养义不容辞的职责，也是增强自身吸引力、核心竞争力和可持续发展能力的需要。

3. 管理部门

教务、实训、财务管理部门参与实践教学体系建设主要出于履行管理职责的需要。管理部门作为学校利益的共同体，为了自己的生存与发展也有参与实践教学体系建设与管理的动力。

4. 教师

遵守教师的岗位职责和职业道德，改善实践教学条件，提高教学质量可能是教师参与实践教学体系建设的基本动因。通过利用实践设施提高自身实践技能和教学水平是多数教师职业发展的内生动力。

5. 企业

销售企业为了销售实验实训器材，承建企业为了完成建设合同、稳固客户，实现自身利益最大化是企业参与高职院校实践教学体系建设的根本动因。校企合作企业参与学校实践教学体

系建设的主要动因有选择优秀职业人才的机会，而且可以借助职业学校的信息与技术服务进行新产品的研制开发、新技术的引进、设备的技术改造，提升企业自身形象等。

6. 学生

主动学习专业技能，培养创新能力、创业能力，满足自我发展、自我实现的需要是学生的基本内生动力；适应激烈竞争的人才市场，提高就业质量，遵守学校管理制度和学习考评制度则是外在动力。

（二）沟通协调机制

1. 信息沟通机制

信息不对称是影响管理效率的主要障碍。学校应建立健全学校、企业、教务管理部门、实验实训管理部门、教学任务承担部门、师生之间的信息沟通平台，方便相互间及时交流实验实训资源的需求、使用和运行状况，以便做到实践教学资源充分共享和高效利用，也便于相关管理部门对实践教学情况的监管。一是建立网络交流（办公）平台，及时下达、上报实践教学资料，保持信息传递通畅。二是建立例会制度，由主管领导、教师和学生代表参加，及时总结实践教学中存在的问题，并及时纠正，防患于未然。三是不定期召开由行业企业专家参与的实践教学研讨会，认真听取意见和建议，及时调整教学内容，改革教学方法，主动做到专业与产业、职业岗位对接，专业课程内容与职业标准对接，教学过程与生产过程对接。四是建立教学管理部门对实践教学活动的监测、指导和评价制度，由教务管理部门不定期对实践教学活动进行检查和指导，并适时对实践教学活动进行考评，以保证实践教学的质量。

2. 利益协调机制

合理的利益协调分配机制是保障组织高效运行的重要基础。教务管理部门、实验实训管理部门、教学任务承担部门、实践课教师、学生均是相对独立的利益相关者，均有各自的利益诉求。学校应按照责权利相结合的原则建立实践教学利益协调机制。管理部门重在资源配置和监管，教学部门重在组织实践教学活动，教师重在完成实践教学任务，学生的基本权利是能够参与完成实践教学活动，使自己的职业技能得到培养和提升。其根本问题是如何保障相关部门、实践课教师的待遇，调动他们参与实践教学的主动性和积极性。

（三）保障机制

1. 制度保障

根据制度经济学理论，组织本身的奖惩机制、分配机制、创新机制、合作机制等，直接决定着这个组织的运转效率。一是体制保障。政府应深入推进管办评分离，扩大学校办学自主权，完善学校内部治理结构。把建立和完善相关制度摆在突出位置，按照"党委领导、校长负责、教授治学、民主管理"的原则，推进中国特色现代大学制度建设，逐步削弱高职院校普遍存在的政治化、行政化倾向，充分发挥学术权威、学术组织在高职院校治理中的重要作用，为教学改革提供更加宽松的拓展空间。二是实践教学管理制度保障。高职院校应在遵守法律法规的前提下，广泛开展调研，听取师生意见和建议，建立健全切实可行的实践教学管理制度，从制度层面保障实践教学体系的不断完善，持续提高实践教学质量。应建立健全包括校内实训基地管理办法、校外实训基地管理办法、实习实训教学事故的判定及处理办法、学生实习实训考勤办法、学生实习实训成绩评定办法、实习实训安全与卫生制度等管理制度，保证实践教学活动有规可循。

2. 组织保障

建立高职院校应根据学校实际，自上而下设立由教学主管院长牵头，教务处、实践教学中心、系部教学办公室、实训教研室等分层的实践教学管理体系。教务处负责实践教学的监管与协调，实践教学中心负责实践教学资源的统一调配，教学办公室负责所在教学系部实践教学资源的调配，实训教研室负责实践教学任务的组织实施。

3. 人员保障

目前，由于对实践教学重视不够，多数高职院校实验实训教师和实践教学管理人员配备不足，制约了实践教学体系的有效运行。因此，加强实践教学师资队伍建设是实践教学体系高效运行的重要保障。一是配备数量充足、业务精良的专兼结合的实验实训教师，保障实践教学顺利组织实施和较高的教学质量。二是配备具备复合型人才素质的实验实训管理人员，以完成人员协调、资源调配、设备维修等综合性工作，为实践教学活动提供人员保障。

4. 经费保障

充足的资金投入是职业教育健康发展的基础和保障，离开了以政府为主导的持续投资，高职教育的发展将无从谈起。政府部门应建立健全高职教育经费投入长效机制，积极发挥政府的主导作用，落实职业教育的投入政策。实行政府、行业、企业及其他社会力量多渠道投入的经费保障机制。在加大政府投入的同时，要调动行业和企业的积极性，促进校企合作办学，鼓励企业和其他社会力量加大对高职教育实践教学的投入，逐步完善提高高职教育实践教学条件。

（四）评价机制

政府、行业、企业及社会等多元参与的质量评价体系是高职院校实践教学体系建设和高效运行的重要保障。

1. 政府评价

一是提高实践教学条件在高职院校教育教学质量评估中的重要性，应把实践教学条件建设和利用状况作为评价办学质量的重要指标；二是加强对高职院校实验实训项目建设资金投入和使用效益的评价,作为今后是否追加投资的依据;三是将政府、企业和社会机构对高职教育实践教学的资金投入作为各级政府业绩考核的重要指标之一;四是加强对参与高职院校实践教学体系建设的企业、行业和社会机构的评估,以调动其积极性。

2. 行业企业评价

一是完善行业指导体系,充分发挥行业连接高职教育与产业的桥梁和纽带作用与专业优势,完善行业指导评价机制。二是企业应积极主动选派专家参与政府组织的高职院校教学质量评估,给高职院校的实践教学体系建设多提中肯意见和建议,以帮助高职院校改进实践教学,缩小学校人才培养与企业人才需求的距离。三是企业应积极响应政府号召,主动融入高职教育,认真履行自己在校企合作人才培养中应承担的义务,发挥企业重要办学主体作用,对在企业实习师生的工作情况做出客观评价,并提出合理化建议,以便高职院校改进校外实习基地教学工作。

3. 社会评价

一是高职院校应主动邀请行业企业专家,组织学生和学生家长对学校实践教学进行全方位的客观的评价,推进行业企业参与人才培养全过程,努力使实践教学活动与劳动力市场需求相适应。二是新闻媒体应认真履行自己的社会义务,对高职教育进行积极客观的报道、评价和监督,促进高职教育的健康发展。

4. 学校评价

建立对实践教学管理部门、实施部门、教师、学生和参与企业的评价机制,重点是做好实践教学任务实施部门、教师和学生学习效果的评价。一是按照教学计划,评价教学单位实践教学任务的落实情况,并与单位年度工作考核挂钩;二是加强对教师实践教学质量的全面评价,并将评价结果与职称评定、薪酬分配、评优评选直接挂钩;三是加强对学生实践教学的监测与评价,建立健全以"日常监控为主,内外评价结合,重在技能"的院、系、教研室三级教学质量评价体系。把专业职业大赛成绩作为检验师生教学效果,衡量教学质量的重要标准。

(五)激励机制

政府应创设有利于高职院校发展的外部环境,出台相关政策、制度,形成鼓励企业、学校和有关各方参与实践教学体系建设的长效机制。

目前,高职教师薪酬制度主要存在以下问题:

一是工资水平低,缺乏外部竞争力。教师个人贡献价值与其收入水平不相匹配,不足以吸引优秀人才终身安心从事高职教育。政府应从国家战略高度重新审视高职教育在我国高等教育中的特殊地位,继续加大对高职教育的投入,给广大高职教师特别是青年教师提供更加宽松的生存环境,让他们生活得更有尊严,从而提高其从教自豪感和工作的主动性、积极性。

二是绩效工资分配不合理。绩效工资旨在激励教师"多劳多得",从而提升教师的工作效率和高校的教育水平。但在绩效工资改革实践中，多数高职院校未能真正体现"多劳多得"的分配原则，最典型的就是教师的课酬标准普遍偏低，不少高职院校实践教学课酬标准更是比理论课酬标准还低。这种人为的不公平，挫伤了广大教师，特别是青年教师的工作积极性。不少教师在完成基本工作量外，宁愿去做第二职业创收甚至待在家里休息，也不愿再承担额外的教学任务。所以，当务之急是要重新审视建立向一线教师和实践技能岗位倾斜的绩效工资分配制度，调动一线教师的工作积极性。

三是高职院校支付的校外兼职教师的待遇过低，缺乏吸引力。企业一线专家对高职教师现场指导是提高高职教师实践技能的理想手段，但建立调动企业一线专家参与高职院校师资培训积极性的长效机制是根本措施。如何调动企业专家直接参与高职院校实践教学的积极性同样值得重视。目前，人才的买方市场造成企业人才培养的"搭便车"现象；学校对实践教学不够重视，不愿或难以支付相对较高的课时报酬，学校实践教学时间安排不够灵活；企业专家参与高职教育人才培养仍未真正成为一种法定义务等，尚未形成较为完善的动力机制仍是高职院校兼职教师队伍建设遇阻的主要原因。

1. 教师激励

对教师而言，重点是要加强思想教育，建立健全对高职教师的工资和职称晋升制度。

一是思想教育激励。按照马斯洛的需求理论，教师的需求是多层次的，在满足基本需要的基础上，"传道、授业、解惑，为人师表、教学科研成就、赢得尊重"成为多数高职教师的毕生追求。在这纷繁复杂的多元化社会中，各种消极影响可能会腐蚀部分教师的思想，因此对高职教师加强社会主义核心价值观教育，让他们树立正确的世界观、人生观、价值观，让广大高职教师产生强烈的社会责任感，从而为自觉践行党的教育方针，把教书育人，培养更多高技能人才作为人生最高理想。

二是薪酬激励。工资制度作为一种最直接、最普遍和最便于操作的激励制度在高职院校得到广泛应用。现阶段我国高校教师工资制度实行的是岗位绩效工资制，因此工资的构成主要包括岗位工资、薪级工资、绩效工资以及津贴补贴。其中，岗位工资主要体现岗位职责和要求，薪级工资主要与工作年限相关，绩效工资体现实绩和贡献，津贴补贴主要体现向艰苦边远地区和特殊岗位的倾斜。

三是晋升激励。首先是职称晋升。职称晋升是教师事业发展的主要路径和手段，也是教育行政部门的重要指挥棒和基本抓手。因此，制定科学的职称评定办法是促进教师职业成长，参与人才培养、科学研究和社会服务积极性的重要保障。

目前，多数省（市、区）仍沿用与本科学校基本相同的高职院校教师评审办法。该办法过于强调科学研究的重要性，而对教师的教学工作重视不够，这与高职院校以高端技能型人才培养目标不相一致，不能调动高职教师从事实践教学的积极性。因此，应及时修订高职教师职称评审文件，明确增加与实践教学相关的评分指标，如主持参加实践教学体系建设、"双师型"教师、实践教学任务工作量、指导学生参加职业技能大赛业绩、企业顶岗锻炼、优秀实践教学教师、实践教学研究成果等，全方位调动教师参与实践教学的积极性。其次是行政职务晋升。除教师职称晋升外，在目前高职院校行政色彩浓厚的氛围下，行政职务的晋升也对教师有较大的吸引力。因此，高职院校应重视这种需求，破除"任人唯亲"的错误规则，建立"任人唯贤"的人才选拔机制，通过科学手段，将教学、管理中"懂业务、擅管理"的行家里手选拔到管理岗位上来，从事实践教学体系的建设、管理和指导，给予他们更大更多样化的成长空间，以调动教师干事创业的积极性。

2. 学生激励

实践教学体系建设的最终目的是培养学生职业技能。如果学生没有学习积极性，不愿意学习，再好的实践教学条件也是形同虚设，毫无意义。因此，如何调动高职学生的学习积极性是关键。一是调整教学计划和课程教学内容，适度降低教学难度，强化基本技能训练；二是建立条件优良、资源充足、体系完善、运行高效的实践教学平台，增加和切实落实实践教学内容；三是重视任务驱动等理实一体化教学方法与手段改革，重视多种教学方法综合运用和现代教学技术手段的应用；四是建立平时评价与集中评价相结合，教师评价与学生评价相结合，校内评价与校外评价相结合的科学合理的教学评价体系；五是加强班主任（辅导员）队伍建设，提高班级管理水平，引导学生形成优良学风。

3. 企业激励

一是政府应建立健全校企合作法律法规和相关制度，明确企业在高职人才培养中的权利、责任和义务，采用经济等多种手段引导企业主动参与高职院校校外实习实训基地建设，为高职教育发展做出贡献；二是企业自身应建立健全促进校企合作的规章制度，创造条件，支持、鼓励企业专家参加高职实践教学活动；三是建立与专业技术职务晋升挂钩的职称评定办法，将参与高职教育实践教学作为企业人员职称评定的重要条件。

4. 社会激励

校企合作、工学结合是职业教育的根本出路，是一个涉及全社会的重要命题。政府应加强宣传教育和舆论引导，在全社会形成共同关注高职教育发展，人人支持和参与校企合作的良好社会氛围。

总之，要解决高职会计专业实践教学体系运行机制问题，制度建设是保障，制度落实才是王道。一是政府应加大对实践教学资源建设和使用情况的监管；二是加强教师操作技能培训，让教师学会操作，才能从根本上解决校内实训基地的"重建设，轻利用"问题；三是建立健全落实激励机制，才能解决教师参与实践教学改革动力不足问题；四是建立高职教师与行业企业之间畅通的人才"双向"交流机制，才能从根本上解决兼职教师队伍不稳定的问题；五是把教学质量主要评价权交给真正的顾客——学生，才是解决教学质量考评的公平性问题本。

第五节 实训室建设申报举例

一、建设项目申请概况

高职院校会计专业实践教学体系中实训室建设申报概况表如表七所示。

二、可行性论证项目

1. 建设项目理由

（说明建设项目在全校或本部门建设规划中的地位，从建设项目的现有基础、行业背景、专业发展、技术发展、存在问题等方面概述。）

（1）项目地位

财务大数据与数字化应用实训中心是Z学院"十四五"发展规划建设的重要项目。Z学院"十四五"建设规划中，计划与新道科技有限公司、W市畅捷科技发展有限公司合作共建高水平智能制造财经产业学院，建成包括财务大数据实训室、财务数字化应用实训室、ARE虚拟仿真实训室等3～4个实训室在内的校内实践教学平台。

（2）行业背景

近年来，随着信息技术和数字经济的飞速发展，财务转型加速，人工智能在财会领域的应用迅速推广。在此背景下，2021年3月17日，《教育部关于印发〈职业教育专业目录（2021年）〉的通知》（教职成〔2021〕2号），《职业教育专业目录（2021年）》将会计专业和财务管理专业分别更名为大数据与会计、大数据与财务管理专业，专业更名后带来人才培养方案和教学内容的较大变化。财务大数据、财务数字化应用类课程和实践教学体系建设已成为Z学院大数据与会计、大数据与财务管理专业内涵建设的首要任务。财务大数据技术、财务共享服务、RPA财务机器人应用、金税财务应用等新兴技术，急需引入专业教学。

（3）专业发展背景

近年来，Z学院得到较快发展，目前Z学院的四个专业在校生为1400多人，其中大数据与会计、大数据与财务管理专业有30个教学班，每年招生人数在400人以上，呈逐年增长趋势，且生源类型、行政班级类型较多，包括中专对口升学专科班、高中生源专科班、3＋2分段培养班、中外合作爱尔兰班、留学生班。这要求有更多实训室等实践教学资源的匹配支撑。

表七 实训室建设项目申报概况

实训室名称	财务大数据与数字化应用实训中心	性质（新建、维修）	新建
所属部门	略	所属专业	大数据与会计
筹建开始时间	略	筹建完成时间	略
筹建负责人	略	职务/职称	略
依托专业（课程）	专业：大数据与会计、大数据与财务管理课程： （1）财务大数据实训室：大数据基础实务、Python基础、大数据财务应用、大数据财务分析等； （2）财务数字化应用实训室：智能会计技术、智能纳税技术、智能纳税实训、智能会计实训、RPA财务机器人实训、财务共享服务实训、区块链技术应用等			

用房建设计划			
实际需配用房（使用面积）	略	配房方案	财务大数据实训室：A401－403 （2）财务数字化应用实训室：A405－407
建设进度安排	开工时间	竣工时间	交付时间
	略	略	略

预算经费（万元）：略

子项目	仪器设备（万元）	用房建设（万元）	人员培训（万元）	调研（万元）	其他费用（万元）
财务大数据实训室	略	略			略
财务数字化应用实训室	略	略			略
小计	略	略			略

（4）完成正常教学任务的迫切需要

①大数据类、数字化应用类课程教学需要

2020级大数据与会计、大数据与财务管理专业人才培养方案中，已将大数据基础实务、智能会计技术、智能纳税技术课程纳入教学计划。2021级人才培养方案中又增设《Python基础、大数据技术应用、大数据财务分析等大数据类课程。2022级人才培养方案增设RPA财务机器人应用、智能 BI 应用基础等财务数字化应用方面的专业课程，以适应行业技术进步和产业升级的需要。

②新增实训课程教学需要

根据学校要求，Z 学院大数据与会计、大数据与财务管理、金融服务与管理、国际经济与贸易等四个专业，从 2021 级开始专业人才培养方案全部删除原人才培方案中第 5 学期 8 周的顶岗实习，大数据与会计、大数据与财务管理专业在原开设的会计基本技能实训、会计综合实训等实训课程基础上，增设财务会计实训、成本会计实训、管理会计实训、智能纳税实训、ERP 业财一体化实训、ERP 沙盘模拟实训 B、ARE 虚拟仿真综合实训、证券模拟实训等 8 门校内实训课程，以强化学生职业技能，弥补校外顶岗实习的不足。但现有实训室无法满足正常的实训课程教学需要，所以需要新建实训室。

③落实一体化教学课程教学需要

大数据与会计、大数据与财务管理专业开设的会计基础与实务、财务会计实务Ⅰ、财务会计实务Ⅱ、成本会计与实务、纳税基础与实务、管理会计实务、财务管理、ERP 财务管理与实务、Excel 在财会中的应用等 9 门理实一体化专业课程，需要在仿真实训平台上完成理实一体化教学，但目前实训室不足，多数课程无法实现理实一体化授课。

④缓解生师比矛盾的需要

目前，Z 学院生师比偏高，特别是大数据与会计、大数据与财务管理专业生师比明显偏高。为了解决这一突出矛盾，大数据与会计、大数据与财务管理专业一般采用合班上课，需要 90～100 个工位的较大实训室，进一步提出了对较大实训室的急迫需求。

（5）"双师型"教师团队支撑

大数据与会计、大数据与财务管理专业教师教学团队拥有注册会计师、会计师等职业资格，具有双师教学能力的"双师型"教师比例 80% 以上，5 名教师已接受过大数据类和财务数字化应用类课程的培训，10 多名教师取得财务共享服务、智能财税、业财一体数字化应用、财务大数据分析、区块链金融技术应用等职业技能等级证书的师资培训合格证书。在学校领导的大力支持下，学校还在陆续引进青年教师。因此，专业教师团队有能力用好实训中心，发挥其最大效益。

基于以上原因，建设财务大数据与数字化应用实训中心成为必然选择。

2. 建设方案

（从实现功能、完成任务、解决问题等方面描述，同时包含建设项目布局，施工图、房屋建构改造图、水电图、弱电综合布线图（如有），详细技术指标及预算，填写附件 1：实训室建设项目预算清单。）

财务大数据与数字化应用实训中心包括财务大数据实训室和财务数字化应用实训室，主要建设任务包括硬件建设和软件建设两部分。具体建设内容、基本布局、技术指标及预算如下。

（1）建设内容

①货物类

电脑、服务器、路由器、财务大数据软件以及桌椅等教学设备。

②工程类

项目建设涉及的主要工程包括强电改造、弱电布线、静电地板、防雷工程、门窗改造等的装修。

③服务类

设计作图、保洁服务等。

基本布局

Z学院改造平面图（含财务大数据实训室、财务数字化应用实训室），如图四、图五所示。

图四　财务大数据实训室布局示意图

图五　财务数字化应用实训室布局示意图

（3）技术指标及预算

附件2：财务大数据与数字化应用实训中心建设项目预算清单（略）

3. 建设效益分析

（1）建设项目的人才培养规模，服务的专业、班级、课程，预估实训课时数

财务大数据与数字化应用实训中心建成后，主要用于大数据与财务管理、大数据与会计等专业，每个实训室每年承担5～10个教学合班的3～5门课程、约700学时的实训教学任务。

财务大数据实训室承担的主要课程有大数据基础实务B、Python基础、大数据技术应用、大数据财务分析，实训课程有会计基本技能实训、成本会计实训，其他理实一体化课程有会计基础与实务、财务会计实务Ⅰ、财务会计实务Ⅱ、成本会计与实务等。

财务数字化应用实训室承担的主要课程有智能会计技术、智能纳税技术、智能纳税实训、智能会计实训，实训课程有管理会计实训、ERP业财一体化实训、证券模拟实训、ERP财务管理与实务，其他理实一体化课程有管理会计实务、财务管理等。明年拟将引入RPA财务机器人应用、金税财务应用等课程，逐步完善实训室的数字化应用功能，提升使用效益。

另外，实训中心还承担职业技能等级证书训练与考试课程，以及金融服务与管理、国际经济与贸易、工商企业管理、现代物流管理等专业学生大数据类课程实训教学。通过实训室的有效使用，能够提高相关专业实践教学质量和用人单位满意度，有效提升学生就业质量。

（2）开发、完善实训教学项目数量，自制实训装备套数

一是与新道科技有限公司、W市畅捷科技发展有限公司合作共建数智财贸产业学院，进行创新型人才培养、师资赋能、课程开发、教材建设、课题申报、技能竞赛、ERP信息化工程师考证、1＋X等考试认证、相关成果孵化等。二是面向地方政府及企事业单位开展职工培训、转岗培训和技术服务项目。三是依托"双高"校建设项目，利用先进的实训场所，举办省级、国家级师资培训项目。四是开展职业技能证书培训与考试项目。通过以上方式，实现实践教学资源的共享和高效利用，充分发挥实训中心的使用效益，更好地服务区域经济社会发展。

（3）建设特色

一是技术领先。实训中心建成后，其功能预计达到省内领先水平，能满足大数据与财务管理、大数据与会计等专业大数据类和财务数字化应用类课程的实践教学需要。

二是实训中心教学内容齐全。财务大数据实训室包括大数据基础知识、Python基础、Python爬虫、数据挖掘与算法、财务大数据决策与分析等功能，财务数字化应用实训室包括智能财税、财务共享、财务机器人、金税财务应用等功能。实训中心可持续升级，能够满足工商管理专业群相关专业5年以上大数据类和财务数字化应用类课程的教学需要，为申报省级实验实训基地和省级产业学院作准备。

三是实训平台安全可靠。建设项目拟采购有相关产业背景且技术力量雄厚的公司开发的软件平台，以保证实训平台的可靠性。

四是实训中心开放共享。不仅可用于日常教学，满足各专业师生大数据分析、财务数字化

应用方面技能竞赛与科研的需要，还可用于职业技能证书培训。

　　五是可持续发展。以新道数智财贸产业学院建设为依托，以校企合作为纽带，逐步深化产教融合，实现实训中心功能的持续迭代升级。

第六章 教学质量评价

教学质量评价体系是一个包括考评组织、考评模式、考评方法与手段、反馈机制、保障机制等内容的复杂系统。本章主要阐述教学质量评价存在的主要问题与目标、课程考评改革、教师教学质量评价等三个方面。

第一节 教学质量评价存在的主要问题

一、教师评价结果反馈不畅，结果难以落实

教师教学质量评价是教师绩效考评的主要手段，其评价结果理应得到及时反馈并得到有效落实。理论上及时反馈结果有利于教师及时发现自身教学中存在的不足，自觉改进教学方法与手段，但目前多数高职院校对评价结果存在反馈不畅和落实难的问题。究其原因：一是多数高职院校为公办院校，不少管理层碍于面子，充当"老好人"，不愿直接反馈到每位教师，即使反馈也是报喜不报忧。特别是评价结果较差的教师，即使有反馈，也是蜻蜓点水，轻描淡写，无实质性反馈，也很少给教师提出整改要求与措施。二是教师评价结果受课程、学生、教学条件、教师严格程度、同行评价等多方面影响，很难客观地评价教师的真正教学水平和贡献，造成不少管理层对评价结果的公开反馈持谨慎态度。三是不少教师并不认可评价结果，甚至对教师评价持抗拒态度，如果处理不当可能会造成事与愿违的不良后果。

二、学生评价轻过程、重结果

在大众化教育高等教育背景下，高职学生文化基础、学习习惯已经与精英教育时代发生了巨大变化，因此，为顺应这种变化，重视过程考评、形成性考评与终结性考评结合的考评模式应成为主流。这种评价模式的科学性主要表现为：一是过程考评属于日常控制，有利于教师掌握学生的日常学习表现。二是有利于学生养成良好的学习习惯。三是评价更加全面客观。但现实中，以一次期末考试"一锤定音"的考试方式还经常存在，甚至占相当比例。究其原因：一

是不少教师认为期末一次性考试省时省力，较客观公正；而平时考评麻烦多多，且难以做到客观公正。二是部分教师认为高职学生基础太差，采用什么考评方式，对学生来讲意义不大。

三、学生评价重理论、轻实践

重视学生实践技能的培养是高职教育的特色，因此重视学生实践技能考评理所当然。但目前高职院校重理论、轻实践的现象仍较为普遍。究其原因：一是高职教师多是从高校到高职，没有经过系统的企业职业技能实践，实践技能水平普遍不高，让教师加强学生实践技能考评较为困难。二是不少学校实践教学设备欠缺，不能满足日常实践教学与考评的需要。三是不少教师认为考评学生实践技能费时费力，出力不讨好，不如一张卷纸定乾坤来得利索。

第二节　课程考评改革

高职教育已进入内涵建设的关键时期，科学的课程考评对推进教学改革、提高教学质量具有积极作用。经过多年的改革与建设，作为高职财经类主干专业的会计专业课程考评取得了长足进步，但因课程考评受师资水平、学生素质、教学模式、实践条件、教学管理等多种因素的综合影响，目前会计专业课程考评仍存在不少问题。因此，深入开展课程考评研究，发挥其"以评促学、以评促教、以评促建、以评促改"的导向作用，对不断提高高职专业建设水平和教育教学质量，培养更多具备工匠精神的高技能会计人才具有重要的实践意义。

一、课程考评改革的必要性

（一）高技能人才培养目标要求

作为高等教育的一种特殊类型的高职教育，主要以培养高级技术技能人才为根本任务。具有较高实践技能要求的高职会计专业特别重视对学生职业素养和职业技能的培养与考核。高职院校必须通过课程考评改革，调整考评内容、创新考评方式与方法，以课程考评改革倒逼教学改革，调动教师"教"、学生"学"的积极性，才能实现高技能会计人才培养的目标。

（二）学生现况决定

处于高等教育末端的高职院校，在普通高招录取批次上处于最后批次。虽然近年来高职教育考试招生实行"文化素质＋职业技能"评价方式改革，但与其他专业类似，会计专业并未改变多数学生文化基础薄弱、学习习惯差、学习主动性不强的基本状况。如果采用传统的教学和评价模式来应对高职会计专业学生，必然会造成教师劳神费力、学生难以适应、教学效果难以保证的尴尬局面。因此，与时俱进，进行课程考评改革是高职课程建设的必由之路。

（三）高职教育教学改革与发展的需要

我国高职教育经过近20年的快速发展，已从以规模扩张为特征的粗放型发展过渡到以质量提升为特征的内涵建设阶段。会计专业在人才培养目标、教师教学能力、教育教学模式、教学方法与手段、实践教学条件、教育信息化程度、教学管理水平等方面均发生了较大变化，为了适应这种变化，课程考评改革成为必然。

（四）高等教育大众化使然

高等教育大众化很大程度上满足了人民接受高等教育的愿望，但也带来了高职教学和管理等方面的一系列问题。如果再以传统高等教育较高的课程考评标准来评价现在文化基础普遍薄弱的高职会计专业学生，显然是"过载"，不合时宜。高等职业教育是作为高等教育的一种类型，其教育教学质量评价标准应随着时代变迁和生源质量的变化而适时调整，但这并非意味着高职教育以牺牲教育教学质量为代价。这就要求高职院校应根据学生实际，实行分类分层教学，制订个性化人才培养与课程考评方案，加强操作技能考评，以期达到"优等生更优，中等生变优，后进生达标"人人成才的目标。

（五）教师职责要求

教书育人、为人师表是教师的天职。遵守职业道德，履行岗位职责，投身教育教学改革，创新课程评价方法，不断提高教学质量是每位高职教师义不容辞的光荣使命和神圣职责。

二、课程考评现状调查与成因分析

（一）调查说明

为了弄清目前我国高职院校会计专业课程考评现状，我们选取了黄河水利职业技术学院、信阳职业技术学院、河南工业贸易职业技术学院等30所高职院校的会计专业教研室主任和骨干教师为调查对象。采用对教研室主任和骨干教师问卷调查和电话访谈的形式。问卷调查对会计专业17门主要专业基础课程、专业技能课程的考评情况，主要从考评总成绩构成、平时成绩占总评成绩比重、平时考评形式、期末考评形式、期末考评内容、操作技能考评方式、顶岗实习考评效果、课程考评结果的满意度、课程考评结果不满意的原因等9个方面进行调查访谈。为了提高样本的代表性，样本中国家级示范（骨干）校、省级示范（骨干）校、非示范（骨干）校各占10所。每个学校发放调查问卷10份，共发放调查问卷300份，收回286份，其中有效问卷252份，问卷有效率为88.11%。为了提高调查的科学性，问卷调查结束后，我们又对30个学校的会计教研室主任逐一进行了电话回访。

（二）调查结果与成因分析

1. 考评总成绩构成调查

从图一可知，课程考评总成绩基本由"平时成绩+期末成绩"两部分构成，占比在八成以上，说明形成性考评和终结性考评相结合的考评方式被广泛认可和采用。仅以平时成绩作为课程考评总成绩的课程少量存在，反映了课程考评改革的有益尝试。传统的由期末考试"一锤定音"的学术课程考试方法逐渐淡出高职教育舞台。事实上，这种进步在很大程度上是适应目前高职学生文化基础普遍薄弱、学习习惯较差、学习兴趣不足等特征的结果。因为对于多数专业课程，仅采用期末考试的方式，不仅考评会出现片面，也不利于学生职业习惯的养成，而且可能会出现大面积不及格的尴尬现象。

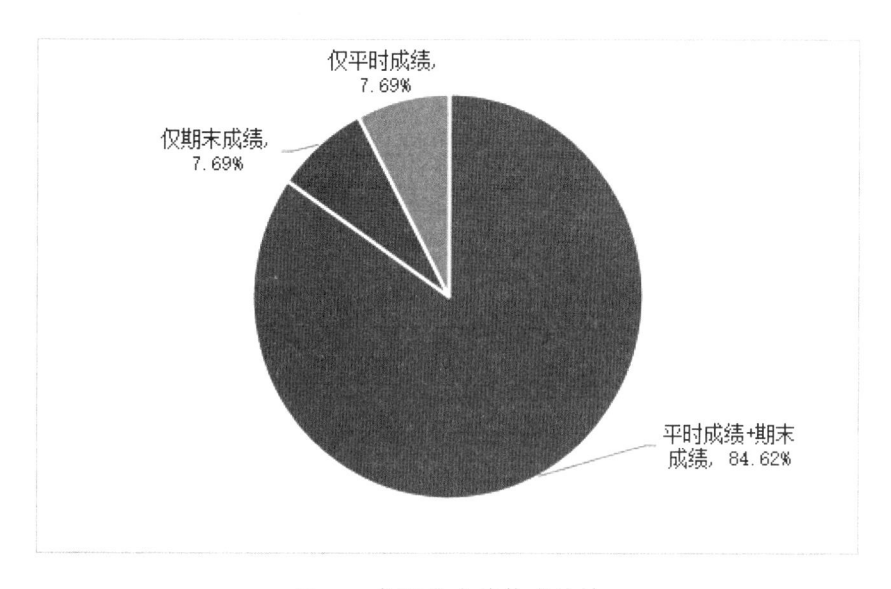

图一 考评总成绩构成统计

2. 平时成绩占总评成绩比重调查

从图二可知，课程平时考评成绩占总评成绩 30% 以上和 40% 以上的比重分别在八成和五成以上，说明对学生平时表现的考评引起教师的普遍重视。平时考评成绩比重的提高有利于引导学生重视日常学习，加强自我管理，养成良好的职业习惯，为未来工作打下良好基础。

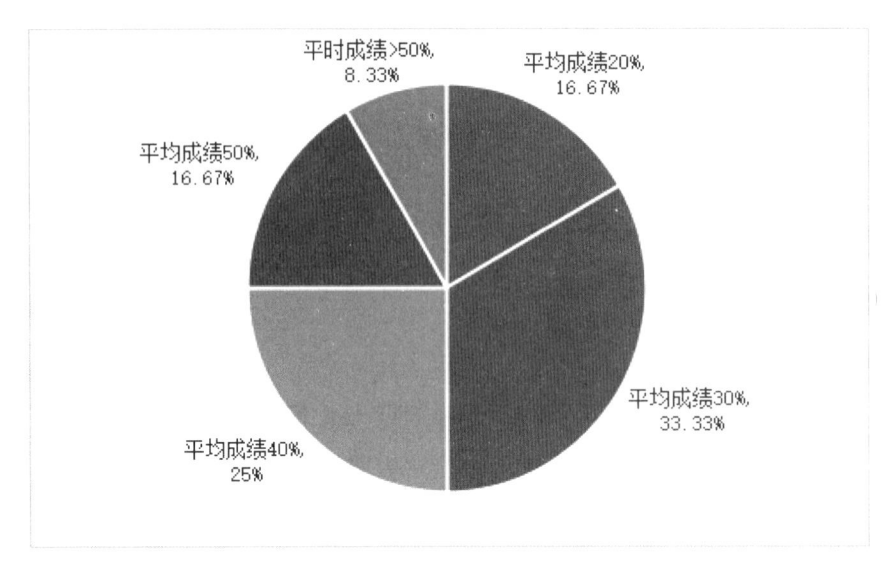

图二　平时成绩占总评成绩的比重统计

3. 平时考评形式调查

从平时考评形式上看，考勤和课堂表现考评成为课程平时考评的普遍形式，占比达100%，如图三所示。

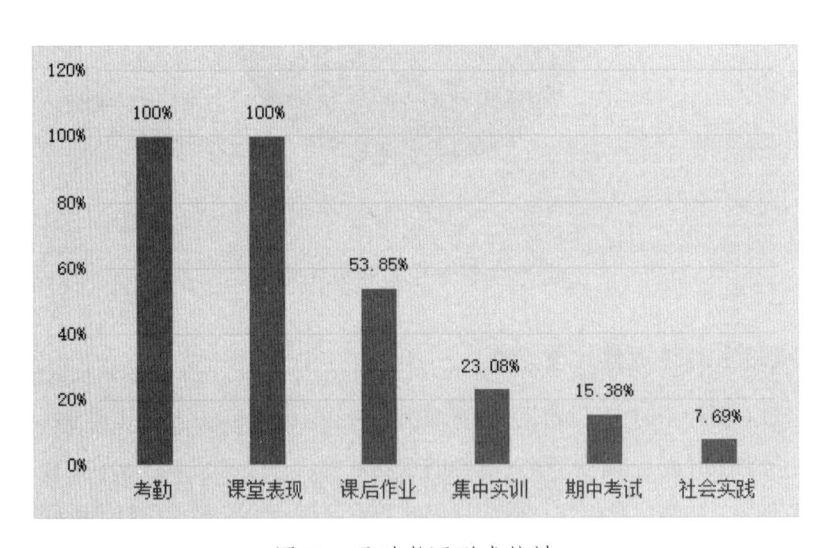

图三　平时考评形式统计

这从侧面反映出高职学生上课出勤率偏低和课堂表现欠佳的普遍现象。考勤和课堂表现考评已成为高职院校治理学生课堂秩序的必要手段。采用"课后作业"考评的课程占比仅逾半数，说明对学生课后监管薄弱。事实上，课后作业作为一种课堂教学任务的延续，不仅能够让学生检验、提高、反思课堂所学，而且通过教师的作业检查，可对学生的学习起到有效的监督作用。造成"课后作业"不足的主要原因有：一是多数学校并未将课后作业作为教师教学工作考评的硬性指标加以要求；二是部分教师对普遍缺乏学习积极性的学生丧失信心，对课后作业的效果持怀疑态度，从而放松对学生课后作业的要求；三是部分教师责任心不强，对课后作业消极应对。"集中实训"和"社会实践"占比总计约为三成，反映出目前高职会计专业日常教学中课程集中实训重视不够，教师对学生的社会实践活动参与、引导不足。可能的原因：一是课程集中实训多在期末进行；二是教师实践能力不足，有意规避实训课程；三是教师对社会实践重视不够；四是学校管理体制不能调动教师进行实践教学的积极性。"期中考试"占比低反映出"期中考试"作为会计专业的一种传统考评方式，已经被严重弱化。一是因为"课堂表现"考评对"期中考评"有部分替代作用，弱化了"期中考试"的作用；二是因为多数高职院校对课程"期中考评"未做硬性要求，造成"期中考评"成为任课教师的自由选项。

4. 期末考评形式调查

调查得知，尽管经过多年的国家级、省级示范（骨干）校建设，多数院校会计专业购置有网中网课程实训平台、用友 U8 教考系统等仿真教学与考试软件，但目前高职会计专业课程期末考试仍以传统的纸质试卷考试为主，占到近八成，仿真效果好、信息量大、标准化程度高的无纸化考试并不普遍，如图四所示。

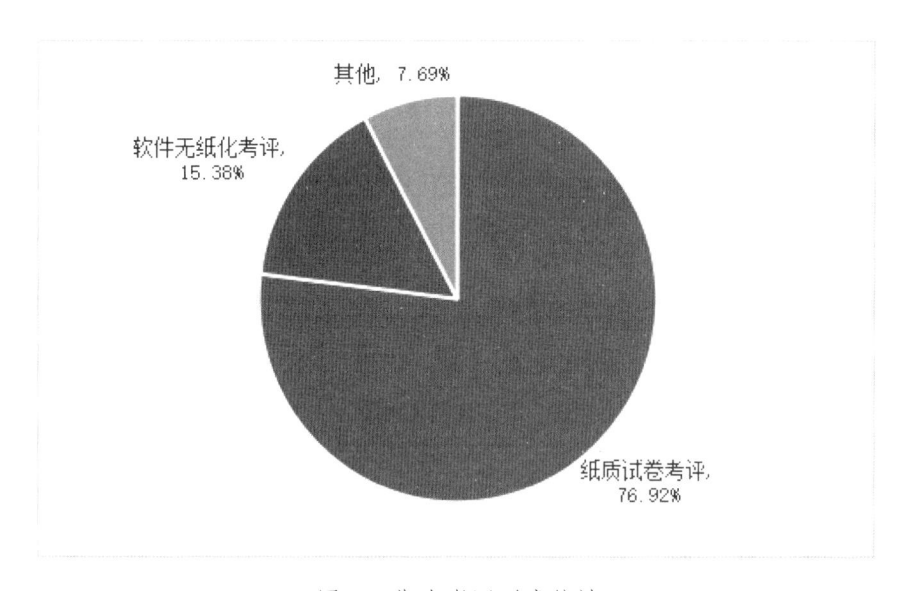

图四 期末考评形式统计

这与《教育信息化十年发展规划（2011—2020 年）》和《教育部关于印发〈教育信息化"十三五"规划〉的通知》的要求尚有较大差距。主要原因：一是多数学校考评机制不能有效激发教师改革创新的积极性，造成部分教师墨守成规，不愿意采用先进高效的无纸化考试，而将购置的教学软件和设备束之高阁。二是教学软件培训不够。软件公司为了节约培训成本，往往不愿意投入太多精力对教师进行专业培训，造成教师对教学软件的考评功能掌握不够熟练，不少教师存在畏难情绪。三是采用无纸化考试是对日常软件仿真教学特别是仿真实训教学效果的考评，如果日常教学没有使用仿真教学软件，仅在期末考试采用无纸化考试，会造成学生难以适应，不会取得理想效果。

5. 期末考试内容调查

调查得知，包含操作技能考评内容的"理论与技能操作相结合"和"仅技能操作"两项所占比重超过九成，仅进行理论考评的课程已基本消失，如图五所示。这是高职教育成功推行"理实一体化"教学改革的重要成果。说明广大高职教师对高职会计专业实行理论与实践一体化教学的普遍认可与广泛实践。

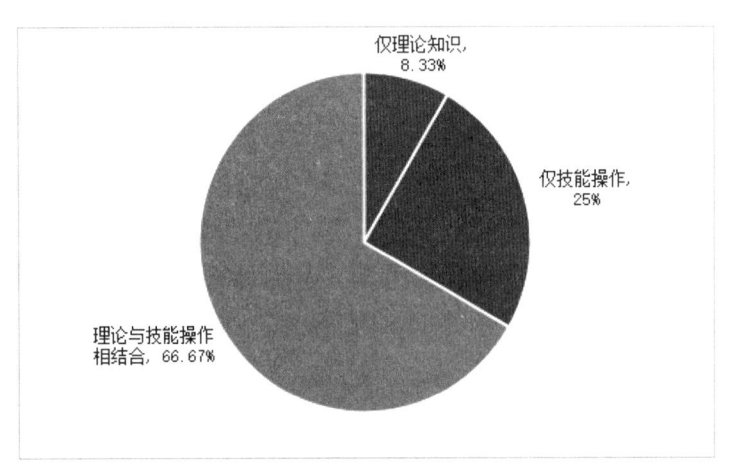

图五　期末考评内容统计

6. 操作技能考评方式调查

尽管高职院校会计专业实践技能考评得到了教师普遍认可，但传统以"纸质试卷答题"进行操作技能考评的方式仍占主流，占比超过六成。真正动手"以手工模拟操作"和"软件模拟考评"方式进行考评的占比还不到四成，更别说顶岗实习考评，如图六所示。

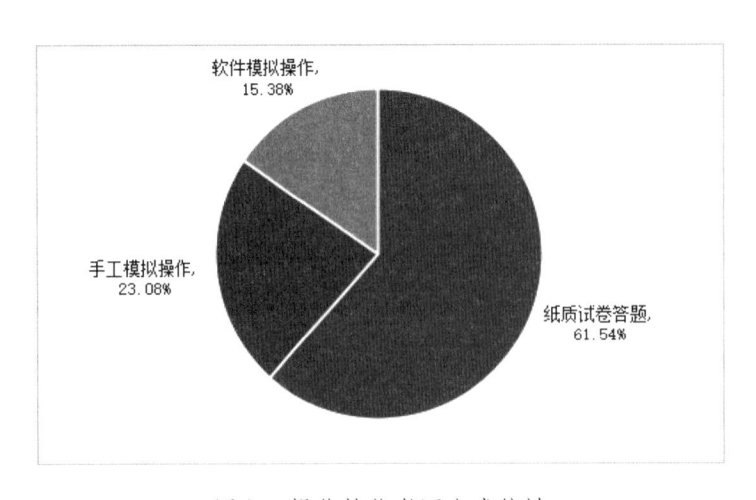

图六　操作技能考评方式统计

事实上，目前高职课程考评的最大缺陷是实践技能考评未得到足够重视与落实。一是学校管理层观念落后，没有具体的管理和激励措施，造成教师无章可循，随波逐流，缺乏积极性。二是实践考评费时费力，部分教师不愿意实施。因为改革需要付出代价，需要教师先学习掌握先进教学与考评方法，这往往需要持续艰苦的努力和学习，远比墨守成规、按部就班麻烦得多。三是受实践教学条件限制，实践技能考评难以顺利进行，挫伤了部分教师的积极性。这也成为部分教师不愿意采取实践技能考评的客观借口。

7. 顶岗实习考评效果调查

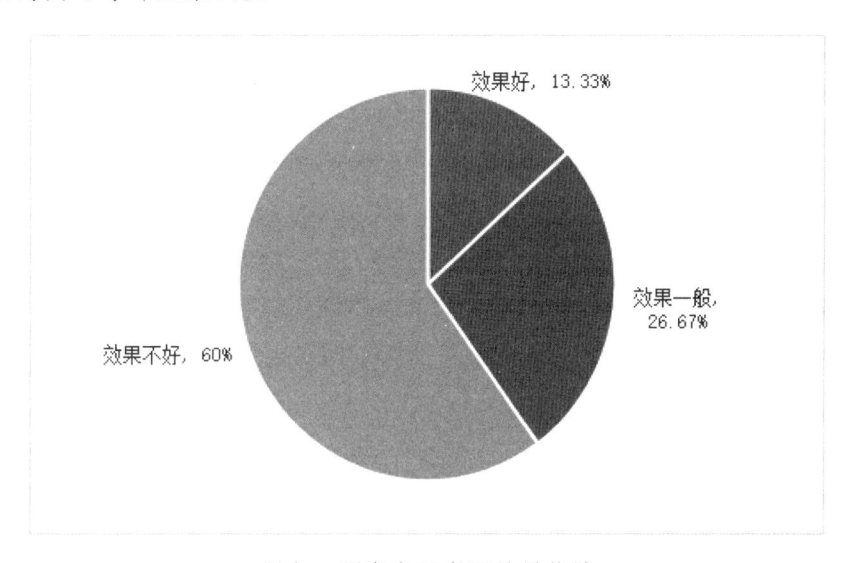

图七　顶岗实习考评效果统计

调查得知，认为顶岗实习考评效果不好和效果一般的比例分别达六成和近三成，只有一成多的教师认为顶岗实习考评效果好，如图七所示。说明高职院校会计专业学生顶岗实习普遍存在问题，流于形式的"放羊式"顶岗实习管理模式并未得到明显改观，虽然顶岗实习是高职教育教学的核心环节。

究其原因：一方面校热企冷，造成学生顶岗实习开展困难，课程考评更无从谈起。虽然2016年4月教育部等五部门联合出台了《职业学校学生实习管理规定》，但依据目前法律法规，接受高职学生顶岗实习只是企业的义务而非强制性责任，企业的趋利性、人才市场总体供过于求、高职人才培养质量总体不高等因素的综合影响，导致校企合作并未取得实质性突破，"剃透调子一头热"的现象还较普遍。会计职业的保密性要求更加大了企业接受会计专业毕业生顶岗实习的难度。另一方面，庞大的毕业生群体、较分散的实习单位和部分学生对实习单位的挑剔，着实让高职院校承担了较大的管理压力、风险与成本，造成学校对学生顶岗实习的管理力不从心。

8. 课程考评结果的满意度调查

调查得知，教师对课程考评满意度较低，"满意"和"非常满意"两项之和刚逾三成，而"不满意"比例近七成，如图八所示。这反映了高职会计专业教师对学生实际考评结果与预期教学效果的较大反差。这势必让教师产生挫败感，甚至影响教师教学的积极性和参与课程改革的积极性。

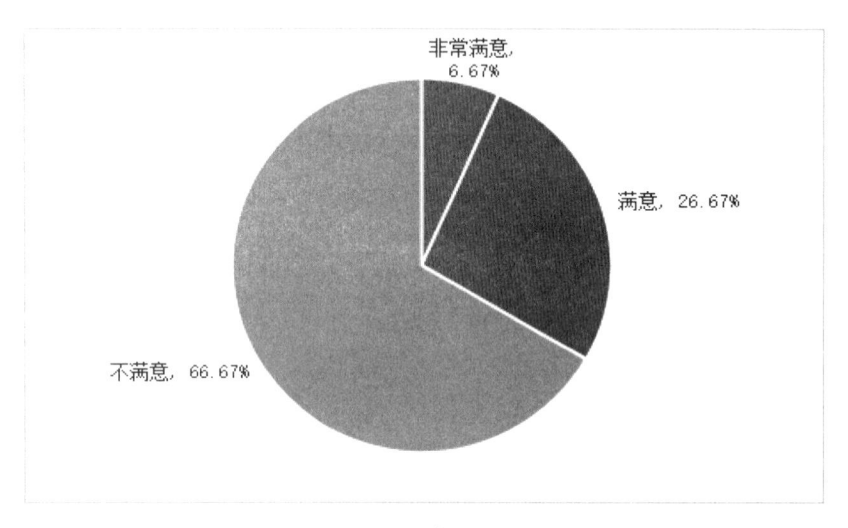

图八 课程考评结果满意度统计

9. 课程考评结果的不满意原因调查

调查可知，逾九成的被调查对象认为"学生文化基础薄、学习能力弱"是造成教师对课程考评结果不满意的主要因素，如图九所示。

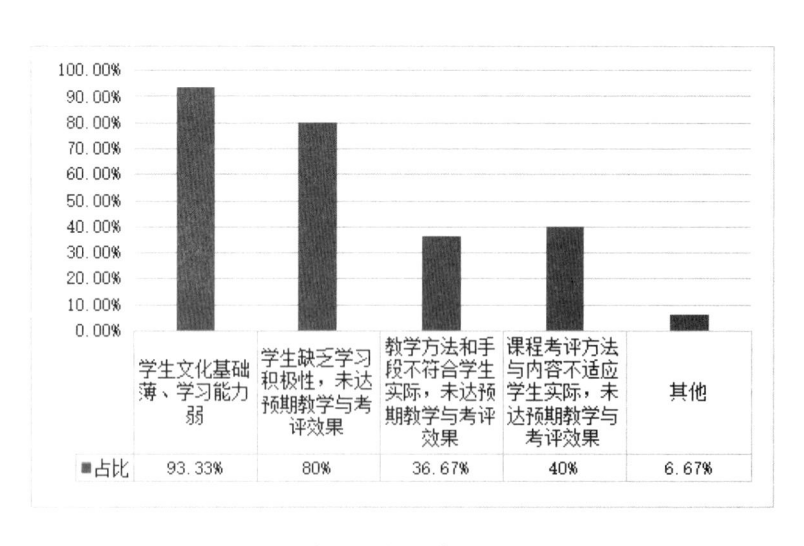

	学生文化基础薄、学习能力弱	学生缺乏学习积极性，未达预期教学与考评效果	教学方法和手段不符合学生实际，未达预期教学与考评效果	课程考评方法与内容不适应学生实际，未达预期教学与考评效果	其他
占比	93.33%	80%	36.67%	40%	6.67%

图九 对课程考评结果不满意的

一方面，这是高职招生在普通高招最后批次录取和只有区区 100 多分的最低录取分数线造成的直接结果；另一方面也反映出近几年高职教育实行的"文化素质＋职业技能"招生考试改革，由于具体操作存在"走过场"等原因并未从根本上提高高职生源质量。面对文化基础普遍薄弱、学习能力差的学生，广大高职教师即使使出浑身解数，想让学生学会、学好，但令人失望的学习效果，往往让部分教师心灰意冷。面对大面积补考的学生，多数教师在"恨铁不成钢"和昧着良心"降标准、保及格"之间彷徨，最终做出无奈的选择。这是我国高职教育普遍存在的现实与无奈。排在第二位的是"学生缺乏学习积极性"，说明八成教师对学生学习态度不满意。因此，如何调动广大高职学生的学习积极性成为高职教育急需解决的重要问题。排在第三位的是"课程考评方法与内容不适合学生实际"占四成，说明课程考评改革对提高教学效果仍有较大空间。近四成的被调查对象认为"教学方法与手段不适合学生实际"会影响课程考评结果，反映出教师自身在因材施教、提高教学效果方面仍有较大提升空间和用武之地。

三、课程考评改革的基本原则与思路

（一）基本原则

1. 科学合理

高职会计专业课程考评必须遵循高职教育的客观教学规律，采取科学有效的考评方法，才能得到客观公正的考评结果，达到"以评促学、以评促教、以评促建、以评促改"的目的。

2. 灵活适度

高职会计专业课程考评应结合学生实际和学校现有教学条件，在抓住重点、保证效果的前提下，全面权衡，总体把握，灵活适度掌握考评的宽严标准。

3. 因课制宜

课程考评作为教学过程的一个重要环节，是对教学效果的检测与评价。因此，高职会计专业课程考评必须充分考虑课程的实际，包括课程性质、教学内容、教学方法、教学手段等因素，根据课程实际选择合适考评内容与考评方式，而不能盲目地生搬硬套。

4. 可操作性强

高职会计专业课程考评方法应坚持实质重于形式的原则，不宜过于追求形式，而应以便于操作，简便实用，便于学生理解和接受为重要标准。

（二）基本思路

1. "四结合"

高职学生学习积极性不高的现状决定了高职会计专业课程考评宜采用多样化、全方位考评方式，以克服学生普遍存在的惰性，提高学生参与课程考评的主动性和积极性。

（1）理论与实践相结合

理论与实践相辅相成，理论来自实践，并可指导实践。以培养学生职业技能为根本目标的高职教育特别重视实践教学与考评，但也不能忽视理论考评。高职会计专业课程考评内容应以理论够用为度，并突出实践内容。

（2）形成性考评与终结性考评相结合

应重视形成性考评，加强对课堂考勤、提问、讨论、作业和课后作业、期中考试等的考评。将形成性考评与终结性考评有机结合，合理设置二者在考评总成绩中的比重。引导学生把主要精力放在平时学习上，遏制期末搞突击，临时抱佛脚的不良行为。

（3）定量考评与定性考评相结合

坚持以定量考评为主、定性考评为辅的考评方式，对于能够定量的考评项目尽量量化赋分，以增加考评结果的客观性，减少争议。对于学习态度、职业道德等难以量化的项目，可采用多主体定性评价，以增加评价的科学性和可信度。

（4）学校评价与社会评价相结合

学校评价是课程评价的基础，但囿于考评资源、考评内容、考评方式、考评标准等因素，学校评价也存在局限性。一是坚持产教融合、校企合作。充分发挥行业指导评价和企业办学主体作用，推进企业参与人才培养全过程。二是把学生创新创业能力、考取职业资格情况、参加职业大赛获奖情况等社会认可度较高的指标作为课程考评的替代或补充，不失为一种更好的方法。如将学生创新创业效果、职业资格通过、职业大赛获奖等折算为课程学分或成绩，以调动学生学习与创新创业的积极性。

2."三加强"

（1）加强"双基"评价

《教育部关于加强高职高专教育人才培养工作的意见》指出：学生应在具有必备的基础理论知识和专门知识的基础上，重点掌握从事本专业领域实际工作的基本能力和基本技能。这与目前高职学生文化基础普遍薄弱的现状高度契合。事实上，让多数高职学生掌握专业基本知识和基本技能已经成为广大高职教师的奢望。因此，加强基本知识和基本技能评价应成为高职会计专业课程考评的基本导向。这不仅能够很好地解决高职会计专业课程因考评难度过大、内容过偏造成的"过载"问题，而且能够有效提高与保障教育教学质量。

（2）加强操作技能评价

高职教育与学术教育的最大区别在于，高职教育特别强调建立在校企合作基础上的操作技能的培养，这是缩小学校教育与劳动力市场的重要法宝，也是高职教育存在的重要理由和竞争优势所在。因此，高职会计教育应特别重视操作技能评价，绝不能偏离这个职业教育课程评价的核心。

（3）加强创新创业能力评价

高职院校承担着为国家产业转型升级培养数以千万计的高级技能人才的重任，学生的创新创业能力培养应成为高职教育的终极目标。高职会计专业学生在校期间参与的成功创业项目、参加创新创业大赛、申请国家专利等均可视为创新创业能力的标识，应充分利用与引导，以增强学生的创新创业能力。

四、课程考评改革方案

（一）总体方案

1. 专业基础课程考评

多数专业基础课程具有理论多、操作少的特点，因此考评方式应以基本理论知识考评为主，重视课堂考评，但也不能忽视对学生相关实践能力的培养。通常可通过让学生深入社会实践，到企事业单位进行专题调研，撰写调查报告的方式考评学生实践能力。具体考评方案如表一所示。

表一　专业基础课程考评方案

课程类别	考评方案	
	平时考评（60%）	期末考评（40%）
专业基础课程	1. 考勤 2. 课堂提问 3. 课堂讨论 4. 课堂作业 5. 课后作业 6. 小论文 7. 调查报告 8. 期中考试	1. 闭卷考试 2. 开卷考试 3. 课程答辩 4. 调查报告

表一中列出了主要考评项目，平时和期末考评分数比例分别为60%和40%，仅供参考。任课教师可根据课程实际，自行选择和调整考评内容和分数比例。

2. 专业技能课程考评

专业技能课以培养学生核心职业技能为主要目标，操作内容远多于理论知识。因此，其考评应以操作技能考评为主，不仅要重视集中实训，更要加强平时课堂项目实训、期末操作考评。因为日常实训是培养良好职业习惯和职业道德，培养崇尚劳动、敬业守信、创新务实精神，增强学生的安全意识、纪律意识，形成过硬职业技能的基础和关键。具体考评方案如表二所示。

表二 专业技能课程考评方案

课程类别	考评方案		
	平时考评（40%）	期末考评（30%）	集中实训考评（30%）
专业技能课程	1. 考勤 2. 课堂提问 3. 课堂讨论 4. 课堂实训 5. 课后作业 6. 小论文 7. 调查报告 8. 期中考试	1. 闭卷考试 2. 开卷考试 3. 操作考试 5. 课程答辩	1. 考勤 2. 单项实训任务 3. 全部实训任务 4. 教师综合评价

当然，对于实践性较强的专业基础课程考评，因课程实践教学内容较多，也可参照专业技能课程考评办法进行，但考评内容应充分体现专业基础课程的基础特色。需要说明的是，表二中给出的专业技能课程考评形式、考评内容和分数比例等均可根据课程实际做适当调整。

（二）具体方案

会计专业作为一个应用性、实践性较强的专业，因其职业保密性和岗位的特殊性，实践教学不能过度依赖企业顶岗实习，应采用校内仿真模拟实训为主，校外实训实习为辅的实践教学模式，充分利用仿真教学软件，弥补顶岗实习不足的缺陷，也达到较理想的实践教学效果。因此，课程考评改革应特别重视对学生运用仿真教学软件操作的考评，并充分实现考评内容、方式与职业技能大赛、会计专业技术资格考试的对接融合，建立以校企合作为基础，以实践教学体系为平台，以职业技能考评为核心，以信息技术为手段，"岗、课、证、赛"深度融合，"分层双轨递进"的立体化课程考评体系。

限于篇幅，下面仅给出17门主要专业基础课和专业技能课程的具体改革方案，如表三所示。

表三 具体方案

序号	课程名称	改革方向与重点
1	会计职业基础	将"会计职业基础实训"作为课程的重要部分进行单独考评，建立会计核算总体认识框架，为后续课程学习打好基础。 加强"会计职业基础"课程手工和教学软件"双轨"考评，以强化学生基本专业知识与基本职业技能培养。 日常项目实训考评和阶段性考评相结合，充分运用网中网"基础会计实训教学平台"进行无纸化仿真考评

续表三

序号	课程名称	改革方向与重点
2	出纳实务	增加点钞和小键盘操作技能考评内容，以强化学生基本技能，提高就业适应能力。 以会计职业技能大赛为依托，加强与职业大赛内容融合，日常项目实训考评和阶段性考评，充分运用网中网"出纳实务实训教学平台"进行无纸化仿真考评
3	财务会计	加强日常手工实训考评。 加强与初级会计师考试、职业大赛内容与标准融合，注重日常项目实训考评和阶段性考评，充分运用网中网"中级会计实训教学平台"进行无纸化仿真考评。 实行以初级会计师考试科目"初级会计实务"考试通过，替代学校课程考试
4	成本核算与分析	加强"成本会计实训"课程单独实行手工和教学软件"双轨"考评，以引导、强化学生成本核算能力，胜任制造业较为繁杂的成本核算与分析工作。 借鉴初级会计师考试、职业大赛内容与标准，注重日常项目实训考评和阶段性考评，充分运用网中网"成本会计实训教学平台"进行无纸化仿真考评，以引导学生强化成本会计岗位操作技能
5	税收实务	加强与初级会计师、会计师考试和职业大赛内容融合，重视日常项目实训考评。 充分运用网中网"电子报税模拟教学平台"和用友"税务实验室"进行无纸化仿真考评，提高技能考评的科学性、客观性
6	管理会计	平时加强手工实训作业检查考评。 重视学生构建Excel模板进行辅助决策能力考评。 以会计师考试、会计职业技能大赛为依托，加强日常项目实训考评和阶段性考评，充分运用网中网"管理会计实训教学平台"进行无纸化仿真考评。 期末闭卷考试以案例计算分析为主
7	会计信息化	以会计职业技能大赛内容为标准，融合教学与考评内容。 日常项目实训考评、阶段性考评和期末综合考评，充分运用"用友新道会计信息化教考系统"或"朔日会计信息化教考系统"进行无纸化仿真考评。 按"优、良、及格、不及格"四个等级考评
8	财务管理	加强与会计师考试、职业大赛内容融合。 重视学生构建Excel模板进行辅助决策能力考评。 重视日常项目实训考评，充分运用网中网"财务管理实训教学平台"进行无纸化仿真考评
9	预算会计	加强与会计师考试内容融合。 加强平时实训作业检查考评。 期末闭卷考试以案例分析为主
10	Excel在财务管理中的应用	加强日常实训任务检查考评。 加强学生运用电子表格解决财务管理、成本核算与分析、纳税计算等实际问题的综合能力考评。 按"优、良、及格、不及格"四个等级考评
11	审计基础	加强平时项目实训作业检查考评。 充分运用网中网"审计实训教学平台"进行无纸化仿真考评。 期末闭卷考试以案例分析为主

续表三

序号	课程名称	改革方向与重点
12	会计综合实训	选用合适的实训教材，强化手工模拟实训考评。 运用用友 ERP U8 V10.1 软件完成手工实训任务，实现实训内容的双轨化考评。 充分运用网中网"会计综合实习平台"和网中网"财会分岗实训平台"，分别考评学生的综合职业能力和岗位职业能力。 按"优、良、及格、不及格"四个等级考评
13	企业顶岗实习	加强学校校企合作的主动性，为学生顶岗实习创造宽松环境； 以学生自评为基础； 以企业指导教师评价为主，发挥企业指导教师主体作用； 发挥学校指导教师主导作用，重视与企业指导教师的沟通与配合，强化对学生顶岗实习的检查指导
14	统计学基础	加强平时考评。 期末可开卷考试
15	管理学基础	加强平时考评。 期末闭卷考试。 平时和期末考评借鉴专升本考试内容，以满足部分学生专升本的需要
16	经济学基础	加强平时考评。 加强学生的社会调查考评。 期末可开卷考试
17	经济法	加强与初级会计师、会计师考试内容融合。 平时考评、期末考评借鉴初级会计师考试内容。 实行以初级会计师考试科目"经济法基础"考试通过，替代学校课程考试

五、几点认识

一是课程考评的关键在落实。课程考评改革是一项较为复杂的系统工程，需要教学团队教师的共同努力，特别是团队带头人、骨干教师的长期艰苦付出才可能实现。二是教师的积极性和责任心是课程考评改革能否成功的决定性因素。教师是课程考评改革的主体和实施者，如果主体缺乏积极性和责任心，课程考评改革只能成为空谈。三是课程考评主要动力在于长效机制建设。课程考评作为教学改革的重要内容，不可能一蹴而就，需要课程团队成员的长期不懈努力。因此，必须解决改革主体的动力源问题。核心工作是建立能够调动教师参与课程考评改革的积极性、创造性的动力机制，使课程考评改革与职称评定、评优评先、进修学习等关系教师专业发展的关键要素相联系，从而为课程考评改革提供不竭的原动力。

第三节 教师教学质量评价

为了加强师德师风建设，增强教师立德树人的责任感，提高教师教学的积极性和创造性，切实提高教育教学质量，制定适合学校实际、科学的教师教学质量评价办法是关键之一。教师教学质量考核与评价办法一般包括评价对象、评价期间、评价等级、评价内容、评价结果公布和使用等。

一、评价对象

一般包括所有承担学校理论和实践课程教学的在职专任教师、校内兼课教师、校外兼课教师。

二、评价期间

一般以一个学期为评价周期，以保证评价过程的完整性和及时性。

三、评价等级

评价等级一般可分为五等：优秀、良好、合格、基本合格、不合格。应明确规定每个等级的占比及分数，特别要明确规定评价为"优秀"的教师的比例和"不合格"教师的条件，并可结合评价得分和发生教学事故的等级情况认定为不合格、基本合格。比如，明确规定优秀教师的比例不超过在职专任教师参加考核与评价人数的30%，60分≤评价得分＜70分一般可认定为合格，其他教师可认定为良好。

四、评价内容

评价内容包括学生评价、教学信息反馈评价、学院评课、教学执行及资料归档、附加分等项目。

（一）学生评价

学生评价以学校教务和质控部门期末公布的学生网络测评或者纸质测评数据为准。

$$学生得分 = 学校公布分数 \times 适当比例$$

"适当比例"可根据学校学生评价的可信度确定，一般为30%。可通过控制参加评价学生的最低人数比例或者通过适量抽取学生分层样本进行，以提高学生评价的可信度。

（二）教学信息反馈评价

教学信息反馈评价一般包括期中教师座谈会、期中学生座谈会和通报简报两部分。此项分数占10%左右为宜，各项目占比可根据教学实际确定。

期中座谈会由二级学院组织，教师座谈会参与人员由学院教学指导委员会成员及各教学系部部分教师代表组成。学生座谈会参与人员由学院领导、系部主任、部分学生管理人员及各班学生代表组成，各班学生代表包括班长、学习委员及部分学生代表。

通报简报是指学校教学通报及质量简报等信息中尚未达到教学事故的通报批评，进行酌情扣分。

（三）学院评课

学院评课包括学院领导评课、系部主任评课、同行网评，此项总分数一般占30%左右为宜，各项目占比应根据教学实际确定。

学院领导评课以学校教务或质控部门督导听课评分的平均值为准。无质控部督导听课的，以学院领导当前学期听课评分为准，二级学院教务部门必须确保学院领导每年度对所有参与考核教师听课一次。

系部主任评课，系部主任必须对本系部全体参与教学质量评价的教师评课打分，确保每学期对本系部所有参与考核教师听课一次。系部主任本人该项分值以"学院领导评课""同行互评"的平均分计算。

同行网评，要求覆盖全体任课教师，以网上互评的方式展开，具体可以学校教务和质控部门期末公布的数据为准。

（四）教学执行及资料归档

教学执行及资料归档包括教学执行情况、理论课程教学资料检查、期中实践教学资料检查评价、期末资料学院检查评价，总分数可占30%左右，各项目占比根据教学实际确定。

1. 教学执行情况

教学执行情况包括调（停）课情况和常规教学工作执行情况。调（停）课情况按教师单门课程累计调、停课率不超过一定比例（如10%）计算，每增超一定比例（如5%）扣一定分数（如0.5分）。常规教学工作执行情况，主要包括实践教学环节、毕业论文管理、数据采集、诊改工作、质控系统听课意见反馈等常规工作未及时完成，被分院内部通报的，每次扣一定分数（如1分）。

2. 理论课程教学资料检查

由二级学院教务部门组织教学工作委员会对教师学期纯理论课、理实一体化等课程教学资料进行检查。主要包括期初理论教学资料检查评价、期中理论教学资料检查评价、期中实践教学资料检查评价、期末资料学院检查评价。

期初教学资料检查主要检查课程教学标准、教学计划、教案、课程信息化及课程平台使用情况。

期中理论教学资料检查主要检查课程教学计划执行情况、教案、作业批阅、教学日志填写、课程信息化及课程平台使用情况等。

3. 期中实践教学资料检查

由二级学院教务部门组织教学工作委员会对教师专业认知、专业实训、理实一体化课程实践教学、顶岗实习、毕业设计、毕业实践等实践教学环节的教学资料进行检查。重点检查实践教学资料的及时性、完整性与准确性。

4. 期末资料学院检查

由二级学院教务部门组织教学工作委员会对学期教学资料进行全面检查，其中理论课程和实践课程评价各占比一定权重。期末理论教学资料学院检查，主要检查课程教学计划执行情况、教案、作业批阅、试卷及期末成绩评定、教学小结等。期末实践课程教学资料学院检查，主要指纯实践课程教学大纲、说明书、教学计划、安排表、任务书、考勤表、课程成绩评定、资料封面及目录等内容。

（五）附加分数

附加分数是在前学生评价、教学信息反馈评价、学院评课、教学执行及资料归档等四项按百分制计分总分基础上的单独加分，所加分数不进行折算。

1. 授课门次

为了鼓励教师承担更多课程教学任务和新课程教学，对于担任三门及三门以上课程的教师可给予一定的加分（如0.1～0.2分）；承担新增设课程，开课的第一学期每门次给予一定加分（如0.1～0.2分）。

2. 学期教育教学工作量

为了鼓励教师承担更多教学任务，完成教学任务，教师超过核定的学期基准工作量的，每超过基准工作量的一定比例（如1%）给予一定（如0.01）的附加分，最高加分一般应有上限（如最高不超过1分或2分），因为教学工作量只是单一的数量评价指标，不能仅因为教师承担较多的工作量就被评为优秀等级，还应更加关注质量评价指标。教师低于基准工作量考核要求的，每学时应扣一定分数（如每学时扣 0.01 分），这主要是防止和提醒教师应完成的教学工作量的下限。

3. 教学质量工程项目

为了激励教师投入专业建设，积极从事"三教"改革，对教学质量工程项目进行适当加分也是必要的。教学质量工程项目包括经过学校批准的校级以上在线（精品）开放课程、规划（精品或活页）教材、实训基地、教学创新团队、教学成果奖、教学研究项目与教学相关的纵横向课题等。

国家级、省级、市级、校级教学质量工程项目分别计一定分数（如分别加 5 分、3 分、2 分和 1 分）。除教学成果奖外，其他项目立项建设和完成结项的，各给予一定比例的计分（如分别计 50%）。每个教学质量工程项目不重复计算，重复获奖的以最高奖为准。主要是克服教师"重立项而轻建设"的消极行为，激励教师努力取得更高等级的成果。

4. 技能比赛

技能比赛指学校及政府部门举办、经过学校批准的包括教师教学能力比赛、微课比赛、教师指导学生职业技能大赛、指导优秀毕业论文、互联网＋大学生创新创业大赛、挑战杯大赛等在内的各种教学类比赛。国家级、省级、市级、校级一等奖分别计一定分数（如 5 分、3 分、2 分和 1 分），相应级别的二、三等奖分别按一等奖的一定比例计分（如分别按一等奖得分的 1/2、1/3 计分）。奖项设置特等奖但未设置三等奖的，特等奖、一等奖、二等奖分别对应一、二、三等奖计分。

每个技能比赛奖项仅计算一次，重复获奖的以最高奖为准。

获得省级教师教学能力比赛二等奖以上的教师，考核排名靠前的（如提名在前 50%），直接评定为优秀。主要是激励教师加强课程教学，提高教学技能和教学效果。

教学质量工程和技能比赛项目个人学期总加分不超过一定分数（如 3 分），主要是防止个别教师日常教学不够努力，仅凭附加分数而获得教学质量评价优秀等级的行为。

五、评价结果公布和使用

为了保证考核工作的及时性和公正性，应规定考核结果的公布时间，提供教师对评价结果的申诉方式及渠道，明确评价结果的用途。如规定评价结果作为教师职称评定的重要依据，参加不同级别职务评审的教师应分别满足任期内教学质量评价优秀不少于一次。

六、其他说明

经学校批准进行挂职锻炼、顶岗实习、高端研修、外出培训等无法承担教学任务的教师，如无特殊情况，其相应学期的教学质量考核确定为良好。

所有加分项目均以项目负责人提供的书面申请材料为准。

所有评价项均可采用百分制打分，按权重进行折算。当评价总分高于 100 分时，以最高分 100 分为准。其他教师折算总分 = 该教师总分 ÷ 评价最高分 ×100。

参考文献

[1] 菲利普·葛洛曼，菲利克斯·劳耐尔. 国际视野下的职业教育师资培养[M]. 石伟平，译. 北京：外语教学与研究出版社，2011.

[2] 关晶，石伟平. 西方现代学徒制的特征及启示[J]. 职业技术教育，2011(31)：103—106.

[3] 丁雯，阚雅玲. 人力资本视域下企业参与现代学徒制动力机制研究[J]. 教育与职业，2016(19)：15—18.

[4] 高凡修. 基于工作过程的高职课程改革的思考[J]. 濮阳职业技术学院学报，2011(4)：103—106.

[5] 高凡修. 基于系统论视角的高职教育校企合作机制与对策[J]. 教育与职业，2013(5)：13—15.

[6] 高凡修.《财务管理》课程实践教学方案设计：基于工作过程系统化的思考[J]. 财会通讯（综合版）（上），2013（8）：34—36.

[7] 高凡修. 高职院校会计电算化特色专业建设探索[J]. 财会通讯（综合版）（上），2013（6）：28—30.

[8] 高凡修. 高职会计专业"项目化、跨平台、分层双轨递进"实践教学体系构建[J]. 河北职业教育，2019，3（1）：61—63.

[9] 高凡修. 高职会计专业课程考评改革探讨——基于30所高职院校的实证研究[J]. 天津职业大学学报，2018，27（6）：64—71.

[10] 中华人民共和国职业教育法[EB/OL].（2022—04—20）[2022—11—04].http://www.woe.gov.cn/jyb_sjzl/sjzl_zcfg/zcfg_jyfl/202204/t20220421_620064.html.

[11] 中华人民共和国国务院. 国务院关于印发国家职业教育改革实施方案的通知[EB/OL].（2019—01—24）[2022—11—04].http://www.woe.gov.cn/jyb_xxgk/woe_1777/woe_1778/201904/t20190404_376701.html.

[12] 中华人民共和国教育部，中华人民共和国财政部. 教育部 财政部关于实施中国特色高水平高职学校和专业建设计划的意见[EB/OL].（2019—03—29）[2022—11—06].http://www.gov.cn/zhengce/zhengceku/2019—10/23/content_5443966.htm.

[13] 中华人民共和国教育部职业教育与成人教育司. 关于组织做好职业院校专业人才培养方案制订与实施工作的通知[EB/OL].（2019—06—05）[2022—11—06].http://www.woe.

gov.cn/s78/A07/A07_sjhj/201906/t20190618_386346.html.

[14] 中华人民共和国教育部.教育部关于职业院校专业人才培养方案制订与实施工作的指导意见[EB/OL].（2019—06—05）[2022—11—09].http://www.woe.gov.cn/srcsite/A07/woe_953/201906/t20190618_386287.html？ivk_sa=1024320u.

[15] 中华人民共和国教育部,中华人民共和国财政部.教育部 财政部关于实施中国特色高水平高职学校和专业建设计划的意见[EB/OL].（2019—03—29）[2022—11—12].http://www.woe.gov.cn/srcsite/A07/woe_737/s3876_qt/201904/t20190402_376471.html？authkey=lca153.

[16] 中华人民共和国教育部办公厅.教育部办公厅关于全面推进现代学徒制工作的通知[EB/OL].（2019—05—14）[2022—11—14].http://www.woe.gov.cn/srcsite/A07/s7055/201906/t20190603_384281.html.

[17] 中华人民共和国教育部,中华人民共和国国家发展和改革委员会,中华人民共和国财政部,等.教育部等四部门印发《关于在院校实施"学历证书＋若干职业技能等级证书"制度试点方案》的通知[EB/OL].（2019—04—04）[2022—11—15].http://www.woe.gov.cn/srcsite/A07/woe_953/201904/t20190415_378129.html.

[18] 中华人民共和国教育部办公厅,中华人民共和国国家发展和改革委员会办公厅,中华人民共和国财政部办公厅.国家发展改革委办公厅 财政部办公厅关于推进1＋X证书制度试点工作的指导意见[EB/OL].(2019—11—09)[2022—11—20].http://www.woe.gov.cn/srcsite/A07/zcs_zhgg/201911/t20191118_408736.html.

[19] 中共中央 国务院关于全面深化新时代教师队伍建设改革的意见[EB/OL].(2018—01—20)[2022—11—21].http://www.gov.cn/zhengce/2018—01/31/content_5262659.htm.

[20] 中华人民共和国教育部,中国共产党中央委员会组织部,中国共产党中央委员会宣传部,等.教育部等六部门关于加强新时代高校教师队伍建设改革的指导意见[EB/OL].(2020—12—24)[2022—11—22].http://www.woe.gov.cn/srcsite/A10/s7151/202101/t20210108_509152.html.

[21] 中华人民共和国教育部,中华人民共和国财政部.教育部 财政部关于实施职业院校教师素质提高计划（2021—2025年）的通知[EB/OL].(2021—07—29)[2022—11—24].http://www.woe.gov.cn/srcsite/A10/s7034/202108/t20210817_551814.html？from=timeline&isappinstalled=0.

[22] 中华人民共和国教育部,中华人民共和国国家发展和改革委员会,中华人民共和国工业和信息化部,等.教育部等九部门关于印发《职业教育提质培优行动计划（2020—2023年）》的通知[EB/OL].(2020—09—16)[2022—11—26].http://www.woe.gov.cn/srcsite/A07/zcs_zhgg/202009/t20200929_492299.html？from=timeline.

[23] 中共中央办公厅 国务院办公厅印发《关于推动现代职业教育高质量发展的意见》[EB/OL].(2021—10—12)[2022—11—28].http://www.woe.gov.cn/jyb_xxgk/woe_1777/

woe_1778/202110/t20211012_571737.html.

[24] 中华人民共和国教育部. 教育部关于印发《中小学教材管理办法》《职业院校教材管理办法》和《普通高等学校教材管理办法》的通知 [EB/OL].(2019—12—19)[2022—12—01].http://www.woe.gov.cn/srcsite/A26/woe_714/202001/t20200107_414578.html.

[25] 教育部等八部门联合印发《职业学校学生实习管理规定》（2021年修订）[EB/OL].(2022—01—21)[2022—12—02].http://www.woe.gov.cn/jyb_xwfb/gzdt_gzdt/s5987/202201/t20220121_595541.html.

[26] 中华人民共和国教育部. 教育部关于深化职业教育教学改革全面提高人才培养质量的若干意见 [EB/OL].(2015—07—27)[2022—12—04].http://www.woe.gov.cn/srcsite/A07/woe_953/201508/t20150817_200583.html.

[27] 中华人民共和国教育部. 关于印发《教育部关于加强高职高专教育人才培养工作的意见》的通知 [EB/OL].(2000—01—17)[2022—12—04].http://www.woe.gov.cn/s78/A08/tongzhi/ 201007/t20100729_124842.html.